Katja Guske

Zwischen Bibel und Grundgesetz

Die Religionspolitik der Evangelikalen in Deutschland

Katja Guske
Humboldt-Universität zu Berlin
Deutschland

Dissertation Humboldt-Universität zu Berlin, 2013

ISBN 978-3-658-03846-5   ISBN 978-3-658-03847-2 (eBook)
DOI 10.1007/978-3-658-03847-2

Die Deutsche Nationalbibliothek verzeichnet diese Publikation in der Deutschen Nationalbibliografie; detaillierte bibliografische Daten sind im Internet über http://dnb.d-nb.de abrufbar.

Springer VS
© Springer Fachmedien Wiesbaden 2014
Das Werk einschließlich aller seiner Teile ist urheberrechtlich geschützt. Jede Verwertung, die nicht ausdrücklich vom Urheberrechtsgesetz zugelassen ist, bedarf der vorherigen Zustimmung des Verlags. Das gilt insbesondere für Vervielfältigungen, Bearbeitungen, Übersetzungen, Mikroverfilmungen und die Einspeicherung und Verarbeitung in elektronischen Systemen.

Die Wiedergabe von Gebrauchsnamen, Handelsnamen, Warenbezeichnungen usw. in diesem Werk berechtigt auch ohne besondere Kennzeichnung nicht zu der Annahme, dass solche Namen im Sinne der Warenzeichen- und Markenschutz-Gesetzgebung als frei zu betrachten wären und daher von jedermann benutzt werden dürften.

Gedruckt auf säurefreiem und chlorfrei gebleichtem Papier

Springer VS ist eine Marke von Springer DE. Springer DE ist Teil der Fachverlagsgruppe Springer Science+Business Media.
www.springer-vs.de

Vorwort

Die vorliegende Arbeit wurde 2012 an der Humboldt-Universität zu Berlin als Dissertation eingereicht und ist im Rahmen eines transatlantischen DFG-geförderten Forschungsprojektes entstanden.

Ich habe mit dieser Arbeit wissenschaftliches Neuland betreten und möchte mich an dieser Stelle bei einigen Menschen bedanken, die mich bei der Erschließung des neuen Forschungsgebietes und der Erstellung dieser Arbeit unterstützt haben.

Prof. Dr. Herfried Münkler, durch dessen Lehrstuhl ich zur Politikwissenschaftlerin wurde und der mit seinem unerschöpflichen Wissen immer ansprechbar war. Prof. Dr. Rolf Schieder, der mir nicht nur die Möglichkeit gegeben hat, in diesem DFG-Projekt eine Dissertation anzufertigen, sondern immer wieder gern bereit war, meine theologischen Wissenslücken zu schließen. Ihnen beiden danke ich außerdem für die Betreuung dieser Arbeit. Prof. Dr. Karsten Fischer hat mich seit meinem ersten Studiensemester unterstützt und war in unzähligen Gesprächen immer ein kritischer und konstruktiver Ansprechpartner. Prof. Dr. Marcia Pally hat mir auf einer Entdeckungsreise durch die amerikanische Religionslandschaft Zugang zu Evangelikalen ermöglicht und mich in ihrer Heimatstadt New York herzlich aufgenommen. Der Haniel Stiftung, namentlich Dr. Rupert Antes und Anna-Lena Winkler, danke ich nicht nur für den großzügigen Druckkostenzuschuss, sondern auch für die jahrelange intensive Zusammenarbeit im Rahmen des Program on Religion, Politics and Economics.

Diese Arbeit gäbe es so nicht ohne den ständigen Gedankenaustausch mit und die Unterstützung durch die „Gleichgesinnten" an der Theologischen Fakultät. Dr. Dorothea Noordveld-Lorenz, Dr. Lena-Katharina Roy, Dr. Lars Charbonnier und Matthias Mader danke ich für ihre konstruktiven Nachfragen, aber auch für die vielen Kaffeepausen, die den nötigen Ausgleich brachten. Martin Scheiter war als Mitarbeiter und Reisebegleiter des DFG-Projektes eine große Stütze dieser Arbeit und hat mich mit kritischen Rückfragen immer wieder herausgefordert. Für ebenso kritische und konstruktive Anmerkungen danke ich Fabian Koberling und Franziska Heym, die diese Arbeit intensiv begleitet und in vielen Gesprächen immer wieder neue Anstöße gegeben haben. Karina Hoffmann, deren Tür für Fragen immer offen steht, danke ich für das sorgfältige Korrekturlesen der Arbeit.

Nicht zuletzt möchte ich meiner Familie danken: Meinen Eltern, Ursula und Wolfgang, die mir beigebracht haben, kritisch zu denken, für ihre bedingungslose Unterstützung seit drei Jahrzehnten. Meiner Schwester Claudia, die seit jeher vorbehaltlos an meiner Seite ist. Schließlich Benjamin Gräf, der mich seit vielen Jahren uneingeschränkt unterstützt und alle Launen, die diese Arbeit mit sich brachte, geduldig ertragen hat.

Ihnen allen gilt mein herzlichster Dank.

Berlin, Juli 2013   Katja Guske

Inhalt

1 Einleitung 9
   1.1 Fragestellung und Methode 12
   1.2 Aufbau 14

2 Säkularisierung – Begriffsgeschichte und Pragmatik 17
   2.1 Debatten und Entwicklung der Säkularisierung 17
      2.1.1 Begriffsklärung – Debatten über Säkularisierung 18
      2.1.2 Säkularisierung als historischer Prozess 26
   2.2 Ambivalenz der Säkularisierung 34
      2.2.1 Moderne und Modernisierung 36
      2.2.2 Moderne und Liberalismus – Antimodernisten und Antiliberale 39
   2.3 Die Auswirkungen der Säkularisierung auf das Staat-Kirche-Verhältnis . 44
      2.3.1 Vom Augsburger Religionsfrieden zur Weimarer Verfassung 45
      2.3.2 Das deutsche Staatskirchenrecht 48

3 Die deutsche evangelikale Bewegung 57
   3.1 Die Vorläuferbewegungen der deutschen Evangelikalen 59
      3.1.1 Der Pietismus 59
      3.1.2 Die Erweckungsbewegung 61
      3.1.3 Die Gemeinschaftsbewegung 63
   3.2 Die Dachorganisationen der deutschen Evangelikalen 65
      3.2.1 Die Evangelische Allianz 65
      3.2.2 Die Lausanner Bewegung 74
   3.3 Das heutige Bild der deutschen Evangelikalen 83
      3.3.1 Die Vielfalt der Bewegung 83

3.3.2 Der Begriff ‚evangelikal' 87
3.3.3 Die Organisationsform der deutschen Evangelikalen 97

4 Deutsche Evangelikale und Politik **103**

4.1 Politische Einschätzungen der evangelikalen Bewegung 106

4.1.1 Familien- und Sozialpolitik 115

4.1.2 Religionspolitik und Menschenrechte 127

4.1.3 Bildungspolitik 142

4.1.4 Außenpolitik 147

4.1.5 Wirtschaftspolitik 152

4.1.6 Umweltpolitik 155

4.1.7 Zwischenfazit 156

4.2 Kontakte in die Politik 162

4.3 Evangelikale und Medien 172

5 Religiöse Akteure und Politik **183**

5.1 Das politische Agieren der evangelikalen Bewegung:
Undogmatischer Pragmatismus und ‚Gag Rules' 183

5.2 Konfliktpunkte im Agieren der evangelikalen Bewegung:
Pluralismus und absolute Wahrheiten 189

5.3 Die Weggabelung 194

5.3.1 Fundamentalismus 198

5.3.2 ‚Experientialism' 203

5.4 Die Entscheidungsnotwendigkeit 209

6 Fazit **215**

7 Literaturverzeichnis **223**

8 Anhang **241**

1 Einleitung

‚So wahr mir Gott helfe.' – diesen Satz zu sagen, ist für einen deutschen Politiker bei seiner Vereidigung eine persönliche Entscheidung. Es wird in Deutschland nicht als Kriterium für die Kompetenz eines Politikers angesehen, ob er gottgläubig ist oder nicht. Im Gegenteil wird ein besonders intensiver Glaube eines Politikers eher skeptisch betrachtet, denn als Stärke ausgelegt. Woher kommt es, dass dies in Deutschland so gesehen wird, in den USA dagegen ein Präsidentschaftskandidat, der nicht Christ ist, kaum eine Chance hat, gewählt zu werden? Beispielhaft lässt sich die Bedeutung religiöser Ansichten in den USA insbesondere in den Zeiten von Präsidentschaftswahlkämpfen und deren Vorwahlkämpfen innerhalb der Parteien beobachten, in denen der ‚Grad der Frömmigkeit' immer wieder Thema ist. Trotzdem ist durch das deutsche Staatskirchenrecht eine formal engere Bindung der Kirche an den Staat vorhanden als in den USA. Staat und Kirche arbeiten in Deutschland partnerschaftlich zusammen, und Rechte, wie beispielsweise das Recht der Steuereintreibung großer Religionsgemeinschaften, haben eine enge Verknüpfung hergestellt. Dies wiederum ist in den USA undenkbar, wo auf eine klare Trennung kirchlicher Organisationen und staatlicher Strukturen geachtet wird. Die Vereinigten Staaten von Amerika sind wie die Bundesrepublik Deutschland politisch säkular. Der entscheidende Unterschied liegt vielmehr in der Bedeutung der Religion in zivilgesellschaftlicher Perspektive. Insbesondere die christliche Religion spielt in den USA in gesellschaftlichen Prozessen eine entscheidende Rolle. In Deutschland ist sie dagegen oft eine Größe unter anderen. In beiden Staaten aber ist das Engagement der Religion in zivilgesellschaftlicher Hinsicht nicht problematisch, sondern vielmehr erwünscht.

Schwierig wird das Verhältnis von Religion und Politik, wenn politische Entscheidungsprozesse direkt durch Religionen beeinflusst werden sollen. Immer neue Aushandlungsprozesse des Verhältnisses von Religion und Politik sind von Nöten. Denn, wie Rolf Schieder feststellt: „Politik und Religion können einander nicht ignorieren. Religion als zielwahlorientierende Gewissheit über Ursprung, Verfassung und Bestimmung menschlichen Daseins beeinflußt die politische Willensbildung auch dann, wenn die institutionellen Verbindungen zwischen Kirche und Staat gelöst worden sind."[1] Verstärkt wird die Notwendigkeit des Austarierens dieses Systems durch die zunehmende Globalisierung und der damit einhergehenden vermehrten Migration von Menschen unterschiedlicher Kulturkreise und Religionen. Dies hat zur Folge, dass Gesellschaften heterogener und religiös pluralistischer werden. Um die friedliche Organisation solcher Gesellschaften zu ermöglichen, müssen die säkularen politischen Institutionen ihrem Neutralitätsanspruch gerecht werden und Voraussetzungen schaffen, die die freie Religionsausübung ermöglichen – ohne dabei andere Wertesysteme zu beeinträchtigen. Gleichzeitig müssen die Religionsgemeinschaften selbst in der Lage sein, sich in einer pluralistischen und demokratischen Gesellschaft als zivilgesellschaftliche Akteure einzubringen. Dass sie dies tun, ist im Interesse des Staates, der darauf angewiesen ist, dass sich zivilgesellschaftliche Akteure am Aufbau einer friedfertigen und funktionierenden Gesellschaft beteiligen. In diesem Sinne argumentiert Schieder: „Jede Demokratie braucht kritische Staatsbürger, die ihre Kritik mit Hilfe ökonomischer, feministischer, rechtlicher Argumente vortragen. Warum sollten religiös argumentierende Bürger von diesem Diskurs ausgeschlossen sein?"[2] Zivilgesellschaftliche Akteure können jene Staatsbürger bestärken und herausbilden, von denen eine lebendige Demokratie lebt. Dies ist nicht nur im Interesse des Funktionierens des Staates, sondern nutzt gleichzeitig den religiösen Gemeinschaften, die sich dadurch Einflussmöglichkeiten auf politische und gesellschaftliche Entwicklungen schaffen. Auch wenn in einem jahrhundertelangen Prozess eine Trennung der Sphären von Religion und Politik stattgefunden hat, so heißt dies nicht, dass es nicht Verknüpfungen geben kann. Problematisch werden diese Verknüpfungen nicht durch religiöse Argumentationen an sich, sondern durch eine dogmatische Aufladung des Politikverständnisses, wie auch Herfried Münkler konstatiert: „Glaubensüberzeugungen haben sich als privatisierbar erwiesen; bei ideologischen Politikprogrammen ist dies nicht möglich"[3]. Die Trennung dieser beiden Ebenen – persönlicher Glaube und Ausrichtung politischer Forderungen – ist der entscheidende

---

1 Schieder 2001, 201.
2 Schieder 2008, 144.
3 Münkler 2006, 100.

1.1 Fragestellung und Methode

Maßstab des Verhältnisses. Religion per se ist nicht gefährlich oder demokratiefeindlich. Sie kann es aber werden, wenn sie einen in sich wohnenden Wahrheitsanspruch auf politische Entscheidungen überträgt. Um das Verhältnis dieser Sphären im Gleichgewicht zu halten, sind beide Seiten gefordert. Letztlich ist es im Interesse von Politik und Religion, dass dies gelingt, da beide davon profitieren und sich auf ihren eigenen Feldern entwickeln können. Der Staat ist von zivilgesellschaftlichen Akteuren abhängig – zu diesen zählen auch die Religionsgemeinschaften. Diese wiederum sind darauf angewiesen, dass sie sich in einer Umgebung befinden, die ihnen die Ausübung ihres Glaubens ermöglicht und die Freiheit gewährt, sich zu entfalten – diese Möglichkeiten können nur über politische Aushandlungsprozesse sichergestellt werden. Funktionieren können diese Aushandlungsprozesse wiederum nur dann, wenn die Religionen Pluralismusfähigkeit entwickeln.

Diese Notwendigkeit des Austarierens des Verhältnisses von Religion und Politik beschäftigt die Öffentlichkeit und Wissenschaft im letzten Jahrzehnt wieder vermehrt. Durch die zunehmende Bedrohung der westlichen Welt durch terroristische Anschläge, die zumeist mit religiösen Motiven in Verbindung gebracht werden, ist das Spannungsverhältnis von Religion und Politik aktueller denn je. Religionen werden in diesem Zusammenhang als etwas Bedrohliches wahrgenommen, und die Tatsache, dass sie nicht, wie so oft vorhergesagt, untergegangen sind, mutet gefährlich an. Fanatische Gläubige wenden sich gegen die globalisierten und individualisierten Gesellschaften und bekämpfen deren freie pluralistische Ordnung. Das ist das eine Bild, das von Religion existiert. Das andere kann man auf Kirchentagen und bei Reisen des Papstes beobachten. Hunderttausende – insbesondere junge – Menschen aus der ganzen Welt feiern ausgelassen, friedlich und bunt ihren Glauben. Auch an diesen Ereignissen ist nichts von einem Untergang der Religion zu spüren, dagegen viel Enthusiasmus und Hingabe der Gläubigen zu beobachten.

Die deutsche religiöse Landschaft wird nach wie vor von der evangelischen und katholischen Kirche dominiert, die durch das Staatskirchenrecht eng mit dem Staat zusammenarbeiten. Das Spektrum der christlichen Religionsgemeinschaften geht jedoch über diese beiden Kirchen hinaus. Kleine Religionsgemeinschaften, die aufgrund ihrer Größe keine Steuern erheben und auch nicht in dem Maße wie die großen Kirchen Partner des Staates sein können, fordern die etablierten Kirchen heraus. Insbesondere eine zwar kleine, aber sehr aktive Bewegung fällt in diesem Zusammenhang auf: die evangelikale Bewegung. Bei dem Wort Evangelikalismus drängt sich die Betrachtung des Verhältnisses von Religion und Politik auf, da bekannt ist, dass zum Beispiel evangelikale Gruppierungen in den USA die amerikanische Politik massiv zu beeinflussen versuchen.[4] Aufgrund der Bekanntheit der amerikanischen Evangelikalen werden die deutschen Evangelikalen oft mit diesen gleichgesetzt. Zwar gibt es Kontakte zwischen den Gruppierungen, dennoch existieren große Unterschiede, so dass eine voreilige Gleichstellung vermieden werden sollte.

Die deutschen Evangelikalen grenzen sich bewusst von der evangelischen Kirche ab, auch wenn es viele Schnittstellen zu ihr gibt. Sie sind seit den 60er Jahren des 20. Jahrhunderts in Deutschland aktiv und haben seitdem unzählige Vereine und Organisationen gegründet, die auf unterschiedlichsten Themenfeldern aktiv sind. Sie sind eine sehr heterogene Gruppierung, deren Grenzen nur schwer auszumachen und daher schwer fassbar sind. Es eint sie die Kritik an der evangelischen Kirche, die einen Kulturprotestantismus verbreite und sich von dem wahren christlichen Glauben entfernt habe. Das wichtigste Anliegen der Bewegung ist daher die Verbreitung des ‚reinen Evangeliums' in Deutschland, aber auch weltweit. Die evangelikale Bewegung agiert international, ist weitreichend vernetzt und auf allen Erdteilen aktiv. Trotz der intensiven internationalen Zusammenarbeit existieren starke regionale Unterschiede, die sich insbesondere anhand der unterschiedlichen Problemlagen der Regionen und Religionskulturen erklären lassen.

1.1 Fragestellung und Methode

Neben dem Hauptanliegen der Mission konzentrieren sich die deutschen Evangelikalen auf politische und soziale Aktivitäten. Auch wenn sie eine recht kleine Bewegung darstellen, verfolgen sie doch klare politische Ziele. Medial rücken sie daher vermehrt in den Fokus und werden oft mit Unbehagen betrachtet.[5] Wissenschaftlich stellt die Bewegung dagegen vor allem im Hinblick auf ihre politi-

---

4 Vgl. exemplarisch für viele Studien über die amerikanischen Evangelikalen die Arbeiten von Pally 2008; Rüb 2008 und Hochgeschwender 2007.
5 Vgl. neben verschiedenen Fernseh-Reportagen insbesondere Publikationen von Journalisten, wie beispielsweise Birnstein 1999 und Lambrecht / Baars 2009.

sche Ausrichtung ein Desiderat dar. Es existieren wenig wissenschaftliche Studien über die deutschen Evangelikalen, so dass der Forschungsstand viele offene Felder aufweist.[6] Dagegen gibt es viele Arbeiten von Evangelikalen selbst, die besonders ihre Geschichte und ihr heutiges Erscheinungsbild darlegen.[7] Diese Publikationen sind als Quellen und nicht als Studien zu betrachten, da sie gewissermaßen aus einer Innenperspektive berichten. Das entdeckte Desiderat soll mit Hilfe dieser Arbeit geschlossen werden. Die Fragestellung dieser Arbeit bezieht sich auf das politische Agieren der Bewegung. Folgende Fragen werden im Mittelpunkt stehen:

1. Inwieweit hat sich die evangelikale Bewegung politisiert?
2. Welche politischen Ansichten und Ziele haben sich herausgebildet?
3. Wie werden diese geäußert und welche Mittel werden als legitim angesehen, um die Ziele zu erreichen?
4. Wie ist das Verhältnis der evangelikalen Bewegung zum demokratischen Rechtsstaat und zur pluralistischen Gesellschaft einzuschätzen?
5. Welche Schlüsse können aus der Analyse der evangelikalen Bewegung für das Agieren religiöser Gruppierungen in politisch säkularen und religiös pluralistischen Gesellschaften gezogen werden?

Als These liegt dieser Arbeit somit zugrunde, dass die evangelikale Bewegung politische Ziele verfolgt, diese äußert und durch Anschluss an das politische System versucht, diese durchzusetzen. Gefragt werden muss nach der Fähigkeit zur Anerkennung von Pluralität innerhalb der Gesellschaft und Liberalität gegenüber politischen Entscheidungsprozessen.

Ziel dieser Studie ist nicht nur, ein Bild des politischen Agierens der Evangelikalen zu zeichnen und dieses zu analysieren, sondern gleichzeitig auch Einsichten darüber zu gewinnen, wie sich Religionsgemeinschaften in religiös pluralistischen und politisch säkularen Gesellschaften organisieren und wie sie Einfluss in diesen anstreben. Für die zunehmend heterogenen und pluralistischen Gesellschaften ist diese Fragestellung von immenser Bedeutung und wird sie in

---

6 Die wenigen Ausnahmen bilden folgende Publikationen: Die unveröffentlichte Dissertation von Hausin 1999; die sehr knappe Analyse von Hempelmann 2009; in Bezug auf die Partei Bibeltreuer Christen: Schmidt 1998. Daneben gibt es einige Studien, die sich auf das Agieren der Bewegung während des Zweiten Weltkrieges konzentrieren, beispielsweise Railton 1998.
7 Beispiele hierfür gibt es zahlreich, siehe u.a.: Berneburg 1997; Beyreuther 1969; Holthaus 2007; Jung 2001; Schirrmacher et. al. 2005.

Zukunft weiter begleiten. Es werden immer wieder Aushandlungsprozesse zwischen Religionsgemeinschaften und politischen Institutionen stattfinden müssen. Unterschiedliche wissenschaftliche Methoden werden für diese Analyse genutzt. Zum Einen werden Publikationen der evangelikalen Bewegung ausgewertet. Die Inhaltsanalyse der politischen Veröffentlichungen der Evangelikalen gibt Aufschluss über die Positionierung der Bewegung zu dem politischen System, in dem sie agieren, und innerhalb konkreter Politikfelder. Es existieren zahlreiche Handreichungen und Publikationen zu unterschiedlichen politischen Aspekten, die einen Hinweis auf die Ausrichtung der Bewegung geben können. Des Weiteren wird durch teilnehmende Beobachtung an Kongressen und Veranstaltungen der evangelikalen Bewegung ein Bild der Herangehensweise und der Organisation der Bewegung gewonnen. Die deutsche evangelikale Bewegung führt mehrmals jährlich Veranstaltungen durch, die unterschiedliche inhaltliche Ausrichtungen haben und verschiedene Zielgruppen ansprechen. Auch internationale Kongresse werden immer wieder veranstaltet. Durch die Analyse von eigens durchgeführten Interviews mit bewusst ausgewählten führenden Evangelikalen werden schließlich aktuelle Entwicklungen und Problemstellungen innerhalb der Bewegung aufgedeckt. Diese Experteninterviews werden als offene Leitfadengespräche geführt, die den Befragten bewusst Raum für Akzentuierungen bieten. Die Herangehensweise mit Hilfe drei verschiedener methodischer Ansätze ermöglicht eine intensive und tiefgreifende Analyse der evangelikalen Bewegung, ihrer politischen Ziele und ihres Vorgehens. Diese Analyse bezieht sich bewusst auf die Leitungsebenen der beiden großen Dachorganisationen der Bewegung. In diesen Ebenen werden die politischen Ansichten formuliert und artikuliert, die verschiedensten Strömungen der Bewegung gebündelt und für diese gesprochen. Die Zuspitzung ist sinnvoll, da an diesen Stellen Kontakte zu politischen Entscheidungsebenen gesucht und Verbindungen geknüpft werden.

1.2 Aufbau

Entsprechend der dargestellten Problemlage steht in Kapitel zwei die geschichtliche Entwicklung der Trennung der Sphären von Politik und Religion und damit von Staat und Kirche im Fokus. Erst durch diese Trennung stellen sich die oben dargestellten Fragen und Aushandlungsprozesse. Die Trennung vollzog sich in

1.2 Aufbau

einem jahrhundertelangen Prozess, der nicht linear verlaufen ist und viele Brüche aufweist. Nur durch die genaue Analyse dieses Prozesses kann die heutige Situation, die gerade keine strikte Trennung ist, verstanden und richtig eingeordnet werden. Zunächst wird für diese Untersuchung das Theorem der Säkularisierung betrachtet. Eine Begriffsklärung und Analyse der Debatten um diesen Begriff im 20. Jahrhundert steht am Anfang und wird gefolgt von einer historischen Einordnung des Forschungsfeldes (2.1). Eine aufgezeigte Ambivalenz der Säkularisierung und Modernisierung führt zur Herausbildung von Antimodernisten und Antiliberalen. Diese Gruppierungen wenden sich gegen Veränderungen und bekämpfen sie mit religiösen Begründungsmustern. Diese Beobachtung wird hilfreich sein, um im Verlauf der Untersuchung das Agieren der evangelikalen Bewegung analysieren zu können (2.2). Mit der Darstellung des Staatskirchenrechts wird die Einordnung der Situation, in der die Evangelikalen agieren, abgeschlossen. Das deutsche Staatskirchenrecht hat einen großen Einfluss auf das Selbstverständnis der evangelikalen Bewegung und ihr Verhältnis zu den politischen Institutionen und ist daher von immenser Bedeutung (2.3).

Kapitel drei widmet sich ausführlich der deutschen evangelikalen Bewegung. Aufgrund der bereits dargelegten dürftigen Forschungslage muss zunächst ein Bild der Bewegung gezeichnet werden. Dazu werden die Wurzeln der deutschen Evangelikalen dargestellt (3.1) und die beiden großen Dachorganisationen analysiert (3.2). Es wird untersucht, wie sich das politische Agieren dieser Vorgänger und der Dachorganisationen entwickelt hat. Dies macht den Stellenwert politischer und sozialer Verantwortung in der Bewegung deutlich und ermöglicht eine Einordnung des aktuellen politischen Engagements. Im Folgenden wird die Vielfalt der Bewegung analysiert, die aufzeigt, dass eine eindeutige Definition des Begriffs ‚evangelikal' schwierig ist. Die Heterogenität und Netzwerkstruktur führt zur Beschreibung der Evangelikalen als Bewegung (3.3).

Kapitel vier wendet den Blick auf die politischen Aspekte der Evangelikalen. Politischen Einstellungen und einzelne Politikfelder werden betrachtet, deren Bedeutung für die Bewegung detailliert analysiert. Neben den für die Evangelikalen besonders wichtigen Feldern der Familien-, Sozial- und Religionspolitik wird Bildungs- und Außenpolitik ebenso untersucht wie Wirtschafts- und Umweltpolitik. Ein Zwischenfazit kategorisiert die Analyse der Politikfelder und schematisiert das Vorgehen der evangelikalen Bewegung (4.1). Von besonderem Interesse ist, welche Kontakte die evangelikale Bewegung direkt in die Politik aufgebaut und wie sie institutionelle und personelle Verknüpfungen in politische Entscheidungsebenen hinein entwickelt hat (4.2). Daran wird deutlich, wie professionell die evangelikale Bewegung in ihrem politischen Engagement auftritt und wie wichtig ihr die Artikulation ihrer Ziele ist. Das Verhältnis der Bewegung zu Medien wird untersucht, das einen wichtigen Stellenwert innerhalb der evangelikalen Bewegung einnimmt. Dabei geht es zum Einen um die Berichterstattung über die Evangelikalen und ihre Wahrnehmung in diesen Medien und zum Anderen um die evangelikale Medienlandschaft selbst. Die evangelikale Bewegung pflegt ein ambivalentes Verhältnis zur Medienlandschaft, investiert aber viel Anstrengung in eigene Projekte (4.3).

Kapitel fünf hebt schließlich die Ergebnisse des vorherigen Kapitels auf eine höhere Ebene und verknüpft sie mit den Vorarbeiten aus Kapitel zwei. Dabei geht es insbesondere darum, das Agieren der evangelikalen Bewegung als religiöser Akteur in religiös pluralistischen und politisch säkularen Gesellschaften aufzuzeigen und Erkenntnisse darüber zu liefern, wie diese zu Beginn angesprochene Organisation friedlicher pluralistischer Gesellschaften funktionieren kann und welche Möglichkeiten religiösen Gemeinschaften dafür zur Verfügung stehen. Systematische Erkenntnisse der Untersuchung werden zu einem Bild des politischen Handelns der Bewegung zusammengeführt (5.1) und die Problemlagen, die sich daraus entwickeln, aufgezeigt (5.2). Abschließend werden Entwicklungsoptionen der deutschen evangelikalen Bewegung benannt (5.3). Das Fazit fasst die Ergebnisse der Untersuchung zusammen und liefert eine abschließende Zustandsbeschreibung der deutschen evangelikalen Bewegung. Die Ergebnisse dieser Arbeit zeigen die zukünftigen Problemlagen pluralistischer und politisch säkularer Gesellschaften mit den in ihnen agierenden Religionsgemeinschaften auf.

2 Säkularisierung – Begriffsgeschichte und Pragmatik

2.1 Debatten und Entwicklung der Säkularisierung

Der Begriff ‚Säkularisierung' ist in der Wissenschaft umstritten, da dessen Bedeutung und Implikationen unterschiedlich interpretiert werden. Besonders im 20. Jahrhundert haben die Debatten um diesen Begriff zugenommen und immer wieder an Schärfe gewonnen. Mitte des Jahrhunderts wurde die Säkularisierung zumeist als Erklärung für ein verändertes Auftreten der Religion herangezogen und damit insbesondere die westeuropäische Entwicklung erklärt. Inzwischen wird vermehrt Kritik an dieser Deutung der Säkularisierungsthese geäußert, vor allem da Religionen nicht, wie von vielen erwartet, in ‚der Versenkung' und aus der Öffentlichkeit verschwunden sind. Es ist eher das Gegenteil eingetreten. Religionen spielen in der öffentlichen Diskussion – insbesondere auch in der wissenschaftlichen – eine große Rolle und werden auf politischer wie gesellschaftlicher Ebene als Faktor wahrgenommen. Nicht zuletzt die Anschläge des 11. September 2001 auf das World Trade Center in New York und das Pentagon in Washington haben einen Diskurs über die Macht von religiösen Einstellungen entfacht. Differenzierte Betrachtungen sind erforderlich, um Aussagen über die heutige Rolle von Religionen zu treffen. Die vorliegende Arbeit legt das Augenmerk vor allem auf die Entwicklung in Deutschland und Westeuropa sowie ansatzweise in den Vereinigten Staaten von Amerika. Um mit dem Begriff ‚Säkularisierung' arbeiten zu können, muss zunächst seine Begriffsgeschichte und die damit einhergehenden Kontroversen untersucht werden. Daran anschließend wird die Säkularisierung als historischer Prozess der Machttransformation analysiert, da dieser die heutige Bedeutung und Funktion von Religionen und deren Verhältnis zu politischen Entscheidungsprozessen bestimmt.

2.1.1 Begriffsklärung – Debatten über Säkularisierung

Die Diskussion über Säkularisierung und den damit verbundenen Folgen für Religionen und politische Institutionen ist im 20. Jahrhundert weit verbreitet. Die Säkularisierung wurde oft verstanden als eine Trennung von staatlichen und religiösen Sphären und Begründungsmustern, die mit einer Erosion religiöser oder kirchlicher Einflüsse auf gesellschaftliche und politische Prozesse einhergeht. Die Befürworter der so verstandenen Säkularisierungsthese verbinden diese also mit einem Verschwinden und Bedeutungsverlust der Religion. Befürworter und Gegner dieser Sichtweise berufen sich vor allem auf Max Weber und Emile Durkheim, die mit dem Prozess der Modernisierung signifikante Veränderungen im Bereich der Religion beobachteten. So stand für sie der Begriff der Säkularisierung zwar nicht im Mittelpunkt, aber dennoch die Beschreibung des Phänomens. Für Weber ist die so genannte ‚Entzauberung der Welt' dabei eng mit dem Monotheismus verbunden. Die Entzauberung finde demnach im Calvinismus seinen Abschluss.[8] Der auf moderner Wissenschaft und Rationalität beruhende moderne Staat benötigt seine christlichen Wurzeln immer weniger. Für Emile Durkheim liegt die Ursache der Säkularisierung vor allem in der Individualisierung der Gesellschaft. Je mehr der Zusammenhalt der Gesellschaft sinkt, desto mehr sinkt auch die Bedeutung der Religion für diese Gesellschaft.[9] Weber und auch Durkheim thematisieren die Säkularisierung nicht direkt, obwohl sie sie beschreiben, da diese für sie evident war. Sie war für sie selbstverständlich vorhanden und musste daher nicht explizit analysiert werden.[10]

Seit den 1920er wird die Debatte über die Säkularisierung heftig geführt und vor allem als politische Debatte verstanden.[11] Der Anfang ist mit der berühmten Formel Carl Schmitts verbunden: „Alle prägnanten Begriffe der modernen Staatslehre sind säkularisierte theologische Begriffe."[12] Schmitts Betonung

---

8   Vgl. Weber 2006, 146: „Jener große religionsgeschichtliche Prozess der Entzauberung der Welt, welcher mit der altjüdischen Prophetie einsetzte und, im Verein mit dem hellenischen wissenschaftlichen Denken, alle magischen Mittel der Heilssuche als Aberglaube und Frevel verwarf, fand hier [im Calvinismus; Anm. d. V.] seinen Abschluß." (Alle Hervorhebungen in verwendeten Zitaten dieser Arbeit stammen aus dem Original. Dies wird jeweils nicht gesondert angemerkt.)
9   Vgl. Durkheim 1981, 568f.
10 Vgl. Zachhuber 2007, 14f.
11 Vgl. Adam 2001, 143.
12 Schmitt 1979, 49.

2.1 Debatten und Entwicklung der Säkularisierung

liegt auf dem Wort theologisch. Er will damit eine vermeintliche Selbsttäuschung der Moderne aufzeigen. So seien alle politischen Weltbilder auf der Basis theologischer Entscheidungen aufgebaut und aus theologischen Begrifflichkeiten heraus entstanden. Dies bedeute dann nicht nur eine Analogie, sondern eine Abhängigkeit der politischen Sphäre von der Theologie.[13] Für Schmitt war das Theologische also keineswegs in eine Rolle neben die Politik verdrängt worden, sondern stand als überzeitliches Phänomen über allem – was die Moderne jedoch verleugnen musste, „um ihrem Selbstverständnis als ‚Neuzeit' gerecht zu werden"[14]. Schmitts Ziel ist, die Neuzeit als Epoche zu entlarven, die eigentlich gar keine ist, da sie nichts Neues hervorgebracht habe. Sie beruft sich, so die Argumentation, auf die gleiche theologische Basis wie zuvor und hat somit eben gerade nicht die auf theologischen Begründungsmustern beruhende Politik überwunden. Carl Schmitt stellte seine Theorie in eine Reihe mit dem von ihm als Freund bezeichneten Theoretiker Thomas Hobbes. Hobbes Motivation für seine Theorie speiste sich aus einer Furcht vor Bürgerkriegen. Um diese zu verhindern und den Absolutismus zu stärken, schloss Hobbes ein „Zweckbündnis mit religiöser Liberalität, das den Staat stärkte, einen Waffenstillstand zwischen rivalisierenden religiösen Gruppierungen ermöglichte und den Vorrang der Krone beförderte"[15]. Schmitt dagegen hatte nicht die Stärkung des Politischen zum Ziel, sondern die „Delegitimierung politischer Autonomie"[16], die Beendigung liberaler Politik, und nahm dafür gerne den bürgerkriegsähnlichen Ausnahmezustand in Kauf. Damit stellt er sich keineswegs, wie er meint, in die Tradition eines Thomas Hobbes. Wenn Schmitt auch recht hat, dass Hobbes unfreiwillig zum Wegbereiter des Liberalismus geworden ist, so ist er eben dieser Protoliberale dennoch geworden. Judith Shklar hat dies passend einen „liberalism of fear" genannt, der aus der Brutalität der religiösen Bürgerkriege heraus geboren wurde und sich erst später zu einem „liberalism of rights" wandelte.[17] Schmitt dagegen schreibt eine antiliberale Theorie mit totalitärem Einschlag.

Eine neue Richtung bekam die Säkularisierungsdebatte in und nach der Zeit des Nationalsozialismus – „und zwar zu allererst durch die Erfahrung der Ver-

---

13   Vgl. Adam 2001, 143.
14   Ebd., 143.
15   Fischer 2009, 164ff.
16   Ebd., 13.
17   Shklar 1984, 239.

göttlichung des Staates"[18]. Gegner der Säkularisierung beobachteten in den dreißiger Jahren mit Freude, dass diese nun zu Ende sei. Ende des 19. und zu Beginn des 20. Jahrhunderts verband man Säkularisierung mit Liberalismus und Aufklärung. Dass die liberalen politischen Systeme an ihr Ende kamen, war in der Zeit des Nationalsozialismus nur zu deutlich.[19] Schmitts Theorie der Etablierung des Ausnahmezustandes und der damit erstrebten Zurückdrängung liberaler Tendenzen, ist hierbei deutlich erkennbar. Doch kann man Säkularisierung in diesem Fall auch anders betrachten. Der totale Staat ist total auch in Bezug auf das Religiöse. Er wird die Religion.

> „Säkularisierung bedeutet dann, dass die Erlösungshoffnung immanentisiert, also ins Innerweltliche verlagert wird. [...] Die Verweltlichung der Erlösungshoffnung bedeutet in der Konsequenz jedoch, dass das Politische dazu tendiert, den gesamten Seinsbereich abzudecken. [...] Der totale Staat ist der Staat, der das Potential der religiösen Erfahrung auf sich zieht."[20]

Eric Voegelin hat für diese Beobachtung den Begriff der ‚politischen Religion' geprägt.[21] Säkularisierung wurde im Zuge des Zweiten Weltkrieges gänzlich neu gedeutet und umgewandelt. Die politische Dimension dieser Kategorie wird hier allzu deutlich.

Mit dem Ende der Schreckensherrschaft der Nationalsozialisten rückte das Theorem der Säkularisierung erneut in den Fokus. „Er wurde zum Schlüsselbegriff, mit dem man sich das Verständnis der ungeheuerlichen Ereignisse eröffnen wollte."[22] Diese von Hermann Lübbe dargelegte Nutzung des Säkularisierungstheorems als Erklärung für die Herrschaft des Nationalsozialismus hatte Folgen. Zum Einen konnte der Nationalsozialismus so aus einer rein deutschen Geschichte heraus in einen gesamteuropäischen Kontext gerückt werden. Zum Anderen konnten die Kritiker des Liberalismus an die Argumente des 19. Jahrhunderts anknüpfen. Des Weiteren erscheint er für Lübbe durch die Differenz der christlichen Religionen nun als weniger entscheidend. Vielmehr wurde „die erhoffte und für notwendig erklärte politisch-gesellschaftliche Regeneration im Zeichen des Christlichen"[23] bedeutend. Und schließlich ist die vierte Folge die-

---

18 Adam 2001, 145.
19 Vgl. Lübbe 1965, 106.
20 Adam 2001, 146.
21 Vgl. Voegelin 1938.
22 Lübbe 1965, 109.
23 Ebd., 115.

2.1 Debatten und Entwicklung der Säkularisierung 21

ses „Zeitalters ohne Gott" eine Verbindung von Säkularisierung und „Masse". Die Masse wird nicht mehr als sich selbst durch den Liberalismus regelnder Körper betrachtet. Die Notwendigkeit eines „ordnungsbereiten Liberalismus" wird entwickelt, der reguliert und sozialen Ausgleich herbeiführt.[24] Die von Lübbe ausführlich dargelegte Verbindung der Verarbeitung des Nationalsozialismus mit dem Begriff der Säkularisierung unterstreicht erneut die politische Nutzung dieses Theorems.

Die Debatte über die Säkularisierung nahm in den 1960er Jahren weiter zu. Schlagworte, die damit verbunden werden, sind der ‚Untergang der Religion', ‚der Bedeutungsverlust der Religion', etc. Säkularisierung wird nicht nur als Trennung der politischen und religiösen Sphären betrachtet, sondern gleichgesetzt mit einem gänzlichen Bedeutungsverlust der Religion in gesellschaftlichen Bereichen. Der Tenor der Debatte war relativ gleich: Die Religion verliert an Bedeutung und Macht – für die Gesellschaft wie auch für den Einzelnen. Verfechter dieses Säkularisierungsparadigmas sind vor allem Peter L. Berger, Thomas Luckmann und Steve Bruce. Berger sieht in den 1960er Jahren die Säkularisierung darin, dass „jede religiöse Option, auch die für die jeweils dominante Kirche, [...] eine prinzipiell andere Qualität hat, als das traditionell der Fall gewesen ist. In diesem Sinne spricht Berger geradezu vom ‚Zwang zur Häresie'."[25] Für Berger besteht die Säkularisierung darin, dass die Kirchen früher kaum Entscheidungsmöglichkeiten boten, nun aber in einer Situation des religiösen Pluralismus verschiedene Optionen zur Wahl stehen.[26] Auch Thomas Luckmann beschäftigt sich in *Die unsichtbare Religion* mit der Säkularisierung. Für ihn steht nicht zur Debatte, ob eine Säkularisierung stattgefunden hat, sondern lediglich wie diese aussah. Säkularisierung bedeutet für Luckmann vor allem, dass die gesellschaftliche Rolle und Bedeutung der Religion abnimmt.

> „Die Wirklichkeit des religiösen Kosmos schrumpfte im selben Maße wie ihre sozialen Grundlagen – die spezialisierten religiösen Institutionen. Werte, die ursprünglich für die Dauer eines ganzen Lebens Gültigkeit hatten, fanden nun nur noch auf einzelne Lebensabschnitte Anwendung. Insgesamt kann das Schrumpfen der traditionellen kirchengebundenen Religion als eine Folge der abnehmenden Bedeutung derjenigen in der Kirchenreligion institutionalisierten Werte angesehen werden, die

---

24 Vgl. für alle Zitate: Ebd., 116.
25 Zachhuber 2007, 17.
26 Vgl. ebd. und Berger 1973.

für die Integration und Legitimation des Alltagslebens in der modernen Gesellschaft wichtig sind."[27]

Dies bedeutet keineswegs, dass die Religion völlig von der Bildfläche verschwindet. Für Luckmann wird sie zur individuellen Religion, die nicht mehr gesamtgesellschaftlich bindend und vor allem nicht ein Leben lang konstant vorhanden ist. „Die institutionelle Spezialisierung der Religion setzt also, im Verbund mit der Spezialisierung anderer institutioneller Bereiche, eine Entwicklung in Gang, die die Religion mehr und mehr in eine ‚subjektive' und ‚private' Wirklichkeit verwandelt."[28]

Schließlich sei in diesem kurzen Abriss der Verfechter der Säkularisierungsthese in diesem Sinne noch Steve Bruce genannt. Bruce ist mit seinem 1996 erschienenen Buch *Religion in the Modern World. From Cathedrals to Cults* ein neuerer Vertreter der Säkularisierungsthese. Für ihn besteht die Säkularisierung der Religion aus Bedeutungsverlusten auf drei Ebenen: „the decline of popular involvement with the churches; the decline in scope and influence of religious institutions; and the decline in the popularity and impact of religious beliefs"[29]. Wenn man es etwas spitz formulieren möchte, werden hier die ‚klassischen' Theoreme der Säkularisierung herangezogen. Die Religionen der Moderne verlieren an Einfluss auf die Gesellschaft und das Individuum, ebenso wie die Bürger an Religiosität verlieren. Es wird mit dem Säkularisierungstheorem gleichsam ein Spannungsverhältnis von Moderne und Religion beschrieben.

> „Die zentrale Annahme lautet, dass in dem Maße, wie sich moderne Lebensformen und Lebensstile ausbreiten und Prozesse der Industrialisierung, Urbanisierung, Wohlstandsanhebung, Pluralisierung und Individualisierung durchsetzen, die soziale Signifikanz von Religion und Kirche abnimmt und religiöse Weltsichten durch säkulare ersetzt werden."[30]

Es wird also davon ausgegangen, dass die Religion ihre Rolle als integrierende und politische Macht verliert und damit einen Funktionsverlust erleidet. Nicht nur wird dieser Funktionsverlust auf der gesellschaftlichen Ebene, sondern ebenso auf der individuellen Ebene angenommen. „Darüber hinaus erwartet die Säku-

---

27 Luckmann 1991, 75. Im Original ist dieses Buch bereits 1967 erschienen und reiht sich insofern auch zeitlich in diese Debatte ein.
28 Ebd., 127.
29 Bruce 1996, 27.
30 Pollack 2007, 73.

larisierungsthese, dass der verbleibende Rest an individueller, religiöser Kontingenzbewältigung zunehmenden und irreversiblen Errosionserscheinungen unterliegt und durch innerweltliche Sinn-, Ordnungs- und Motivationsgehalte individuellen Handelns ersetzt wird."[31]

Gegen Ende des 20. und zu Beginn des 21. Jahrhunderts kommen vermehrt kritische Stimmen zu einer derartigen Interpretation der Säkularisierungsthese auf. Viele Wissenschaftler sehen es zunehmend als möglich an, dass Religionen auch in modernen Kontexten ihre Bedeutung bewahren können, verträglich mit der Moderne sind und gleichsam selbst zur Quelle von Modernisierung werden können.[32] Schlagwörter, die diese Entwicklung illustrieren sind beispielsweise ‚Resakralisierung', ‚Desäkularisierung', ‚Respiritualisierung', ‚Deprivatisierung' oder auch ‚Wiederkehr der Götter' und ‚Rückkehr der Religonen'. Der bereits oben angesprochene Peter Berger ist im Laufe der Zeit von seiner Einschätzung der Säkularisierung abgerückt und spricht nun von einer *Desecularization of the World*:

> „My point is that the assumption that we live in a secularized world is false. The world today, with some exceptions […], is as furiously religious as it ever was, and in some places more so than ever. This means that a whole body of literature by historians and social scientists loosely labeled ‚secularized theory' is essentially mistaken."[33]

Berger widerlegt hiermit seine in den 1960er Jahren gemachten Aussagen und sieht die Säkularisierung keineswegs in diesem Ausmaß. Die erwähnten Ausnahmen seiner nun beobachteten Desäkularisierung sieht er vor allem in Westeuropa: „In a world characterized by religious resurgent rather than increasing secularization, Western Europe bucks the trend; […] in Western Europe – if nowhere else – the ‚old' secualizaion thesis would seem to hold."[34] In Westeuropa beobachtet Berger also nach wie vor einen Zusammenhang zwischen Säkularisierung und einem Bedeutungsverlust der Religion. Dennoch beschreibt seine geänderte Argumentation eine Abkehr von der Unbedingtheit dieses Zusammenhangs. Auch Jose Casanova widerspricht der Säkularisierungsthese der 60er Jahre und spricht vielmehr von einer *Deprivatisierung* der Religion.

---

31 Hildebrandt / Brocker / Behr 2001, 9.
32 Vgl. Pollack 2007, 74.
33 Berger 1999, 2.
34 Ebd., 65.

"By deprivatization I mean the fact that religious traditions throughout the world are refusing to accept the marginal and privatized role which theories of modernity as well as theories of secularization had reserved for them. [...] Similarly, religious institutions and organizations refuse to restrict themselves to the pastoral care of individual souls and continue to raise questions about the interconnections of private and public morality [...]."[35]

Dennoch verneint Jose Casanova nicht gänzlich das Säkularisierungstheorem. Ganz im Gegenteil sieht er die zunehmende Differenzierung der religiösen und politischen Sphäre nach wie vor als Kern der Säkularisierungsthese an, verneint aber eine damit automatisch einhergehende Privatisierung der Religion. Sein Argument ist, dass sie sich in vielen Teilen der Welt eher deprivatisiert und zunehmend an Bedeutung im öffentlichen Raum gewinnt.

An den Titeln der Veröffentlichungen von Friedrich Wilhelm Graf *Die Wiederkehr der Götter* und Martin Riesbrodt *Die Rückkehr der Religion* wird sofort deutlich, dass diese sich ebenso gegen eine Interpretation des Säkularisierungstheorems als Beschreibung des Untergangs der Religion wenden. Graf beobachtet, dass die Religion sich zwar zunächst ins Private zurückgezogen hat, jedoch mehr und mehr in den öffentlichen Raum zurückkehrt. „Die privatisierte, gleichsam unsichtbar werdende Religion ist in den letzten zwanzig Jahren jedoch vehement in den öffentlichen Raum zurückgekehrt. Diese ‚Deprivatisierung' des Religiösen kann sich in drei distinkten Arenen vollziehen: im Staat, im politischen Diskurs und in der Zivilgesellschaft."[36] Auch Martin Riesebrodt geht davon aus, dass Religion eine Art Renaissance erlebt. Er begründet dies mit einem zunehmenden Kontrollverlust der Moderne über die soziale Ordnung. Religionen treten sodann als Krisenbewältiger wieder zunehmend in Erscheinung und gewinnen an Bedeutung. So schließen sich auch für Riesebrodt die Säkularisierung und die Revitalisierung der Religion nicht zwingend aus, sondern „repräsentieren zwei Seiten desselben sozialen Transformationsprozesses"[37].

Es bleibt aufgrund der verschiedenen Deutungsmuster der Säkularisierungsthese und aufgrund der Einwände gegen dieses Theorem zu fragen, wie es nutzbar gemacht werden kann. Karsten Fischer hat in seinem Buch *Die Zukunft einer Provokation: Religion im liberalen Staat* vier Bedeutungsdimensionen des Säku-

---

35 Casanova 1994, 5.
36 Graf 2004, 53.
37 Riesebrodt 2001, 50.

2.1 Debatten und Entwicklung der Säkularisierung

larisierungsbegriffes herausgearbeitet, die deutlich machen, auf welchen verschiedenen Ebenen dieser Begriff verwendet wird und wie er durch steigende Abstraktionsstufen und Erklärungsansprüche normative Gehalte identifizieren kann:

> „*Erstens* bezeichnet der Säkularisierungsbegriff den historischen Prozess der Enteignung von Kirchenbesitz nach dem Westfälischen Frieden und der Französischen Revolution.
>
> Zweitens wird mit dem Säkularisierungsprozess der politik- und rechtstheoretische Paradigmenwechsel im neuzeitlichen Abendland beschrieben, demzufolge zwischen Kirche(n) und dem auf Gesetzmäßigkeit verpflichteten, weltanschaulich neutralen, institutionellen Territorialstaat unterschieden wird.
>
> Drittens thematisiert der Säkularisierungsbegriff den hierdurch mitbedingten Bedeutungsverlust, mindestens aber Bedeutungswandel religiöser Semantik in der Moderne.
>
> Viertens transportiert der Säkularisierungsbegriff eine affirmative geschichtsphilosophische Perspektive auf die ‚Entzauberung' des Weltbildes im Max Weber'schen Sinne eines jahrtausendelangen Intellektualisierungsprozesses."[38]

Die Säkularisierung sei beschränkt auf ihre analytische Funktion, so Fischer weiter, kein ‚ehernes Gesetz', sondern vielmehr eine

> „empirisch belegbare Tendenz mit einem sozio-demographischen Koeffizienten insofern, als soziale Sicherheit Säkularisierung begünstigt, und Säkularisierung wiederum negative Auswirkungen auf die Fertilitätsrate hat. Dies hat die diametrale Konsequenz, dass reiche Gesellschaften säkularer werden, die Welt insgesamt jedoch religiöser wird."[39]

Das Säkularisierungstheorem ist also durchaus gewinnbringend und kann für die Beschreibung der Rolle der Religion verwendet werden. Es zeigt sich in dieser Beschreibung Fischers vor allem die aktuelle Brisanz dieses Themas und die Bedeutung dieser Auswirkungen. Es wird an den dargestellten Einwänden sichtbar, dass sich die Säkularisierungsthese nicht mit einer postulierten Wiederkehr der Religionen ausschließt. Sie hat im Sinne der von Fischer erläuterten Schritte stattgefunden. Die Säkularisierung – auch das wurde deutlich – scheint sich dabei unterschiedlich zu entwickeln, je nachdem welche Gesellschaft betrachtet wird. So besteht ein Zusammenhang zwischen einer fortschreitenden Säkularisie-

---

38 Fischer 2009, 36ff.
39 Ebd., 37.

rung und dem Grad der Industrialisierung, funktionalen Differenzierung und Pluralisierung einer Gesellschaft. Wichtig ist dennoch zu betonen, dass sich daraus keine Zwangsläufigkeiten ergeben. So beschreibt beispielsweise Rolf Schieder einen Widerspruch dieser Annahmen, wenn er konstatiert: „Die das 20. Jahrhundert dominierende Idee, dass mit zunehmender Modernisierung einer Gesellschaft deren Religiosität schwinde, wird durch das US-amerikanische Beispiel widerlegt. Die USA sind das modernste Land der Erde und zugleich das religiöseste der westlichen Welt."[40] Trotz einer zeitweiligen Zurückdrängung der Religion und der fest etablierten Trennung von Religion und Politik, sind Religionen nach wie vor in der öffentlichen Sphäre vorhanden, üben Einfluss aus und sind wichtige Akteure im weltpolitischen Raum. Denn obwohl viele Theoretiker nach wie vor einen Bedeutungsverlust der Religion in den Gesellschaften der westeuropäischen Länder konstatieren, ist der Diskurs um und über die Rolle, die Macht und die Wirkung von Religion in vollem Gange. Die Funktion von Religion ist Thema von wissenschaftlichen, aber auch gesellschaftlichen Debatten und kann daher nur schwer als verschwunden bezeichnet werden.

2.1.2 Säkularisierung als historischer Prozess

Der Begriff der Säkularisierung ist umstritten, insbesondere da mit diesem oft ein unweigerlicher Bedeutungsverlust der Religion verbunden wird. Als historischer Prozess der Trennung von Machtansprüchen und der sich veränderten Wechselbeziehung von religiösen und politischen Sphären hat eine Säkularisierung stattgefunden. Dieser Prozess gibt Aufschlüsse über das heutige Agieren und die Bedeutung der Religionen in den hier betrachteten westeuropäischen Gesellschaften.

Das Christentum hat Deutschland und Europa über Jahrhunderte in unvergleichlicher Weise geprägt. Dennoch kann eine Veränderung der Rolle der Religion und eine Loslösung von politischen Bereichen aus dem Machtbereich der Religion bereits früh beobachtet werden. Sie reicht weiter zurück als die Neutralitätserklärungen vieler Staaten im 16. und 17. Jahrhundert im Zuge der unzähli-

---

40 Schieder 2008, 166.

gen Religionskriege in Europa, wie dies Ernst-Wolfgang Böckenförde in seinem Aufsatz *Die Entstehung des Staates als Vorgang der Säkularisierung* zeigt:

> „Die prinzipielle Säkularisierung, die jene Trennung von Religion und Politik, [...] erst ermöglichte und sie zugleich in eine historische Kontinuität hineinstellte, liegt dem weit voraus. Sie muss im Investiturstreit (1057-1122) gesucht werden, jener von päpstlicher wie von kaiserlicher Seite mit äußerster Entschiedenheit geführten geistig-politischen Auseinandersetzung um die Ordnungsform der abendländischen Christenheit."[41]

Der Streit zwischen Heinrich IV. und Papst Gregor VII. der im Wormser Konkordat 1122 sein Ende fand, drehte sich um die Autorität der Einsetzung der Bischöfe durch die Könige. Oberflächlich betrachtet gaben die Könige mit der Einigung im Wormser Konkordat zwar Rechte ab und bestärkten die Vorherrschaft der Kirche, aber ausschlaggebend ist nicht diese Machtstellung, sondern die Tatsache, dass diese Unterscheidung überhaupt eingeführt wurde. „Denn hiermit wurden weltliche Angelegenheiten als eigenständiger menschlicher Handlungsbereich mit einer spezifischen Logik (wieder)erkennbar."[42] Die Unterscheidung zwischen weltlich und geistlich war das entscheidend Neue, das der Investiturstreit bewirkte und somit die Basis für viel weiter reichende Unterscheidungen. Um es in Böckenfördes Worten zu betonen: „der Investiturstreit konstituiert Politik als eigenen, in sich stehenden Bereich; sie ist nicht mehr einer geistlichen, sondern einer weltlichen, das heißt natur-rechtlichen Begründung fähig und bedürftig."[43] Auch wenn dies nur ein kleiner Schritt in Richtung der Trennung von Politik und Religion war, so war es dennoch ein erster – und damit entscheidender Schritt. Die Kirche hat paradoxerweise durch den Versuch ihren Machtanspruch zu untermauern, die Trennung von Politik und Religion vorangetrieben und die Unabhängigkeit der Politik gefördert:

> „Indem das Papsttum seit dem Investiturstreit Jahrhunderte hindurch versuchte, die kirchliche Suprematie durchzusetzen, hat es wesentlich dazu beigetragen, dass die Träger der weltlichen Gewalt sich auf die Eigenständigkeit und Weltlichkeit der Politik besannen und den Vorsprung an Institutionalisierung, den die Kirche ihnen voraus hatte, durch die Ausbildung staatlicher Herrschaftsformen mehr und mehr aufholte. Die Vorformen des Souveränitätsgedankens und die territoriale Anschließung

---

41 Böckenförde 2007, 46.
42 Fischer 2009, 21.
43 Böckenförde 2007, 50.

des Herrschaftsraumes haben sich [...] gerade in der Auseinandersetzung mit dem päpstlichen Suprematieanspruch herausgebildet."[44]

Um es nochmals zu betonen: Diese weitreichenden Folgen des Investiturstreites von 1122 sind faktisch nicht so weit gegangen. Die Einigung im Wormser Konkordat hat vielmehr den theoretischen Rahmen dafür geschaffen, eine praktische Trennung von Religion und Politik zu erreichen. Diese selbst wurde dagegen erst sehr viel später wirklich erreicht. „Die Säkularisierung hatte in dieser ersten Stufe nur die Entlassung aus dem Bereich des Sakralen und Geheiligten, der unmittelbaren (eschatologischen oder inkarnatorischen) Jenseitsorientierung, nicht die Entlassung aus der religiösen Fundierung schlechthin umgriffen."[45] Der Beginn der Säkularisierung der europäischen Politik kann aber in diesen Streitigkeiten zwischen Papst und König im 11. und 12. Jahrhundert gesehen werden.

Karsten Fischer geht in seinen Ausführungen zum Einsetzen der Säkularisierung noch weiter in der Geschichte zurück: Die Trennung von Religion und Politik sei bereits in den Poleis im antiken Griechenland vollzogen worden. Politische Entscheidungen lagen in den Händen der freien Bürger, und wurden strikt von transzendenten Bezügen getrennt. Durch diese *Entstehung des Politischen bei den Griechen* wie Christian Meier[46] diesen Vorgang nennt, befreit sich die Politik vom Gesetz Gottes und archaischen Praktiken wie der Blutrache. Nicht nur die Politik, sondern ebenso das Recht werden in dieser Phase vom göttlich Gegebenen befreit und ‚gesetzt'.

> „Dieser in der Ausdifferenzierung des Römischen Reiches erhaltene, erste Säkularisierungsschub in Gestalt der Kulturleistung, Politik als eigengesetzlichen, menschlichen Handlungsbereich unter Bedingungen der Freiheit zu verstehen, geriet indes mit dem spätantiken Siegeszug des Christentums für rund tausend Jahre wieder in Vergessenheit."[47]

Bis zum Spätmittelalter gab es eine eigene Sphäre des Politischen nicht. Es wurde dagegen alles unter die Herrschaft Gottes gestellt, und nicht die Menschen, sondern Gott zum Maßstab des Herrschens gemacht. Es gab kein eigenständiges Politikverständnis, was insbesondere daran zu erkennen ist, dass, wie Fischer deutlich macht, auch begrifflich kein politisches Denken im Mittelalter existier-

---

44 Ebd., 52.
45 Ebd., 53.
46 Vgl. Meier 1983.
47 Fischer 2009, 18.

2.1 Debatten und Entwicklung der Säkularisierung

te.[48] Im von der christlichen Kirche dominierten mittelalterlichen Europa zeigt sich, dass die faktische Trennung von Religion und Politik noch nicht erreicht war.

Die zweite Stufe der fortschreitenden Säkularisierung – wenn man den Investiturstreit als ihre erste ansieht – ereignete sich mit der Reformation und der damit einhergehenden Kirchenspaltung. Dieser folgten zahlreiche erbitterte Bürgerkriege, die ihren Höhepunkt in dem bis dahin brutalsten Krieg Europas, dem Dreißigjährigen Krieg, fanden. Die Kriege des 16. und 17. Jahrhunderts waren dabei keineswegs alle religiös motiviert, aber die Spaltung der Kirche verstärkte sie zusätzlich. Um Frieden und Sicherheit in Europa nach Jahrzehnten blutiger – konfessioneller – Kämpfe zu erreichen, musste die Religionsfrage notgedrungen eine politische Frage werden: „Erst dadurch, dass sich die Politik über die Forderungen der streitenden Religionsparteien stellte, sich von ihnen emanzipierte, ließ sich überhaupt eine befriedete politische Ordnung, Ruhe und Sicherheit für die Völker und die einzelnen, wieder herstellen."[49] Erst anhand dieser Entwicklungen ist die Theorie des Thomas Hobbes voll verständlich, der mit dem Leviathan einen Staat konstruiert, der keine weitere – also auch keine geistliche Macht – auf Erden über sich hat, wie dies auch das Titelbild des Leviathan deutlich macht, auf dem über der Figur des Leviathans steht: *Non est potestas super terram quae comparetur ei.*[50] Für Thomas Hobbes waren konkurrierende religiöse Ansichten der Grund der immer wiederkehrenden Bürgerkriege, derer er sich mehr als alles andere fürchtete. Um diese zu verhindern und damit die seiner Meinung nach wichtigste Funktion der Staaten zu erfüllen, nämlich Frieden und Sicherheit zu garantieren, mussten religiöse Streitigkeiten verhindert werden. Hobbes, der keineswegs ein Atheist war und unter allen Umständen verhindern wollte, als ein solcher wahrgenommen zu werden, beschränkte religiöse Übereinkünfte des Staates und der Bürger auf die Äußerung *Jesus is the Christ*. „The (*unum necessarium*) only article of faith, which the Scripture maketh simply necessary to salvation, is this, that JESUS IS THE CHRIST."[51] Die Unterscheidung zwischen *fides* und *confessio* – des inneren Glaubens und des äußeren

---

48 Vgl. ebd., 19.
49 Böckenförde 2007, 56.
50 Übersetzung: „Keine Macht auf Erden ist der seinen vergleichbar." Dies wird eindrücklich auf dem Titelbild untermauert, das den Leviathan auch bildlich als Herrscher über die weltliche und geistliche Sphäre darstellt.
51 Hobbes 1996, 394.

Glaubensbekenntnisses – machen dies deutlich. Es ‚darf' jeder glauben, was er will, aber um Kriege, wie die erlebten zu vermeiden, gibt es einen öffentlichen Konsens über den nicht hinausgegangen wird. Für Hobbes sind es zwei Eigenschaften der Bürger, die wichtig sind, um Bürgerkriege zu verhindern: „All that is necessary to salvation, is contained in two virtues, faith in Christ, and obedience to law."[52] Er konstruierte dabei keineswegs eine demokratische Gesellschaft, sondern verfolgte das Ziel der Stärkung des Absolutismus. Durch seine kontraktualistische Theorie, die religiöse Belange bewusst aus politischen Instanzen heraushält, ist er aber ein liberaler Vordenker seiner Zeit. Religion wird zur Privatsache erklärt, „um sie in ihrer politischen Brisanz zu relativieren"[53]. Religiöse Begründungen politischer Ordnungen wurden als Ursache für Bürgerkriege wahrgenommen, wodurch sich die Theorien politischer Herrschaft auf andere Begründungsmuster konzentrieren mussten. Die bürgerkriegsträchtigen politischen Theologien des 16. und 17. Jahrhunderts wurden durch immanente Herrschafts- und Ordnungsbegründungen ersetzt.[54]

Die kriegerischen Auseinandersetzungen dieser Jahrhunderte verstärkten die Debatten der Theoretiker, führten aber gleichzeitig auch zu weiteren Säkularisierungsschüben. Das Ende des Dreißigjährigen Krieges stellt einen entscheidenden Schritt der Säkularisierung Europas dar.

> „Seine Beendigung durch den Westfälischen Frieden von 1648 ist gleichbedeutend mit der Herausbildung des institutionellen Territorialstaates der Neuzeit, der sich durch die Erringung von vier Schlüsselmonopolen auszeichnet: Er ist *souverän* im Sinne seines Gewaltmonopols, seines Rechtsetzungsmonopols, seines Steuermonopols und seiner Neutralität gegenüber Wahrheits- und Geltungsansprüchen. Hiermit wird die Religion aus ihrer politisch zentralen Rolle entlassen und mit dem Rang einer privaten Weltanschauung versehen, deren sozialverträgliche Ausübung vom Staat zu gewährleisten ist."[55]

In diesem Schritt wird nun auch die faktische Trennung von Religion und Politik vollzogen. Die Politik wird insofern zur Suprematie, als dass sie die letzte Gesetzesinstanz inne hat. Es ist die Aufgabe der entstandenen Territorialstaaten Religionsausübung zu gewährleisten, gleichzeitig aber auch die Bedingungen zu

---

52 Ebd., 391. Deutlich wird an diesem Zitat freilich, dass Hobbes eben nicht so weit geht, vom Christentum als Festlegung abzurücken.
53 Fischer 2009, 31.
54 Vgl. ebd., 29f.
55 Ebd., 25.

schaffen, dass verschiedene Religionen friedlich nebeneinander existieren.[56] Den Bürgern ist durch diese Religionsfreiheit das private und öffentliche Bekennen zu einer Religion ebenso zu ermöglichen, wie die Freiheit keiner Religion anzugehören. Die Rechte als Staatsbürger werden davon nicht tangiert.[57]

Das entscheidende Diktum der Reformation, der Kirchenspaltung und in ihrer Folge der Bürgerkriege war, dass es Kirche nun im Plural gab.

„Die Kirche als eine Aufgespaltene verliert ihren Platz als glaubwürdige und letztgültige ‚Übersetzerin' von Welt und Existenz. Diese interpretatorische Wirkmächtigkeit hat sie nur ‚im Singular' inne: Bei mehreren Heilsorten mit einer Vielzahl an Wahrheitsmöglichkeiten schwindet die Gewissheit, die sie einstmals verbürgen konnte."[58]

Die Religion, um es mit Hermann Lübbes Worten zu sagen, ist im Leben fürs ‚Ganze' zuständig[59], sie ist absolut. Die Kirchenspaltung bringt diesen Absolutheitsanspruch nun aber ins Wanken, da es nicht zwei nebeneinander stehende Wahrheiten geben kann. Dies ist ein Grund für die vielen konfessionellen Kriege des 16. und 17. Jahrhunderts. Der in deren Folge entstandene Staat musste – um seiner Existenz willen – einen Weg finden diese Kriege zu beenden.

„Mit Religion beschrieb man nicht mehr die Intensität der Frömmigkeit; vielmehr wurde der Religionsbegriff nun zu einem Gattungsbegriff für die Vielzahl von Konfessionen. Die Unterscheidung zwischen Religion und Religionen ermöglichte es der Politik, sich von konfessionellen Streitigkeiten zu emanzipieren."[60]

Frieden und Sicherheit als erste Aufgabe der Staaten konnte nur gewährleistet werden, indem sich diese quasi als Vermittler einschalten. Der Staat als letzte Entscheidungsinstanz ermöglicht ein Nebeneinander verschiedener Religionen. Diese Machttransformation wurde durch die Spaltung der Kirche eingeleitet, die so diesen zweiten Säkularisierungsschub ermöglichte.

Entscheidende Auswirkungen hatte die fortschreitende Säkularisierung vor allem auf den Rechts- und Souveränitätsbegriff. Auch wenn Hobbes mit seiner Theorie vor allem den Absolutismus stärken wollte, um Bürgerkriege zu verhin-

---

56 Dies bedarf selbstverständlich einer gewissen Entwicklungszeit und viele Territorialstaaten waren mit ihrem Entstehen keinesfalls sogleich verschiedensten Religionen gegenüber tolerant.
57 Vgl. Böckenförde 2007, 65.
58 Bogner 2001, 44.
59 Vgl. Lübbe 1986, 171.
60 Schieder 2008, 221.

dern, so stellte er sich dennoch entschieden gegen Willkürherrschaft. Hobbes geht es darum sichere Zustände zu schaffen, die durch Willkür bedroht wären.

„Souveränität soll demnach alle Willkürakte des Einzelnen – und das heißt gerade auch des Herrschers – ausschließen, weil ein neuzeitlicher, institutioneller Territorialstaat eben kein mittelalterlicher Personenverbandsstaat mehr ist. Käme die Souveränität dem Herrscher als Person und nicht als Amtsinhaber zu, so wäre sie seiner Willkür überlassen."[61]

Diese so neu verstandene Souveränität ermöglicht es, die Staatsgewalt auf einen Punkt zu konzentrieren. Konkurrierende Rechtsquellen werden ausgeschlossen und der durch sein Territorium eindeutig definierte Staat besitzt klare Rechtssprechungslegitimitäten. Damit wird nicht mehr nur die Unterscheidung von Politik und Religion, sondern auch von Staat und bürgerlicher Gesellschaft erwirkt.[62] Gleichwohl ist die Rechtsstaatlichkeit noch nicht so weit vorangeschritten, dass auch die Bindung des Herrschers an das Recht mitgedacht wird. Bei Hobbes ist der Leviathan eben gerade nicht Vertragspartner, sondern der vom Vertrag begünstigte Dritte.[63]

Diesen entscheidenden Schritt weiter gehen John Locke und vor allem Charles Baron de Montesquieu. Erst durch diese Theoretiker des 17. und 18. Jahrhunderts wird Gewaltenteilung, wie sie in den modernen Territorialstaaten vorherrscht, gedacht.[64] Montesquieu geht dabei noch einen Schritt über Locke hinaus, da er neben der Trennung von Legislative und Exekutive ebenso eine unabhängige Judikative unterscheidet.[65] Für Hobbes war schon die erste Unterscheidung undenkbar und auch Locke ist den entscheidenden Schritt einer unabhängigen Rechtsstaatlichkeit noch nicht gegangen. So heißt es in Lockes *Zwei Abhandlungen über die Regierung*:

---

61 Fischer 2009, 31ff.
62 Vgl. ebd., 33.
63 Vgl. Hobbes 1996.
64 All diese Entwicklungen werden hier nur in groben Zügen und verkürzt dargestellt, da ausführliche Betrachtungen der verschiedenen Theoretiker und Entwicklungsschübe den Rahmen der Arbeit überschreiten würden. So wird hier kein Anspruch auf Vollständigkeit erhoben. In diesem Zusammenhang könnten weitere Theoretiker betrachtet werden. Darunter beispielsweise Jean Bodin, der als Begründer des modernen Souveränitätsbegriffes gilt oder für die Entwicklung der Französischen Revolution Jean-Jaques Rousseau, der als geistiger Wegbereiter dieser gilt. Vgl. Bodin 1981; Rousseau 2000.
65 Vgl. Montesquieu 1950, 129f.

„Die *legislative* Gewalt ist die Gewalt, die ein Recht hat zu bestimmen, wie die *Macht des Staates* zur Erhaltung der Gemeinschaft und ihrer Glieder gebraucht werden soll. [...] Bei der Schwäche der menschlichen Natur, die stets bereit ist, nach der Macht zu greifen, würde es jedoch eine zu große Versuchung sein, wenn dieselben Personen, die die Macht haben, Gesetze zu geben, auch noch die Macht in die Hände bekämen, diese Gesetze zu vollstrecken. [...] Und so geschieht es, dass die *legislative* und die *exekutive Gewalt* oftmals getrennt sind."[66]

Montesquieu fügt schließlich die Judikative als unabhängige Gewalt der Legislative und Exekutive hinzu.

„In jedem Staat gibt es drei Arten von Gewalt: Die gesetzgebende Gewalt; die vollziehende Gewalt [...]; und die [richterliche] Gewalt. [...] Alles wäre schließlich verloren, übte die gleiche Person oder die gleiche Körperschaft von Großen, von Adligen oder aus dem Volk alle drei Gewalten aus."[67]

Durch diese Unterscheidung sind die Sphären der Politik und des Rechts getrennt und „als gleichrangige Funktionssysteme der modernen Gesellschaft unterschieden. Gesetzgebung ist und bleibt hernach, wie in der klassischen Souveränitätskonzeption, ein Akt höchster politischer Gewalt, doch ist nun auch umgekehrt die Politik an das Recht gebunden."[68] Politik, die frei von religiöser Einflussnahme agiert, ist dadurch an Kontrollinstitutionen gebunden, die eine Machtkonzentration und damit möglichen Machtmissbrauch verhindern sollen.

Die Französische Revolution mit ihren Maximen der Freiheit, Gleichheit und Brüderlichkeit vollendete die Entwicklung der politischen Staaten der Neuzeit, die im Zuge des Westfälischen Friedens entstanden waren. Die Erklärung der Bürger- und Menschenrechte von 1789 sicherte den Menschen Freiheitsrechte zu, die unabhängig jeder religiösen Einflussnahme galten. Das Zeitalter der Aufklärung im 17. und 18. Jahrhundert wird oft in einem Atemzug mit Säkularisierung genannt und als für sie entscheidende Epoche angesehen. Die Theoretiker dieser Zeit traten für ein vernunftmäßiges Denken ein, das nicht durch religiöse Vorstellungen und Aberglauben bestimmt ist. Wissenschaft und Bildung wurde gefördert und sollte für alle Bevölkerungsschichten zugänglich gemacht werden.[69] Die ersten demokratischen Verfassungen wurden verabschiedet[70] und mit ihnen die unveräußerlichen Menschenrechte festgeschrieben.

---

66 Locke 1977, 291f.
67 Montesquieu 1950, 129f.
68 Fischer 2009, 35.
69 Dies stellte zuvor ein Alleinstellungsmerkmal der Kirchen dar.

„Die Substanz des Allgemeinen, das der Staat verkörpern und sichern soll, kann folglich nicht mehr in der Religion, einer bestimmten Religion gesucht, sie muss unabhängig von der Religion in weltlichen Zielen und Gemeinsamkeiten gefunden werden. Das Maß der Verwirklichung der Religionsfreiheit bezeichnet daher das Maß der Weltlichkeit des Staates."[71]

Im 19. Jahrhundert wurde im Namen der Restauration versucht, diese inzwischen klar erkennbare Säkularisierung der europäischen Staaten aufzuhalten, teilweise auch rückgängig zu machen. Treibende Kräfte dieser Bewegung waren insbesondere Fürsten und Kirchenführer, die einen christlichen Staat aufgrund von Machtansprüchen propagierten. Es war eine Zeit, in der sich auf allen Gebieten des Lebens Umbrüche ereigneten, Altes noch Bestand hatte, Neues sich daneben jedoch immer weiter ausbildete. Die fortschreitende Entwicklung des demokratischen Staatsgedankens und die damit verbundene Machttransformation konnte allerdings langfristig nicht verhindert werden.[72] Die Aufklärung verband Begriffe wie Liberalismus, Freiheit, Emanzipation und Säkularisierung assoziativ so eng miteinander, dass diese Bande nicht mehr getrennt werden konnte.

2.2 Ambivalenz der Säkularisierung

Ein Aspekt der Säkularisierung soll im Folgenden betont werden, der vor allem im Hinblick auf die deutsche evangelikale Bewegung von Interesse ist. Gemeint ist eine Ambivalenz der Säkularisierung, die zunächst als Paradox erscheinen mag: Auch religiöse Akteure können sich säkularisieren und Religionen und religiöse Institutionen sind nicht nur vereinbar mit der Moderne und ihren Entwicklungen, sondern können diese auch entscheidend voranbringen. Weiter oben wird Daniel Bogner zitiert[73], der anmerkt, dass die Kirche durch ihre Spaltung ihren Bedeutungsverlust selbst herbeiführt. Auch Ernst Troeltsch sieht dies so, wenn er schreibt: „So zersetzt der Protestantismus das christliche Kirchenwesen und seine supranaturalen Grundlagen überhaupt, ganz gegen seinen Willen, aber

---

70   1787 wurde in den Vereinigten Staaten von Amerika eine Verfassung verabschiedet, die den ersten modernen demokratischen Staat begründete. 1791 gab sich Polen-Litauen eine demokratische Verfassung und viele weitere europäische Länder folgten dieser Entwicklung.
71   Böckenförde 2007, 65.
72   Vgl. ebd., 65f.
73   Siehe S. 31.

2.2 Ambivalenz der Säkularisierung

mit tatsächlicher, immer deutlicher hervortretender Wirkung."[74] Für Troeltsch hat sich der Protestantismus sehr viel mehr mit der modernen Welt arrangieren können, wie er es nennt, sich mit ihr ‚amalgamiert', als dies der Katholizismus, der sehr viel weniger mit der Moderne gemein hat, gekonnt hätte. Der Protestantismus, so Troeltsch weiter, habe die moderne Staatsidee zwar nicht erschaffen, aber „er hat den Staat befreit von aller und jeder rechtlichen Überordnung der Hierarchie. [...] Das bedeutet die endgültige, auch formelle und prinzipielle, Verselbstständigung des Staates. Aber es bedeutet durchaus noch nicht die moderne Staatsidee."[75] So paradox dies also klingen mag, da die weitere Entwicklung eher einen Machtverlust der Religion darstellt, so ist es dennoch so, dass die christlichen Kirchen – vor allem ab dem Moment, als es sie im Plural gibt – das Erstarken und die Unabhängigkeit der Politik befördert haben. Auch bei Max Weber ist dieser Aspekt bereits angeklungen, der die Entstehung der modernen Welt unter Einflussnahme des Protestantismus erklärt. So ist der Protestantismus „sowohl Wegbereiter als auch prominentestes Opfer"[76] der Moderne.

Armin Adam sieht in diesem Paradox noch einen weiteren Aspekt: Die Sphären befreien sich voneinander und der Machtverlust ist gleichzeitig eine Erlösung aus Verantwortungen, die die Kirche gebunden haben und verhindert haben, dass sie sich weiterentwickeln kann.[77] So emanzipieren sich religiöse Akteure nicht nur, sondern säkularisieren sich mitunter auch. Ulrich Willems führt dazu ein ganz praktisches aktuelles Beispiel an:

> „Die regelmäßige Präsenz von Vertretern vornehmlich der großen christlichen Kirchen in den sich vervielfältigenden Ethikkommissionen ist nicht zuletzt dem Umstand geschuldet, dass die religiösen Institutionen sich selbst dedogmatisiert und dekonfessionalisiert haben: Auch sie haben die argumentative Währung gewechselt, operieren statt mit religiöser Sprache in der Sprache der Menschenrechte."[78]

Es hat sich in den letzten Jahrzehnten gezeigt, dass der angenommene Untergang der Religion nicht vonstattengegangen ist, dennoch hat sich ihre Rolle in den modernen Demokratien gewandelt. Die Religion selbst hat sich gewandelt und mit ihr die sie verkörpernden Personen. „Damit entsteht aber zugleich Bedarf

---

74 Troeltsch 1925, 46.
75 Ebd., 54.
76 Zachhuber 2007, 15.
77 Vgl. Adam 2001, 141.
78 Willems 2001, 229.

nach Klärung der normativen Frage nach der in modernen pluralistischen Gesellschaften angemessenen Regelung der öffentlichen Stellung von Religion und Religionsgemeinschaften."[79]

Schieders Beschreibung von Seite 26 aufgreifend könnte man hier sagen, dass die USA gerade darum das modernste und zugleich religiöseste Land der westlichen Welt sind, weil sich eben auch die Religionsgemeinschaften am meisten gewandelt haben und sich so den Bedingungen der Moderne angepasst haben. Sie verstehen sich als Konkurrenten auf dem Markt religiöser Anbieter und variieren ihr Angebot entsprechend. „Die sogenannten ‚Megachurches', Kirchen mit bis zu 25.000 Plätzen, boomen seit Jahrzehnten. Hohe Professionalität, hohes Engagement der Mitarbeiter und eine enge Verzahnung zwischen Alltagsproblemen und religiösen Fragen zeichnen diese Kirchen aus."[80] In Deutschland funktioniert dies aber nicht in gleicher Weise wie in den USA, da nicht allein moderne Erscheinungsformen, sondern die Religionskulturen, die ein Land prägen, entscheidend sind. „Während in den USA jeder weiß, dass man nur soviel Religion bekommt, wie man selbst an Zeit, Geld und Arbeitskraft investiert, herrscht in Deutschland in Sachen Religion [...] eine Versorgungsmentalität."[81] Die Religionskulturen unterscheiden sich und damit auch das Verhältnis der Religionsgemeinschaften zu den Gläubigen und umgekehrt.

2.2.1 Moderne und Modernisierung

Der Beginn der Moderne kann auf das 17. und 18. Jahrhundert zurückgeführt werden, also auf die einsetzende Industrialisierung auf wirtschaftlicher und die Französische Revolution auf politischer Seite. Mit Moderne wird eine Epoche bezeichnet, die Umbrüche in allen Bereichen der Lebenswelt der Menschen mit sich brachte. Detlef Pollack nennt fünf wesentliche Merkmale der Moderne, die hier kurz dargestellt werden sollen.

---

79 Ebd., 230.
80 Schieder 2008, 157. Ein zwar kleineres Beispiel, aber für Deutschland herausragend große Gemeinde, die zeigt, dass auch hier einzelne Bestrebungen in diese Richtung zu erkennen sind, stellt die evangelikale Biblischen Glaubens Gemeinde in Stuttgart dar, die mehrere Tausend Menschen in ihren Gottesdiensten zählt. Siehe für Beschreibungen der Entstehung dieser Gemeinde die Schilderungen des Hauptpastors Peter Wenz 2005, 174-183.
81 Schieder 2008, 157.

2.2 Ambivalenz der Säkularisierung

Das erste Merkmal ist die „außergewöhnliche Erhöhung des allgemeinen Wohlstandsniveaus auf der Grundlage eines dramatisch angestiegenen Wirtschaftswachstums"[82]. Der Lebensstandard der Menschen steigt in überdurchschnittlicher Weise, soziale Sicherungssysteme werden ebenso wie medizinische Verfahren und Technologien ausgebaut. Die Folgen dieser Entwicklung sind zweischneidig: Zum Einen steigt die Fähigkeit der Menschen Kontrolle über ihre Umwelt auszuüben, zum Anderen sehen sie sich aber auch bisher unbekannten Gefahren durch die eingesetzten neuen Technologien etc. ausgesetzt.

Das zweite Merkmal der Moderne, das Pollack herausarbeitet, ist die funktionale Differenzierung der modernen Gesellschaften. Die gesellschaftlichen Funktionsbereiche wie Politik, Wirtschaft, Kultur oder eben auch Religion werden mehr und mehr unabhängig voneinander und bilden ihre eigenen Codes aus. Diese funktionale Differenzierung der Lebensbereiche der Gesellschaft führt dazu, dass es keine allgemeinen Verbindlichkeiten und Gültigkeiten mehr gibt. Im Gegensatz zu vormodernen Gesellschaften gelten nicht mehr in allen Gesellschaftsbereichen die gleichen gesamtgesellschaftlich verbindlichen Wertvorstellungen, sondern werden in jedem Bereich eigens herausgebildet. Die vormals allgemeingültigen und nicht in Frage gestellten Strukturen und Wertvorstellungen des christlichen Europa gelten nicht mehr pauschal für alle Lebensbereiche.

Das dritte Merkmal sieht Pollack in dem zunehmenden Prozess der Individualisierung. Der Einzelne ist nicht mehr so sehr wie noch in der Vormoderne durch seine Herkunft und sein Milieu festgelegt, sondern kann seinen Lebensstil, seine Überzeugungen selbstbestimmt gestalten. Diese Selbstbestimmung der Menschen ist nicht grenzenlos. Unbestreitbar ist allerdings, dass die selbstbestimmten Lebensbereiche zu- und fremdbestimmte abnehmen. Dieser Prozess zusammen mit dem Merkmal der funktionalen Differenzierung hat unmittelbare Auswirkungen auf das religiöse Empfinden der Individuen. Religiöse Praktiken und Vorstellungen haben nicht mehr die Selbstverständlichkeit, die sie noch in vormodernen Gesellschaften hatten. Gleichzeitig erfährt der Mensch mehr Handlungsspielräume und damit auch den Zwang zur Wahl seines Lebensweges.

Dieser Zwang zur Wahl wird vor allem durch das vierte Merkmal der Modernisierung deutlich: Die Pluralisierung kultureller Orientierungen und Identitäten. Den Mitgliedern einer Gesellschaft stehen beispielsweise verschiedene Reli-

---

82 Pollack 2007, 83.

gionen zur Auswahl und sie sind nicht qua Geburt der Religion ihrer Familie und ihres Umfeldes angehörig. Um es zu wiederholen: Sie haben die Wahl – müssen diese aber auch treffen.

Das letzte Merkmal, das Detlef Pollack der Moderne zurechnet, ist eine Konsequenz, die sich aus allen bisher genannten ergibt. Pollack nennt dieses Merkmal den ‚Prozess der Horizonterweiterung':

> „Im Zusammenhang mit der Anhebung des Lebensstandards durch wirtschaftlichen Aufschwung, der Erhöhung des gesellschaftlichen Komplexitätsniveaus durch funktionale Differenzierung und der Pluralisierung kultureller Orientierungen durch kulturübergreifende Kontakte und Mobilitätsströme kommt es zu einer bislang ungeahnten Ausweitung des verfügbaren Wissens- und Erfahrungshorizonts mit der Konsequenz, dass Wirklichkeit und Möglichkeit prinzipiell auseinandertreten."[83]

Es gibt, wie Pollack es ausdrückt, keinen ‚archimedischen Punkt der Gewissheit' und daher ist der Mensch darauf angewiesen sich diesen selber zu schaffen, um sein Leben zu meistern.[84]

Die Folgen der Entwicklung der Moderne scheinen für Religion und Kirche eher negativ zu sein, was Pollack anhand von empirischen Studien zeigt. Diese Beobachtung ist nicht neu. So spricht schon Troeltsch von einem Rückgang der Bedeutung der Religion aufgrund der Moderne. Wieder führt Troeltsch das bereits erwähnte höchst interessante Paradoxon an, dass der Protestantismus selbst einen großen Anteil an der Herausbildung der Moderne hatte: „Indem der Protestantismus gerade an der Herausbildung dieses religiösen Individualismus und an seiner Überleitung in die Breite des allgemeinen Lebens seine Bedeutung hat, ist von vornherein klar, dass er an der Hervorbringung der modernen Welt erheblich mitbeteiligt ist."[85] Sicherlich hat der Protestantismus – auf den sich Troeltsch konzentriert – nicht die Moderne an sich hervorgebracht, aber einen großen Anteil an ihrer Entwicklung gehabt. Auch hier findet sich also die Ambivalenz dieser Entwicklung wieder. Die Moderne, die mit der Säkularisierung einhergeht – oder anders herum – wird maßgeblich auch durch die Religion herbeigeführt, obwohl diese dadurch ihre herausragende Machtstellung in allen Bereichen der Gesellschaft verliert. So konstatieren vor allem Berger und Luckmann einen Sinnverlust, der mit der Moderne einhergeht. Die vormals gemeinsamen und

---

83 Ebd., 89.
84 Vgl. für die Merkmale der Moderne: Ebd., 73-103.
85 Troeltsch 1925, 23.

allgemeingültigen Sinnbestände gehen durch die Prozesse der Pluralisierung, Differenzierung und Individualisierung verloren. Diese Sinnkrisen können zwar von neuerlichen Sinnstiftungen in abgegrenzten Sinngemeinschaften, oder durch Werte des modernen Pluralismus, wie der friedlichen Koexistenz der Menschen, begleitet werden, sind dadurch aber nicht zu verhindern.

„Dieses dialektische Verhältnis von Sinnverlust und neuerlicher Sinnstiftung, bzw. von Sinnschwächung und Sinnstützung, ist am deutlichsten am Beispiel der Religion zu sehen. Diese ist ohnehin die wichtigste Form eines umfassenden, inhaltlich reichen und systematisch strukturierten Erfahrungs- und Wertmusters. Während des größten Teils der Menschheitsgeschichte war eine Gesellschaft ohne eine einzige, alles und alle umfassende Religion schlicht undenkbar."[86]

2.2.2 Moderne und Liberalismus – Antimodernisten und Antiliberale

Einen überaus interessanten Aspekt bringt Michael Walzer in die Debatte über die Moderne ein. Walzer legt dar, wie einhergehend mit dem Prozess der Modernisierung radikale Bewegungen entstehen. Er beschreibt dies anhand der Herausbildung des Calvinismus. „Calvinist politics, indeed, radicalism in general, is an aspect of that broad historical process which contemporary writers call ‚modernization'."[87] So geht Walzer davon aus, dass im Zuge der radikalen Veränderungen, die die Modernisierung mit sich gebracht hat, Gruppierungen entstehen, die sich gegen diese Entwicklungen stellen. Dies sind für ihn vor allem religiöse Gruppierungen. Die Veränderungen werden als feindlich und negativ wahrgenommen, als Veränderungen, die bekämpft werden müssen. Die ‚ungeordnete' Welt wird als eine Welt im Krieg wahrgenommen und Feinde ausgemacht und bekämpft. Walzer bezieht dieses Phänomen explizit auf den Prozess der Modernisierung, wenn er schreibt: „there is a point in the modernization process when large numbers of men, suddenly masterless, seek a rigid self-control; when they discover new purposes, dream of a new order, organize their lives for disciplined and methodical activity."[88] Für ihn, der sich für diese *Revolution of the Saints* zwei Fallstudien calvinistischer Politik herausgreift, ist diese Beobach-

---

86 Berger / Luckmann 1995, 34.
87 Walzer 1965, 18.
88 Ebd., 315.

tung nicht nur eine Beschreibung historischer Ereignisse. Sein Anspruch ist es, ein Modell zu entwerfen, das radikale Gruppierungen und deren Entstehungszusammenhang im Allgemeinen systematisch greifbar macht. Für sein Modell entwickelt er sechs Punkte, die kurz zusammengefasst werden sollen. In der Transformation von einer traditionellen Gesellschaft in eine moderne Gesellschaft sieht Walzer immer irgendwann den Punkt gekommen, an dem sich eine Gruppe von *Strangers* findet, die sich als die Auserwählten wahrnehmen, als Heilige, die eine neue Ordnung anstreben. Diese Auserwählten verfügen über ein außergewöhnliches Selbstbewusstsein und verzichten auf gewonnene individuelle Freiheiten der Menschen. Sie zeichnen sich und die Organisation ihrer Gruppierung durch eine außerordentliche Disziplin aus, die ihr Leben und ihr Handeln bestimmt. Solche Gruppierungen nehmen die sich verändernde Welt als feindlich, wie im Krieg, wahr und bereiten sich entsprechend auf einen Kampf gegen diese Welt vor. Sie beobachten ihre Umgebung aufmerksam und versuchen ihre Chancen in diesem ‚Krieg' einzuschätzen. Die Organisation dieser Auserwählten hat die neue Ordnung der Gesellschaft vor Augen, die sie schaffen wollen, reflektiert aber auch die zurzeit existierende Gesellschaft. Ihre Handlungen produzieren eine neue Art von Politik: „The activity of the chosen band is purposive, programmatic, and progressive in the sense that it continually approaches or seeks to approach its goals. [...] The activity of the saints is methodical and systematic [... and] the violent attack upon customary procedures sets the saints free to experiment politically."[89] Schließlich betrachtet Walzer die historische Rolle der Auserwählten, die er als zweischneidig kennzeichnet.

> „Externally, as it were, the band of the saints is a political movement aiming at social reconstruction. It is the saints who lead the final attack upon the old order and their destructiveness is all the more total because they have a total view of the new world. Internally, godliness and predestination are creative responses to the pains of social change. Discipline is the cure for freedom and ‚unsettledness'".[90]

Auch wenn sich Walzer auf historische Entwicklungen bezieht, zeigt folgendes Zitat, dass er davon ausgeht, dass es diese Auserwählten auch in gegenwärtigen oder zukünftigen Zeiten geben kann, wenn entsprechende Bedingungen vorherrschen:

---

89 Ebd., 318.
90 Ebd., 319; vgl. ebd., 315-319.

2.2 Ambivalenz der Säkularisierung

> „In different cultural contexts, at different moments in time, sainthood will take on different forms and the saints will act out different revolutions. But the radical's way of seeing and responding to the world will almost certainly be widely shared whatever the experiences which first generated that perception and response are widely shared, whenever groups of men are suddenly set loose from old certainties."[91]

Das Spannende an Walzers Beobachtung ist wiederum eine Ambivalenz: Die Herausbildung der Moderne als ein Prozess in dem radikale Veränderungen der Gesellschaft vonstattengehen, bringt ihrerseits Gruppierungen hervor, die sich gegen diese Moderne richten. Um es auf den Punkt zu bringen: Die Moderne bringt Antimodernisten hervor. Nun mag es nicht verwunderlich sein, dass Veränderungen einer Gesellschaftsform auch auf Missfallen stoßen. Der – vor allem für diese Arbeit – interessante Punkt ist, dass es sich hierbei im Besonderen um religiös motivierte Gruppierungen handelt. Die Gegnerschaft gegen die existierende Gesellschaft wird religiös begründet, man bezeichnet sich als auserwählt und gewinnt daher eine für sich höhere Legitimität des Handelns.

Ähnlich zu dem Gegensatzpaar von modernistisch und antimodernistisch hat sich das Paar liberal und antiliberal herausgebildet. Man könnte sagen, dass die Untersuchung von Stephen Holmes zu diesem Gegensatz analog zu der Analyse von Michael Walzer zu lesen ist. Ganz ähnlich beschreibt Holmes den Widerstand von Antiliberalen gegen eine sich im Zuge der Moderne liberalisierende Gesellschaft. Der Liberalismus als politische Theorie war vor allem von Mitte des 17. bis Mitte des 19. Jahrhunderts erfolgreich. Zu den wichtigsten Eigenschaften einer liberalen politischen Ordnung zählt Holmes

> „religiöse Toleranz, die Rede- und Meinungsfreiheit, begrenzte Polizeibefugnisse, freie Wahlen, eine konstitutionelle Regierung, die auf dem Prinzip der Gewaltenteilung beruht, ein der öffentlichen Kontrolle unterliegender Staatshaushalt und schließlich eine Wirtschaftspolitik, die anhaltendes Wachstum und Privateigentum und Vertragsfreiheit zu verwirklichen sucht"[92].

Die vier zentralen Werte des Liberalismus sind demnach persönliche Sicherheit, Unparteilichkeit, individuelle Freiheit und Demokratie. Die liberalen Theoretiker vom 17. bis ins 20. Jahrhundert haben immer betont, dass Religion eine persönliche Angelegenheit des Menschen sei, die keinem aufgenötigt werden darf und keiner einem anderen aufzwingen darf. Für die Liberalen war es ganz und gar

---

91 Ebd., 311.
92 Holmes 1995, 21f.

undenkbar, Empfindungen und Interpretationen anderen zu diktieren. Dabei plädieren sie keineswegs für die Abschaffung jeglicher moralischer Einstellungen. „[...E]ine egalitäre Betonung der ‚Subjektivität' von Werturteilen half [...], den moralischen Imperialismus zu schwächen; sie war nicht darauf angelegt, die Moral abzuschaffen."[93] Eine liberalistische Gesellschaftsordnung befürwortet somit religiösen Pluralismus, auch wenn den Verfechtern dieser Position bewusst ist, dass dies eine besondere Art von Kooperation innerhalb der Gesellschaft erfordert: Die besondere Kooperation drückt sich durch ein gewisses Maß an Gleichgültigkeit gegenüber anderen Glaubensrichtungen aus, auf das diese Gesellschaften aufgrund ihrer Pluralität angewiesen sind.[94] Dieses Maß an gleichgültiger Kooperation, das religiösen Hass verhindern und ein friedliches Miteinander der Menschen in der Gesellschaft ermöglichen soll, sei vor allem durch einen freien Handel zu gewährleisten. So unterstützen sich die Aspekte des Liberalismus gegenseitig und stärken das System dieser Gesellschaft. Für die Liberalen bedeutet die Öffnung hin zu religiöser Toleranz keineswegs eine Gefährdung der Gesellschaft, da sie davon ausgehen, dass „[r]eligiöse wie nichtreligiöse Menschen [...] eine etwa gleich große Neigung, sich der Gewalt zu bedienen"[95] haben.

Gegen diese zentralen Merkmale des Liberalismus wenden sich die Antiliberalen. Sie proklamieren die Verwurzelung in Traditionen und kritisieren den Verlust eines historischen Bewusstseins der Moderne.[96] Holmes unterscheidet zwischen zwei Gruppierungen der Antiliberalen – die marxistischen und die nicht-marxistischen. Für diese Arbeit sind vor allem die nicht-marxistischen Antiliberalen interessant, die die Säkularisierung als eine moralische Katastrophe betrachten. Sie richten sich gegen die Autorität der Naturwissenschaften und die Verbreitung einer materialistischen Lebenseinstellung. Die Antiliberalisten zeigen sich nach Holmes

> „alarmiert über den weltweiten Verfall der Gesellschaft in ‚atomisierte' Individuen, die selbstsüchtig, berechnend und materialistisch sind und sich im Kriegszustand aller gegen aller befinden. Der Mensch, so sagen sie, braucht ein Gefühl der Zusammengehörigkeit und der Verwurzelung, doch die liberale Gesellschaft entfernt die

---

93 Ebd., 401.
94 Vgl. ebd., 375.
95 Ebd., 427.
96 Vgl. ebd., 11.

2.2 Ambivalenz der Säkularisierung

Menschen voneinander und verdammt sie zu einer ruhe- und wurzellosen Mobilität."[97]

Außerdem sehen die Antiliberalen den größten Fehler der Geschichte in der „Katastrophe" der Aufklärung. Diese habe zu einem „autonomen, unreligiösen menschlichen Bewußtsein" geführt und durch die Emanzipation vom Christentum die „Krankheit Liberalismus"[98] geschaffen. Antiliberalisten, so Holmes weiter, setzen durch diese Einschätzungen den Liberalismus mit der Moderne gleich. Geschuldet seien Moderne und Liberalismus dem neuzeitlichen Denken und daher philosophisch verursacht.[99] So sei die neuzeitliche Abwendung vom Christentum und der säkulare Humanismus ursächlich für dieses „abstoßende Übel der liberalen Gesellschaft"[100]. Die Antiliberalen verheißen allen, die sich an ihrem Kampf gegen die Moderne und den Liberalismus beteiligen die Rettung der Welt und besitzen daher nicht zuletzt „einen glühenden missionarischen Eifer"[101]. Dieser Konflikt zwischen Liberalen und Antiliberalen, den Holmes anhand verschiedener Theoretiker beider Seiten nachzeichnet, gehört keineswegs der Vergangenheit an:

> „Zu den alten Feinden des Liberalismus, von denen ihm eine beträchtliche Anzahl erhalten bleiben, gesellen sich täglich neue. Religiöser Fanatismus ist nicht von der Erdoberfläche verschwunden, genausowenig wie autoritäre Regierungen, grausame Rechtsprechung, politische Zensur, Wahlmanipulation und Unterdrückung von Minderheiten. Der Sieg über Faschismus und der Zusammenbruch des Kommunismus haben die Welt nicht in die Hände des Liberalismus gegeben."[102]

Die Analogie zu der Analyse Walzers ist deutlich erkennbar. Wie die Antimodernisten bei Walzer, bezeichnen auch die Antiliberalen bei Holmes ihr Agieren als ‚Kampf' gegen die sich neu formierende Welt. Die Feindbilder sind die sich verändernden sozialen Zustände, die freie politische Ordnung und die liberale Wirtschaft. In all diesen Entwicklungen wird eine absolute Gefahr für die Welt gesehen, die nur ‚errettet' werden kann, wenn man gemeinsam gegen die Verän-

---

97 Ebd., 25.
98 Alle Zitate: Ebd., 25.
99 Diese Aussage wird durch ein Zitat von Joseph de Maistre unterstrichen, dass Holmes an den Beginn seiner Einleitung setzt: „Un jour viendra, et peut-être il n'est pas loin, où Locke sera au nombre des écrivans qui ont fait le plus mal aux hommes." Ebd., 17.
100 Ebd., 445.
101 Ebd., 27.
102 Ebd., 438.

derungen und für die Tradition kämpft. Die jeweils eigene Gruppierung wird als die auserwählte und damit als die einzige betrachtet, die diese Welt vor ihrem Verderben retten kann. Besonders die Nutzung religiöser Begrifflichkeiten und Bezeichnungen der eigenen Gruppierung und des eigenen Agierens bilden den interessanten Aspekt dieser Beobachtungen. Die ‚Errettung der Welt' durch die ‚Auserwählten' verheißt einen – wenn man so will – apokalyptischen Kampf gegen den durch die Moderne und den Liberalismus verursachten Untergang der Welt. Es wird eine eigene Legitimationslogik aufgebaut, die demokratischen Grundsätzen entgegen steht.

2.3 Die Auswirkungen der Säkularisierung auf das Staat-Kirche-Verhältnis

Einschneidende Auswirkungen hatte die Säkularisierung auf das Verhältnis der Staaten zu Religion und Kirche. Waren die meisten vor-säkularen Staaten eng mit der christlichen Religion verbunden, fanden nun Veränderungen statt. Unterschiedliche Modelle der Trennung von Kirche und Staat haben sich im Zuge der Säkularisierung herausgebildet. Ernst-Wolfgang Böckenförde unterscheidet zwei Formen staatlicher Neutralität – die distanzierte und die übergreifend offene. Erstere ist exemplarisch in der französischen *laïzité* zu beobachten, letztere im deutschen Staatskirchenrecht.[103] Die Unterscheidung dieser beiden Neutralitätsformen liegt vor allem darin, dass erstere die Religion in den privaten Bereich verweist und sie in anderen Bereichen nicht vorkommt. Die so genannte offene Neutralität dagegen gesteht der Religion auch Wirkungsmacht in öffentlichen Bereichen der Gesellschaft zu – so beispielsweise in Bildungseinrichtungen.

> „Die distanzierte Neutralität gestaltet insoweit die Rechtsordnung rein weltlich, weist die religiösen Aspekte als irrelevant und privat ab, die offene Neutralität sucht hingegen einen Ausgleich herzustellen, indem das Bekenntnis und die Lebensführungsmöglichkeit gemäß der Religion auch im öffentlichen Bereich, soweit mit den weltlichen Zwecken der staatlichen Ordnung vereinbar, durch die Rechtsordnung zugelassen und in sie hineingenommen wird."[104]

Michael Minkenberg weist dagegen auf die häufige Unterscheidung von drei Typen staatlicher Neutralität hin: „Das Staatskirchensystem (als Prototyp gilt

---

103 Vgl. Böckenförde 2007, 15.
104 Ebd., 16.

hier oft Großbritannien), das entgegengesetzte System strikter Trennung (mit Frankreich als Paradebeispiel) und ein ‚Mischtyp', wo sich der Trennungsgedanke mit einer partnerschaftlichen Verschränkung von Staat und Kirche verbindet."[105] Diese Unterscheidung kann als ein dreistufiges System betrachtet werden. So gibt es Staaten, die nach wie vor eine Staatskirche mit besonderen Privilegien haben – darunter sind Großbritannien, aber auch die skandinavischen Länder oder Griechenland zu zählen. Zu den Mischformen, in denen es zwar eine prinzipielle Trennung von Staat und Religion gibt, die aber bei so genannten ‚gemeinsamen Angelegenheiten' unterlaufen wird, gehören zum Beispiel Deutschland, Italien, Portugal und Spanien. In Frankreich und auch den Niederlanden herrscht dagegen eine strikte Trennung von Staat und Kirche und die Religion ist gänzlich in den privaten Bereich geschoben. Die westeuropäischen Länder haben also keine einheitliche Entwicklung durchlaufen. Es haben sich unterschiedliche Systeme herausgebildet, die sich im Grad der Trennung von Staat und Kirche unterscheiden.

2.3.1 Vom Augsburger Religionsfrieden zur Weimarer Verfassung

In Deutschland hat sich das so genannte Staatskirchenrecht etabliert. Von historischer Bedeutung ist dabei der Augsburger Religionsfrieden von 1555. Er hob die Alleinherrschaft der katholischen Kirche und Lehre im Alten Reich auf und ermöglichte den Reichsständen die Bekenntniswahl zwischen evangelisch und katholisch. Die Bewohner des Reiches hatten das Recht aus religiösen Gründen auszuwandern. Sie besaßen damit eine gewisse Religionsfreiheit und waren vor einer Zwangsbekehrung durch die Herrscher geschützt.[106] Die Formel ‚cuius regio – eius religio' beschreibt diese Regelung. Der Augsburger Religionsfrieden bestand trotz schwerer Zerwürfnisse während des Dreißigjährigen Krieges und einigen Modifikationen bis zum Ende des Alten Reiches 1806.

> „Die Struktur der Reichsverfassung beruhte mithin seit 1555 darauf, dass sich der reichsständische Dualismus und der konfessionelle Dualismus überlagerten, verstärkten und einander über Kreuz im labilen Gleichgewicht hielten. [...] Aber beide Systeme stützten sich wechselseitig gerade in ihrer Gegensätzlichkeit, denn die bi-

---

105 Minkenberg 2003, 115.
106 Vgl. Heckel 2007, 10.

konfessionelle Parität des Reiches bildete die schützende Rechtsgrundlage für die konfessionelle Einheit und Eigenständigkeit der Territorien, deren Kraft und Gleichgewicht wiederum das labile Reichskirchensystem vor der Zerstörung durch die Übermacht eines der beiden Teile sicherte."[107]

Der im Augsburger Religionsfrieden geschlossene Friede war aber – trotz seiner Bezeichnung – ein politischer und kein religiöser Frieden. Konfessionelle Spannungen wurden eher größer, nun aber auf politischer Ebene gelöst. Der Augsburger Religionsfrieden und in seiner Folge der Westfälische Frieden schufen ein Selbstbestimmungsrecht und Selbstverständnis der evangelischen und katholischen Kirche. Diese Schritte wirken bis heute und bilden die Grundlage für das aktuelle deutsche Staatskirchenrecht. Sie bewirkten gleichzeitig eine Säkularisierung und eine Konfessionalisierung. Die Säkularisierung bestand vor allem darin, dass das Kirchenrecht zwar nun hinter dem Religionsfrieden zurückstand, es aber dennoch die säkulare Rechtsgrundlage für die Konfessionalisierung der Territorien bildete. Sie standen in Widerstreit, ergänzten und bedingten sich jedoch.[108]

Im Zuge der Französischen Revolution pluralisierte sich die konfessionelle Situation in Europa, das Staatskirchenrecht wurde auf den Kreis aller Religionsgemeinschaften ausgeweitet und die Beschränkung auf die beiden großen christlichen Kirchen aufgehoben. So wurden nun auch christliche Freikirchen oder der jüdische und muslimische Glaube geschützt und in die Religionsfreiheit einbezogen. Neben den Religionsgemeinschaften erhielten auch die Individuen mehr Rechte, konnten Religionen wechseln oder religionslos sein. Das Reichskirchenrecht des Alten Reiches wurde im Übergang zum 19. Jahrhundert insoweit reformiert, dass mit dem Prinzip der Volkssouveränität eine einheitliche weltliche Rechtsordnung geschaffen wurde, die auch das Staatskirchenrecht einbezog. Martin Heckel resümiert: „Die Religionsfreiheitsgarantie macht den Sektierer nicht zum Souverän und stellt den religiösen Anarchisten nicht schrankenfrei."[109] Trotz dieser vollzogenen Trennung von Staat und Kirche überlagern sich die Aktivitäten der Systeme. Die Etablierung der Religionsfreiheit bedeutete nicht nur für die Religionen, sondern auch für den Staat weitreichende Veränderungen. So emanzipierte sich dieser von der Einflussnahme durch die großen Kirchen

---

107 Ebd., 11.
108 Vgl. ebd., 28.
109 Ebd., 42.

und wurde seinerseits unabhängig. Entscheidend an der Entwicklung der Religionsfreiheit und ihrer Ausweitung auf alle Religionen ist, dass der Absolutheitsanspruch der Religionen vom Staat gelöst wird und für die Bürger nicht mehr entscheidend oder bindend ist. Der Staat muss den Absolutheitsanspruch der Religionen abwehren, um so für alle das Grundrecht auf Entfaltung der Religionsfreiheit zu gewährleisten. Religionen werden in das Wettbewerbsmodell der Meinungen und Märkte eingegliedert, das die Gesellschaften auszeichnet.[110] Die Konflikte konkurrierender Religionen mit absoluten Wahrheitsansprüchen werden durch den Staat nicht mehr territorial, sondern rechtlich gelöst. Die Bürger werden nicht mehr zur Annahme einer Religion oder zur Umsiedlung gezwungen. Es werden dagegen rechtliche Voraussetzungen geschaffen, die die Organisation unterschiedlicher Religionsgemeinschaften auf einem Staatsgebiet ermöglicht.[111]

Gleichheit war bei dieser Entwicklung schwieriger zu erreichen als die Freiheit der Religionen, da es faktische Unterschiede der Religionen gab. Die beiden christlichen Volkskirchen sahen sich durch ihre Geschichte in der Welt und dem Dienst für diese Welt verbunden, wo hingegen sich kleine Religionsgemeinschaften eher von der Welt abwendeten. So war das Paritätssystem im 19. Jahrhundert auch in drei Abstufungen eingeteilt:

> „Die erste Gruppe bestand aus den beiden Großkirchen als öffentlichrechtliche Kooperationen mit erheblicher verfassungsrechtlicher, teilweise kirchenvertraglich abgesicherter Privilegierung im Staatswesen und in der christlichen Volksbildung. Die zweite umfaßte die Freikirchen mit öffentlichrechtlichem Körperschaftsstatus und begrenzten Sonderrechten, die dritte die kleinen Religionsgemeinschaften und Sekten mit erheblichen rechtlichen Begrenzungen."[112]

Diese Unterscheidung wurde faktisch aufgehoben, als die Weimarer Nationalversammlung das Paritätssystem formalisiert, schematisiert, vereinheitlicht und verweltlicht hat. Allen Religionsgemeinschaften wurde nun das gleiche Recht wie den beiden Großkirchen zugestanden – beispielsweise das Recht der Steuererhebung – wenn sie nach Größe, Stabilität und Organisation dazu imstande waren. Die Religionen sind damit rechtlich gleichgestellt und allen stehen die gleichen Wege und Mittel offen. Die kleineren Religionsgemeinschaften haben al-

---

110 Vgl. ebd., 57.
111 Vgl. ebd., 79.
112 Ebd., 118.

lerdings bisher nicht so an Bedeutung gewonnen, um beispielsweise das Recht auf Steuererhebung zu nutzen. Die Bedeutung der kleinen und großen Religionsgemeinschaften anzugleichen, ist jedoch nicht Aufgabe und Kompetenz des Staates.[113] Heckel fasst diese Entwicklung hin zum Staatskirchenrecht folgendermaßen zusammen:

„So führte die Entwicklung der Parität in den neuen deutschen Einzelstaaten des 19. Jahrhunderts vom Vorrang der herrschenden Landeskonfession, der aus dem Normaljahrsstatus des Westfälischen Friedens stammte, schrittweise zur annähernden Gleichstellung der anderen großen Religionspartei, dann auch zur Statusverbesserung mancher Freikirchen, nicht freilich aller Sekten, um endlich seit der Weimarer Verfassung in eine formale Gleichheit der Rechtsstellung aller Religionsgemeinschaften auszumünden, die innerlich der Formalisierung und theologischen Entleerung der Religionsfreiheit entspricht."[114]

2.3.2 Das deutsche Staatskirchenrecht

Im Grundgesetz (GG) der Bundesrepublik Deutschland wurden die kirchenpolitischen Regelungen der Weimarer Verfassung (WV) weitgehend übernommen und insbesondere in den Artikeln (Art.) 4 und 140 GG manifestiert. Im unabänderlichen Art. 4 GG wird die Religionsfreiheit festgeschrieben und mit der Gewissensfreiheit verbunden. Dabei wird nicht nur die Freiheit einer Religion anzugehören gewährleistet, sondern auch deren Ausübung garantiert. Das Grundgesetz wertet die Religionsfreiheit sehr hoch, da jeder sein Leben nach den Vorgaben seiner Religion gestalten darf. Ausgeformt und ausgelegt wurde dieser Artikel insbesondere durch das Bundesverfassungsgericht, das die Religions- und Gewissensfreiheit mit der Menschenwürde des Art. 1 GG verknüpft und ihre Bedeutung unterstrichen hat.[115] Das Bundesverfassungsgericht hat betont, dass es bei der Religionsfreiheit nicht allein um die Toleranz religiöser Ansichten geht, sondern gleichzeitig das Recht auf Missionierung und damit auch die Abwerbung von anderen Religionen eingeschlossen ist.[116] In Art. 140 GG wurden verschiedene Artikel der Weimarer Verfassung direkt übernommen, die die institu-

---

113 Vgl. ebd., 124.
114 Ebd., 116. Vgl. über die Geschichte des Staatskirchentums: Ebd.
115 Vgl. Camphausen / Wall 2006, 52.
116 Vgl. Ebd., 59.

tionelle Organisation des Kirche-Staat-Verhältnisses festlegen. Art. 136 WV beinhaltet das in Art. 3 und Art. 33 GG festgeschriebene Diskriminierungsverbot aufgrund von Religion oder Weltanschauung und das Neutralitätsgebot des Staates. Der darauffolgende Art. 137 WV legt fest, dass es keine Staatskirche gibt[117], die Bildung von Religionsgemeinschaften keinen Regeln unterliegt und die Angelegenheiten von Religionsgemeinschaften durch diese selbst verwaltet und geordnet werden. Wenn Religionsgemeinschaften nach Verfassung und Zahl ihrer Mitglieder die Gewähr der Dauer bieten, sind sie als Körperschaften des öffentlichen Rechts anzuerkennen und die Möglichkeit der Steuererhebung ist zu gewährleisten. Weitere Regelungen werden auf Länderebene und damit föderal getroffen. Art. 139 WV regelt schließlich die Anerkennung der Feiertage und Sonntage als Ruhetage, die es zu schützen gilt und Art. 141 WV gewährt die Ausübung seelsorgerischer Tätigkeiten in Militär, Krankenhäusern, Strafanstalten und sonstigen öffentlichen Anstalten durch die Religionsgemeinschaften. In die Reihe der religionsrelevanten Artikel des Grundgesetzes gehört außerdem der unabänderliche Art. 7 GG, der die Durchführung des Religionsunterrichts regelt, sowie Art. 123 GG der das Fortbestehen der Reichskonkordate, die vor dem Zusammentritt des Bundestages geschlossen wurden, feststellt.

Die genannten Artikel bilden den Rahmen der Ordnung von Kirche und Staat in Deutschland. Religionsgemeinschaften kommen darin weitreichende Rechte und Autonomie zu. Eine Einmischung in religiöse Angelegenheiten durch den Staat wird verhindert. Die Selbstbestimmung der Religionsgemeinschaften bezieht sich nicht nur auf innerreligiöse Angelegenheiten, sondern betrifft auch Bereiche, in denen kirchenrechtliche Regelungen staatsrechtliche Angelegenheiten berühren.[118] Für das deutsche System sind neben der Religionsfreiheit und der prinzipiellen Trennung von Kirche und Staat drei Aspekte entscheidend. Zum Einen die Nichtidentifikation des Staates mit weltanschaulichen Ansichten. Dieser Verzicht des Staates ist Voraussetzung für den zweiten Aspekt – den Grundsatz der Neutralität. Damit erzwingt das Grundgesetz jedoch keine völlig relativierbare Ordnung. Schließlich bildet das Prinzip der Parität, also der Gleichstellung und Gleichrangigkeit aller Religionsgemeinschaften, einen ent-

---

117 Dies ist ein Grund, warum der weitläufige Begriff des Staatskirchenrechts irreführend ist. Daher wird des Öfteren präziser von einem Religionsverfassungsrecht gesprochen.
118 Vgl. Link 2000, 171.

scheidenden Aspekt des Staatskirchenrechts, das aber gleichzeitig eine Stufung zulässt.[119]

Das im Grundgesetz festgesetzte und durch das Bundesverfassungsgericht immer wieder ausgelegte Religionsverfassungsrecht, ist ein „System der organischen Trennung von Kirche und Staat bei geregelter fortgesetzter Kooperation"[120]. Gerade das zeichnet dieses System aus, das zwar eine Unterscheidung von Kirche und Staat schafft, gleichzeitig aber Möglichkeiten der Zusammenarbeit regelt. Das ist sinnvoll, da es trotz der faktischen Trennung Bereiche gibt, in denen sich die Angelegenheiten treffen. Es wird nicht eine reine Trennung, sondern ein Regelungsrahmen der Verbindung geschaffen. So formuliert auch Schieder: „Denn nicht die Trennung, sondern die Unterscheidung von Politik und Religion hat unsere westliche Kultur geprägt. Dabei ist ein unlösbarer Zusammenhang von Politik und Religion immer vorausgesetzt."[121]

Obwohl laut Grundgesetz keine Religionsgemeinschaft diskriminiert werden darf, sind faktisch dennoch nicht alle gleichgestellt. Dies folgt aus der Anerkennung bestimmter Religionsgemeinschaften als Körperschaften des öffentlichen Rechts. Neutralität wird insofern weiter gewahrt, als jede Religionsgemeinschaft das Recht hat, als Körperschaft anerkannt zu werden, sofern sie nach Institutionalisierung, Mitgliederzahl und Organisation zur Dauerhaftigkeit in der Lage ist. Dass nicht alle Religionsgemeinschaften diese Bedingungen erfüllen, ist nicht Verantwortung des Staates. Auf der unmittelbaren Verfassungsebene genießen privatrechtliche Religionsgemeinschaften dieselben Rechte wie die mit Körperschaftsrechten ausgestatteten, erst auf der Ebene der Stufe des Rechtsstandes im weltlichen Recht ergeben sich Unterschiede. Ob von einer Religionsgemeinschaft in diesem Rechtssinne zu sprechen ist, entscheidet der Staat nach geistigem Gehalt und äußerem Erscheinungsbild. Die Definition selbst übernimmt jede Religionsgemeinschaft autonom.[122] Der Status der Körperschaft des öffentlichen Rechts dient zur Betonung der Autonomie der Kirchen und der Zuschreibung eigener Verantwortung ihrer Angelegenheiten. Gleichzeitig ermöglicht diese rechtliche Regelung die Zusammenarbeit des Staates mit den Kirchen, da sie „als Teile der guten geschützten öffentlichen Ordnung anerkannt und der

---

119 Vgl. Camphausen / Wall 2006, 370.
120 Ebd., 369.
121 Schieder 2002, 18.
122 Vgl. Camphausen / Wall 2006, 116.

2.3 Die Auswirkungen der Säkularisierung auf das Staat-Kirche-Verhältnis 51

Versuch abgewehrt [wurde], sie in den Bereich des Beliebigen, Unwesentlichen zu verbannen"[123]. Dieses System stellt die Kirchen aber eben gerade nicht unter die Aufsicht des Staates – sie agieren nicht nach staatlichem, sondern nach kirchlichem Recht. Gleichwohl setzt das Grundgesetz freilich die Anerkennung seiner Prinzipien durch diese Körperschaften als unabdingbar voraus.[124] Kirchen oder Religionsgemeinschaften, die als Körperschaften des öffentlichen Rechts anerkannt sind, unterscheiden sich jedoch von anderen Körperschaften, wie Gemeinden, da sie keine (Verwaltungs-)Aufgaben des Staates wahrnehmen – sie bilden vielmehr ein Gegenstück staatlichen Handelns.[125]

Vollständige Parität ist in diesem System nicht vorgesehen, da sie nicht den faktischen Bedingungen entspricht. Körperschaften können Religionsgemeinschaften daher nur werden, wenn diese als Rechtsträger klar erkennbar sind, Stabilität aufweisen können, Regeln ihrer Mitgliedschaft aufweisen und Kooperation mit dem Staat und seinen Verwaltungsstellen sicherstellen können.[126]

Im Umgang mit Religionsgemeinschaften wird zwischen eigenen Angelegenheiten der Religionsgemeinschaften, gemeinsamen Angelegenheiten mit dem Staat, Rechten speziell für Gemeinschaften als Körperschaften des öffentlichen Rechts und religionsverfassungsrechtlichen Einzelfragen unterschieden. Zu den eigenen Angelegenheiten gehören beispielsweise Bereiche wie das kirchliche Mitgliedschaftsrecht (darunter beispielsweise auch Fragen zu Taufe und Kirchenaustritt), kirchliches Dienst- und Arbeitsrecht, kirchliche Friedhöfe und kirchliche Gebäude. In Fragen der eigenen Angelegenheiten bestimmen die Religionsgemeinschaften die Ausformungen des innerkirchlichen Rechts autonom nach ihrem theologischen Selbstverständnis. Für den Staat ist dieses Kirchenrecht hinzunehmen und im weltlichen Recht anzuerkennen, sofern es nicht gegen Grundsätze der staatlichen Ordnung verstößt. Seelsorge in öffentlichen Anstalten, Religionsunterricht, theologische Fakultäten und kommunale Friedhöfe ge-

---

123 Camphausen / Wall 2006, 129.
124 Dies berührt einen Aspekt, den Schieder mit der „Politisierung und Mobilisierung religiöser Gruppierungen" beschreibt, die „die schlichte These von der systemstabilisierenden Wirkung der Religion" falsifiziert (Schieder 2001, 28.). So sei durch das Aufkommen fundamentalistischer Bewegungen die Notwenigkeit eines konfessionell neutralen Staates zwingender geworden, der nicht auf eine reine Partnerschaft mit den beiden christlichen Kirchen konzentriert ist, sondern auf seine staatliche Aufgabe der Bewahrung friedlicher Ordnung. Vgl. Zippelius 2009, 179.
125 Vgl. Ebd., 166.
126 Vgl. Camphausen / Wall 2006, 135.

hören zu den gemeinsamen Angelegenheiten von Kirche und Staat. Diese Angelegenheiten befinden sich zwischen den eigenen Angelegenheiten der Kirchen und staatlichen Aufgaben und bilden damit den bereits erwähnten Berührungspunkt. Charakteristisch für diese Bereiche ist, dass Kirche und Staat nicht in Konkurrenz zueinander treten. Vielmehr ist der Staat der „Unternehmer" und die Kirchen kommen beispielsweise bei seelsorgerischen Tätigkeiten in öffentlichen Anstalten „ihrem religiösen, grundgesetzlich abgesicherten Auftrag in diesen staatlichen Einrichtungen nach"[127]. Ein Sonderfall und gleichzeitig bekanntes Beispiel dieser gemeinsamen Angelegenheiten bildet die Kirchensteuer, bei der die Kirchen mit rechtlichen Regelungen einem vom Staat gesetzten gesetzlichen Rahmen ausfüllen. Im Namen der Kirchen organisiert der Staat die Erhebung der Kirchensteuer und erhält dafür rund 4 % der Steuereinnahmen.

Es gehe nach dieser 1919 durchgesetzten und in das Grundgesetz übernommenen Trennung von Kirche und Staat also nicht darum, diese immer wieder neu zu manifestieren, sondern, so Schieder, „das Getrennte sinnvoll aufeinander zu beziehen"[128]. Grundlegend dafür sei, dass das deutsche System eben gerade nicht „Kooperationen zwischen Staat und Religionsgemeinschaften"[129] ausschließt. Durch die herausgehobene Stellung der Kirchen als Körperschaften des öffentlichen Rechts, die mehr sind als bloße Vereine und nicht staatlicher Kontrolle unterliegen, erfahren sie besonders viel Freiheiten. In der Verknüpfung gemeinsamer Angelegenheiten wird wiederum die besondere Verbindung von Staat und Kirche sichtbar, die durch die rechtliche Gleichstellung aber faktische Unterscheidung die Diskriminierung anderer Religionsgemeinschaften verhindert. Kooperation zwischen Staat und Religionsgemeinschaften ist durch dieses System nicht untersagt, sondern vielmehr in dieses systematisch integriert.

Dass Kooperationen stattfinden, kann vor allem an den beiden christlichen Großkirchen beobachtet werden, die in ihrer Bedeutung klar von anderen Religionsgemeinschaften abzugrenzen sind. Da alle Änderungen von Regelungen, die sie betreffen, in Zusammenarbeit mit ihnen erarbeitet werden, sind sie als Partner des Staates anzusehen. „Aber auch die Präsenz von Kreuzen auf deutschen Panzern und anderem militärischem Gerät, in Schul- und Gerichtssälen zeugt nicht

---

127 Ebd., 196.
128 Schieder 2008, 239.
129 Ebd., 239.

gerade von einer klassischen Trennung von Religion und Staat."[130] Das Fehlen einer strikten Trennung ist auch an Theologischen Fakultäten zu beobachten, die staatlich finanziert sind, an denen aber kirchliche Examen erworben werden. Die vom Staat verwaltete Entrichtung der Kirchensteuer ist ein weiteres Alleinstellungsmerkmal der Großkirchen. Die Kirchensteuer ist die bei weitem wichtigste Einnahmequelle der Kirchen, und laut Franz-Xaver Kaufmann macht die Erhebung der Kirchensteuer die deutschen Kirchen zu den wohlhabendsten der Welt.[131] Die Evangelische Kirche Deutschland (EKD) hat im Jahr 2006 über 4,2 Milliarden Euro durch die Kirchensteuer (und das Kirchgeld) eingenommen; die katholische Kirche Deutschlands durch die Kirchensteuer rund 4,4 Milliarden Euro.[132] Neben diesen Einnahmequellen, gehören die Kirchen zu den größten Arbeitgebern Deutschlands „und betreiben ein umfangreiches System von Wohlfahrtseinrichtungen, vor allem in den Bereichen der Gesundheit, der Lebenshilfe, der Dienstleistungen für ältere Menschen, der Kindergärten und anderer Einrichtungen für Kinder und Jugendliche."[133] Die katholische und die evangelische Kirche sind in Deutschland ungefähr gleich groß. Nach Zahlen des statistischen Religionsinstituts REMID vom Frühjahr 2011 zählen sich 25,1 % der Bevölkerung zur evangelischen Kirche und 25,7 % zur katholischen. Etwa genauso viele Menschen bezeichnen sich als konfessionslos (23,8 %).[134] Kaufmann sieht auch heute den Einfluss der Kirchen auf den Staat und die öffentliche Meinung als hoch an und warnt davor, diese zu unterschätzen. Beide Großkirchen haben Dienststellen für die Verbindung zu politischen Institutionen und diese arbeiten sowohl als Repräsentanten der Kirchen als auch als Lobbyorganisationen. Wie Reinhold Zippelius zu Recht konstatiert, konnten die Kirchen so bedeutenden Einfluss „in öffentlichen Organen und auf öffentliche Organe gewinnen, auch durch Verbindungen zu Regierungen und Schlüsselstellen der Bürokratie und nicht zuletzt durch Einwirken auf die öffentliche Meinung"[135]. Dennoch, so bemerkt auch Kaufmann in seiner Analyse aus den achtziger Jahren, lässt das Interesse an aktiver Kirchenteilnahme in Deutschland nach. Vor allem bei jungen

---

130 Ebd., 229.
131 Vgl. Kaufmann 1989, 127.
132 http://www1.bpb.de/wissen/ZYDSC2,0,0,Evangelische_und_Katholische_Kirche. html [08.03.2011, 13:38].
133 Kaufmann 1989, 128.
134 Siehe für alle Angaben: http://remid.de/info_zahlen_grafik.html [08.03.2011, 13:38].
135 Zippelius 2009, 177.

Menschen sei die Begeisterung für kirchliches Engagement stark zurückgegangen, was zu einer Überalterung der Kirchen geführt habe. „Den verrechtlichten und hoch organisierten deutschen Kirchen scheint es schwer zu fallen, die in den neuen Generationen offenkundigen Aspirationen auf einen individualisierten Lebensstil religiös aufzufangen."[136]

Die evangelikale Bewegung nimmt in diesem System eine interessante Stellung ein, die nicht leicht zu fassen ist. Sie grenzt sich in vielen Bereichen bewusst von der evangelischen Kirche ab und geht eigene Wege – wie im Verlaufe dieser Arbeit deutlich wird – hat aber gleichzeitig viele strukturelle und personelle Verknüpfungen in landeskirchliche Bereiche hinein. Grenzen sind schwer zu ziehen und es ist kaum auszumachen, wo evangelikale und landeskirchliche Trennungen verlaufen. Eindeutige Aussagen über Mitgliederzahlen sind bei der evangelikalen Bewegung nicht möglich, da viele, die sich als evangelikal bezeichnen, dennoch in landeskirchlichen Gemeinden organisiert sind. Die evangelikale Bewegung ist also als Religionsgemeinschaft nicht klar definierbar. Es muss für die Anerkennung des privatrechtlichen Status einer Religionsgemeinschaft kein eigenes Bekenntnis geschaffen werden, „sofern beide Religionsgemeinschaften eindeutig unterscheidbar sind"[137]. Dies scheint hier gerade nicht möglich. Gleichzeitig prägt diese Stellung ihr Agieren in politischen Bereichen, da sie von dem deutschen Religionsverfassungsrecht ebenso geprägt ist, wie von den Landeskirchen. Sie kann daher Strukturen und Wege nutzen, die durch den landeskirchlichen Status bestehen, schafft sich aber gleichzeitig andere Möglichkeiten, wie in dieser Arbeit gezeigt wird.

Die deutschen Evangelikalen sind nicht in diesem Maße strukturiert und organisiert wie die beiden deutschen Großkirchen. Die Grenzen besonders zur evangelischen Kirche sind nicht immer deutlich. Möglicherweise kann aber genau daher der angesprochene individualisierte Lebensstil zum Zuge kommen. Es fehlt an Infrastruktur, die die Großkirchen auch mit Hilfe der ihnen zur Verfügung stehenden finanziellen Mittel ausbauen konnten. Fraglich ist, ob dies in einer säkularisierten Gesellschaft, in der die Kirchen das Monopol auf Religion verloren haben, als Nachteil betrachtet werden muss. „Nicht als konfessioneller Zwang, sondern als freie Wahl kommt die Religion nach der Aufklärung zur

---

136 Kaufmann 1989, 144.
137 Camphausen / Wall 2006, 116.

Geltung."[138] Die lose Struktur der Evangelikalen passt sich diesen Entwicklungen hervorragend an. In der vorgenommenen Analyse zeigt sich, inwiefern es der evangelikalen Bewegung gelingt, eigene Akzente zu setzen, Gläubige an sich zu binden und ebenso wie die Großkirchen Anschluss an das politische System zu gewinnen.

---

138 Schieder 2002, 26.

3 Die deutsche evangelikale Bewegung

In Deutschland haben sich neben den etablierten evangelischen Landeskirchen andere Formen christlicher Gemeinschaften gebildet, die nicht unbedingt gegen die Landeskirchen arbeiten, sich aber von ihnen abgrenzen und neue Wege religiösen Praktizierens suchen und finden. Die evangelikale Bewegung stellt eine solche Gemeinschaft dar. Oft werden mit dem Begriff ‚evangelikal' zumeist US-amerikanische Gruppierungen assoziiert, die in Deutschland eher argwöhnisch betrachtet werden. Es existieren jedoch auch deutsche evangelikale Gemeinschaften. Genaue Mitgliederzahlen der evangelikalen Bewegung gibt es nicht, unterschiedliche Quellen gehen aber von 1,3 bis 1,4 Millionen Evangelikalen in Deutschland aus.[139] Durch die schwierigen Schätzungen fallen auch Prognosen der Entwicklung der Mitgliederzahl schwer, es scheint aber, dass die Bewegung im Gegensatz zur Evangelischen Kirche Deutschlands eher leichte Zuwächse verzeichnen kann oder zumindest eine stabile Mitgliederzahl aufweist. Um diese Entwicklung genau einschätzen zu können, wird eine empirisch quantitative Untersuchung benötigt, die bisher jedoch nicht durchgeführt wurde. Diese Arbeit kann eine quantitative Sozialforschung nicht leisten, zumindest aber auf das Fehlen dieser aufmerksam machen. Eine solche quantitative Analyse würde auch dazu beitragen, nicht nur die Dachorganisationen, sondern ebenso die jeweiligen evangelikalen Gemeinden genauer analysieren zu können.[140] Regionale Unterschiede sind sicherlich festzustellen und es scheint eine Häufung evangelikaler

---

139 Vgl. beispielsweise: Hempelmann 2009, 39; Jung 2007, 17, Deutsche Evangelische Allianz (a), 5.
140 Gisa Bauer hat einige Aspekte zusammengefasst, die die von ihr sogenannten evangelikalen Trägergruppen insbesondere in den 70er Jahren charakterisierte: „Es handelte sich nahezu ausschließlich um Männer – evangelikale Frauengruppen bildeten sich erst seit den 1980er Jahren heraus -, hauptsächlich um Angehörige der gebildeten Mittelschicht, zu einem relativ großen Prozentsatz um Pfarrer, Gemeinschaftsprediger, Vertreter kirchlicher Organisationen." Bauer 2012, 662. Leider gibt Bauer keine genauen Zahlen oder Quellen für diese Beobachtung an und für das heutige Erscheinungsbild fehlen empirische Untersuchungen über die Akteure der evangelikalen Bewegung gänzlich.

Gruppierungen im Erzgebirge, im Ruhrgebiet und in Baden-Württemberg zu geben.[141] Dies sind jene Regionen, in denen auch der Pietismus weit verbreitet war, der eine der Wurzeln der deutschen Evangelikalen darstellt.

Die deutsche evangelikale Bewegung, von der man seit den 1960er Jahren spricht, macht sich mehr und mehr in der Gesellschaft hörbar und tritt als Gruppierung in der Öffentlichkeit auf. Dabei äußert sie sich nicht nur zu dezidiert religiösen Themen, sondern zunehmend zu politischen, wirtschaftlichen und sozialen Problemen. Die Evangelikalen haben sich in Abgrenzung zu evangelischen Landeskirchen gegründet und bezeichnen sich oft als die ‚wahren Christen'. Gemeint ist, dass hier kein reines ‚Kulturchristentum' gepflegt werde, wie es in den Landeskirchen vermehrt üblich sei, sondern auf den Grundfesten der Bibel streng nach christlichen Maßstäben geglaubt und gelebt werde. Kritisiert wird eine vermeintliche Anpassung der Landeskirchen an gesellschaftliche Prozesse und dadurch ein Verlust christlicher Grundwerte. Von diesen Entwicklungen möchte man sich deutlich abgrenzen. Dies geschieht mit Hilfe neuer Formen der Religiosität. So werden Gottesdienstformen etabliert, die auf bestimmte Zielgruppen ausgerichtet sind, Großveranstaltungen durchgeführt, um die Evangelisation voranzutreiben, neue Medien genutzt und zahlreiche Publikationen herausgegeben. Zugleich tritt man als gesellschaftlicher Akteur auf, engagiert sich sozial und unterhält Kontakte in die obersten Etagen der deutschen Politik, um christliche Werte in diesen hörbar zu machen.

Das folgende Kapitel nähert sich der evangelikalen Bewegung zunächst auf einer historischen Ebene, indem die Vorgängerbewegungen und deren politische Ausrichtungen dargestellt werden. Verschiedene Entwicklungen haben das Auftreten der Evangelikalen beeinflusst und bestimmen dadurch auch ihr heutiges Erscheinungsbild. Daran anschließend wird der Blick auf die Dachorganisationen der Bewegung gelenkt. Die Evangelische Allianz und die Lausanner Bewegung sprechen für die deutschen Evangelikalen, halten Kontakte in die Politik und prägen die Bewegung daher massiv. Aus diesen Gründen wird sich die Analyse der politischen Einstellungen und Aktivitäten auf die Untersuchung dieser

---

141 Im Erzgebirge sind insbesondere im Zuge der Wiedervereinigung Deutschlands amerikanische Evangelisten zu Missionsveranstaltungen aufgetreten und haben dort zu einer Ausbreitung evangelikaler Gemeinden geführt. Die übrigen Teile des Gebietes der ehemaligen DDR gelten unter den Evangelikalen schon seit langem als Regionen, die dringend missioniert werden müssen. Vgl. hierzu beispielsweise die Schilderungen von Herbst 2012a, 58.

beiden Organisationen beschränken. Von ihnen ausgehend wird ein Bild der heutigen evangelikalen Bewegung gezeichnet, deren Vielfalt dargestellt und gezeigt, dass sie eine sehr heterogene Struktur aufweist. Ebenjene Struktur ist der Grund für die schwierige Präzisierung des Begriffs ‚evangelikal‘, die dennoch unerlässlich ist. Schließlich zeugt die Struktur von dem Bewegungscharakter der deutschen Evangelikalen.

3.1 Die Vorläuferbewegungen der deutschen Evangelikalen

3.1.1 Der Pietismus

Die deutsche evangelikale Bewegung ist in ihren Anfängen auf den Pietismus des 17. und 18. Jahrhunderts zurückzuführen. Dieser stellt eine der wichtigsten Frömmigkeitsbewegungen innerhalb des Protestantismus nach der Reformation dar.[142] Den Pietismus verbindet man in Deutschland vor allem mit Philipp Jakob Spener und dem in Halle wirkenden August Herrmann Francke. Zu Beginn des 18. Jahrhunderts außerdem mit Nikolaus Ludwig von Zinzendorf und dessen Herrnhuter Brüdergemeinde, die sich zwar im Laufe der Zeit vom Pietismus distanzierte, dennoch eng zu dessen Geschichte gehört. Sie alle haben ihn tief geprägt und seine Entwicklung maßgeblich mitbestimmt. Der Pietismus stellte keine rein theologische Erscheinungsform dar, sondern wies weit mehr Facetten auf, wie Martin Brecht konstatiert:

> „Neben bestimmten Ausgestaltungen der Theologie gibt es beispielsweise dezidierte Stellungnahmen zu den jeweiligen geistigen Bewegungen, treue Praktizierung von Frömmigkeitsformen, die Ausbildung eigener Sprache und Artikulation, besondere Gestaltung der sozialen Verhältnisse und Engagement in allerhand Reich-Gottes-Aktivitäten."[143]

Die Pietisten lehnten eine vom Zeitgeist bestimmte Welt ab und legten besonderen Wert auf die Pflege der Gemeinschaft. Es ging ihnen um eine Verinnerlichung des Christentums bei den einzelnen Gläubigen, was durch die Intensivierung christlicher Handlungen erreicht werden sollte. Das nachdrückliche Lesen der Bibel stellte den Kernpunkt der theologischen Ausbildung dar. Alle Aspekte

---

142 Vgl. Brecht 2000, 606.
143 Ebd., 606.

der Lebensführung, so auch politische und soziale, wurden von den durch diese Ausbildung aufgebauten Prinzipien gelenkt. Das Übertragen der Prinzipien auf alle Bereiche des Lebens, führt zur Erweiterung des Pietismus von einer Frömmigkeitsbewegung zu einer politisch einflussreichen Bewegung. Die verschiedenen Gruppierungen, die es weltweit aber auch innerhalb Deutschlands gab, unterschieden sich insbesondere in der Intensität der politischen Aktivitäten.[144] Vor allem das gesellschaftliche Engagement hat Maßstäbe gesetzt. Bereits im Pietismus des 17. Jahrhunderts kristallisierte sich ein Bewusstsein für ein ‚Christentum der Tat' statt der Worte heraus. So hat er neben theologischen Aspekten insbesondere politische und soziale Fortschritte mit sich gebracht. Besonders eindringlich wurde von den Vertretern des Pietismus, wie beispielsweise Spener, für die bedingungslose Gewissensfreiheit für alle Religionen und gegen politische Beschränkungen von Glaube und Nichtglaube gekämpft. Obwohl der Pietismus seine Innerlichkeit sehr betonte, fand in ihm eine Öffnung zur Welt statt und die Bedeutung des Glaubens verhinderte nicht das Eintreten für soziale Belange.[145] Eine Verbindung dieser Aspekte wurde angestrebt. „Der Pietismus verpflichtete alle Menschen, die Gott persönlich begegnet sind und seinen Ruf zur Nachfolge vernommen haben, sich in ihrem sozialen Umfeld einzusetzen."[146] So wird mit Spener vor allem die Errichtung von Armen-, Waisen- und Arbeitshäusern und das Ziel der Durchbrechung von Standesunterschieden verbunden. Neben Spener steht Francke für den Pietismus des 17. Jahrhunderts, der sein Engagement nicht nur auf diakonische, sondern auf direkt politische Aktivitäten ausweitete. Er baute ebenso Waisenhäuser auf, war aber auch Berater des preußischen Königs und entwarf Erziehungsrichtlinien für den späteren König Friedrich Wilhelm I.

> „Das Waisenhaus lieferte durch seine fortschreitende Entwicklung wirtschaftspolitische Modelle einer zielbewußten Gemeinschaftsleistung. Darüber hinaus konnte Francke auf gesetzgeberische Maßnahmen gegen den wirtschaftlichen Egoismus der Unternehmer in der Wollindustrie Einfluß gewinnen und Friedrich Wilhelm I. in die Richtung sozialen Handelns lenken."[147]

Der Pietismus wies regionale Unterschiede auf und war keineswegs in allen Gegenden des damaligen deutschen Staates politisch aktiv. So unterscheidet

---

144 Vgl. ebd., 606f.
145 Vgl. Hausin 1999, 79ff.
146 Berneburg 1997, 25.
147 Ebd., 25.

Michael Hausin drei Grundhaltungen zur Welt: einen distanziert-ablehnenden Pietismus am Niederrhein, einen distanziert-gleichgültigen in Württemberg[148] und einen aktivistischen Pietismus in Preußen, in dem auch Francke gewirkt hat.[149] Der preußische Pietismus war um die christliche Politik besorgt und wollte daher in Staat und Gesellschaft hineinwirken. Deutlich sieht man beispielsweise an dem Agieren Franckes, dass die in 2.1 ausführlich geschilderte Entwicklung der Trennung von religiösem und politischem Handeln noch nicht vollzogen war und die religiösen Akteure eine Verbindung bewusst und gezielt anstrebten. Gleich war den Formen des Pietismus, dass sie das Christentum in ihren jeweiligen Regionen stärken wollten: „Dies konnte, wie in Halle, mit Hilfe des Staates geschehen, dies konnte aber auch, wie weithin in Württemberg und anderswo, durch die Stillen im Lande gemacht werden, die in ihrem jeweiligen Lebensumfeld das wahre Christentum zu stärken versuchten."[150]

3.1.2 Die Erweckungsbewegung

Der Pietismus als Frömmigkeits- oder Erneuerungsbewegung übte massiven Einfluss auf die fast im gesamten Protestantismus auftretende Erweckungsbewegung aus. Diese zählt ebenso wie der Pietismus zu den Wurzeln der heutigen deutschen evangelikalen Bewegung. Sie belebte im 19. Jahrhundert daher vor allem jene Regionen, in denen der Pietismus vorherrschte. Die Entstehungshintergründe des Pietismus und der Erweckungsbewegung waren dennoch unterschiedlich:

> „Der Pietismus trat der erstarrten, aber noch immer offenbarungsgläubigen Orthodoxie gegenüber, die Erweckung hingegen ist als Reaktion auf die wachsende Macht des seiner selbst gewissen vernünftigen Denkens der Aufklärung wie auch auf die wachsenden sozialen Nöte der Zeit anzusehen."[151]

Die Erweckungsbewegung hat auf die sich verändernde Zeit mit neuartig evangelisierenden Predigten und modern organisierten Missionierungen abseits von landes- und staatskirchlichen Strukturen reagiert. Diese Maßnahmen hatten er-

---

148 Diese Haltungen führten zu der Bezeichnung der Pietisten als ‚die Stillen im Lande'.
149 Vgl. Hausin 1999, 82 ff.
150 Lehmann 2007, 140. Für diese Arbeit ist eine verkürzte Darstellung der Entwicklung des Pietismus ausreichend. Für tiefgreifende Analysen siehe beispielsweise Wallmann 2005 und die 4 Bände von Brecht / Lehmann / Gäbler die zwischen 1993 und 2004 erschienen sind.
151 Benrath 1993, 207.

staunliche Durchschlagskraft, die auch die Effekte des Pietismus übertrafen und dabei vor allem die „mittleren und unteren Bevölkerungsschichten zu mobilisieren vermochte".[152] Im Zuge der Erweckung wurden nicht nur neue Versammlungen gegründet, sondern auch bereits pietistisch geprägte wiederbelebt. Im Zentrum dieser Versammlungen stand das Studium der Bibel und das gemeinsame Gebet zur persönlichen ‚Auferbauung'. Besonders wichtig war es diesen erweckten Christen, andere Menschen zu bekehren. Daher wurden vermehrt Missionsvereine gegründet.[153] Diese wiederbelebten oder neugegründeten Versammlungen schlossen sich oft zu überregionalen Verbänden zusammen, ohne dabei aus ihren Kirchen auszutreten. Die Erweckungsbewegung war eine Erneuerung innerhalb der bestehenden Kirchen und führte nicht zu massenweisen Abspaltungen. Sie richtete sich vor allem gegen die im Zuge der Aufklärung auftretende Vernunftsmaxime und lehnte die Französische Revolution ab. Als Bedrohung wurden die Philosophie der Aufklärung, aber auch die Fortschritte in naturwissenschaftlicher Forschung gesehen. Den Prozess der Säkularisierung, wie er in Kapitel 2.1 genauer dargestellt wurde, schätzte die Erweckungsbewegung als Bedrohung ein. Aufbauend auf der Prägung des Pietismus sollte die Heilige Schrift ins Zentrum gerückt werden und insbesondere die Missionierung der Heiden zu einem Schwerpunkt gemacht werden. Die Opposition zur Aufklärung und zum aufkommendem Rationalismus in gesellschaftlichem und politischem Handeln, sowie im Glauben, führte zu einer Koalition mit restaurativen Mächten.

> „Gerade in den Erschütterungen der Revolution von 1848 verfestigte sich das Bündnis zwischen den Frommen und den monarchistisch-konservativen Kreisen, in deren Verlauf sie Parlamentarismus und Liberalismus ablehnten. Allein die monarchische Obrigkeit schien Recht, Ordnung, Sitte und Moral zu schützen und Garant der christlichen Werte zu sein."[154]

Ganz im Sinne der Erweckungsbewegung stellten sich diese restaurativen Mächte gegen die Veränderungen der Zeit und waren bemüht ihren Einfluss für den Erhalt der Werte und der politischen Struktur geltend zu machen. Auch hier sind die Analogien zu der Entwicklung, wie sie in Kapitel 2.1 beschrieben wurde, deutlich erkennbar. Die Erweckungsbewegung richtete sich eben gegen jene auf Seite 34 dieser Arbeit dargestellte assoziative Verbindung von Liberalismus,

---

152 Ebd., 207.
153 Vgl. Jung 2001, 41.
154 Hausin 1999, 87.

Freiheit, Emanzipation und Säkularisierung und verband sich daher mit den Kräften der Restauration.

Auch die Erweckungsbewegung war eine internationale Bewegung, die sich in verschiedenen Regionen unterschiedlich entwickelte, wie dies Gustav Benrath deutlich macht:

> „Während die Traditionen des angelsächsischen Revival namentlich in den USA bis in die Gegenwart hinein als solche lebendig geblieben sind (z. B. Billy Graham), sind die Impulse der kontinentalen Erweckungsbewegung auf mannigfache Weise in die Theologie und ins kirchliche Leben eingegangen und in ihm aufgehoben; am deutlichsten wirken sie hier in der Gemeinschaftsbewegung (seit 1880) fort."[155]

3.1.3 Die Gemeinschaftsbewegung

Die gegen Ende des 19. Jahrhunderts gegründete Gemeinschaftsbewegung pflegte das im Pietismus wichtige Gemeinschaftsideal. Gemeinschaften, die sich in diesem Sinne zur Evangelisation und gegenseitigen Erbauung trafen, gab es schon seit dem 17. Jahrhundert. Erst seit den Gnadauer Pfingstkonferenzen 1888 und dem 1897 gegründetem ‚Gnadauer Verband für Gemeinschaftspflege und Evangelisation' ist es jedoch sinnvoll, von der Gemeinschaftsbewegung zu sprechen. Die Gemeinschaftsbewegung steht in der Kontinuität der bisher beschriebenen Entwicklungen und hat ihre Wurzeln in der Reformation, im Pietismus und in der Erweckungsbewegung. Die bereits beschriebene innere Erneuerung der Erweckungsbewegung ist eine der Ursachen für die Entstehung der Gemeinschaftsbewegung. „Der von Gottes Wort erweckte und bekehrte Mensch hat das Bedürfnis nach einer engeren Gemeinschaft, als die landeskirchlichen Gemeinden ihm im Allgemeinen bieten können."[156] Die Gemeinschaftsbewegung orientiert sich dabei bis heute an reformatorischen Grundsätzen, die mit den Schlagworten *sola scriptura, sola gratia und Priestertum aller Gläubigen* zu beschreiben sind. Besondere Stellung nehmen die Haus- und Gemeindekreise ein. Und auch die schon in der Erweckungsbewegung betonte Volksmission spielt eine entscheidende Rolle für die Bewegung. Dies äußert sich in dem 1884 gegründe-

---

155 Benrath 1993, 206. Hier wird auf eine ausführliche Beschäftigung mit der Erweckungsbewegung verzichtet. Vgl. für weitere Ausführungen beispielsweise Beyreuther 1977.
156 Cochlovius 1984, 357.

tem ‚Deutschen Evangelisationsverein', der vor allem die vom „Glauben an Gott entfremdeten Menschen"[157] erreichen wollte. Auch die angelsächsische Evangelisations- und Heiligungsbewegung der zweiten Hälfte des 19. Jahrhunderts hat die Gemeinschaftsbewegung bedeutend beeinflusst und geprägt. Diese Bewegung kam aus Nordamerika und durch englische Einflüsse nach Deutschland. Kritisch wurde in Deutschland das durch die Heiligungsbewegung gestiegene Interesse an biblischer Heilung gesehen, die jedoch, so Cochlovius, „zunächst mehr ein Nachholbedarf eines in der deutschen Erweckungsbewegung zu kurz gekommenen, legitimen geistlichen Anliegens als eine Überfremdung mit Enthusiasmus"[158] war. Englische Vertreter der Bewegung kamen wiederholt nach Deutschland und es entstanden enge Kontakte zwischen der deutschen Gemeinschaftsbewegung und der englisch-amerikanischen Heiligungsbewegung.[159]

Die verschiedenen Gemeinschaftsverbände haben sich 1897 in dem als Dachorganisation fungierenden so genannten Gnadauer Verband zusammengeschlossen. Wie auch schon die Versammlungen der Erweckungsbewegung strebten sie keine Abspaltung von bestehenden Strukturen an: „Wichtig war den Gründern des Gnadauer Verbandes stets der Wunsch, innerhalb der Kirche zu wirken und jeglichen separatistischen Tendenzen entgegenzutreten."[160] Der Gnadauer Verband für Gemeinschaftspflege und Evangelisation existiert bis heute und ist Teil des deutschen evangelikalen Spektrums.[161]

Zusammenfassend ist zu betonen, dass die deutschen Evangelikalen maßgeblich durch diese drei Bewegungen geprägt sind: Durch den politisch auftretenden Pietismus, die auf Missionierung ausgerichtete Erweckungsbewegung und die bis heute existierende Gemeinschaftsbewegung mit ihren Haus- und Gemeindekreisen. Alle Aspekte, die diese Bewegungen auszeichnen, lassen sich bei den deutschen Evangelikalen finden, die diese Traditionen wiederaufgelebt und weitergeführt haben.

---

157 Jung 2001, 43.
158 Cochlovius 1984, 358.
159 Vgl. ebd., 358. Vgl. ausführlicher zu der US-amerikanischen und englischen Entwicklung Geldbach 1984, 55-73.
160 Jung 2001, 44.
161 Eine ausführliche Studie über die Entstehung der Gemeinschaftsbewegung findet man bei Lange 1979.

3.2 Die Dachorganisationen der deutschen Evangelikalen

3.2.1 Die Evangelische Allianz

Neben dem Gnadauer Verband entstand gegen Ende des 19. Jahrhunderts noch ein zweites Netzwerk, das entscheidend für die deutsche evangelikale Bewegung sein sollte. Bereits 1846 gründete sich in London die Evangelical Alliance. 921 Vertreter aus über 50 verschiedenen Kirchen versammelten sich zur Gründungsversammlung in London. „Der Wunsch, als Christen der unterschiedlichen Denominationen näher zusammenzurücken, entsprang der Entdeckung, dass die Übereinstimmung in Glaubensfragen unter den ‚Evangelicals' groß genug sei, um viel intensiver als bisher Gemeinschaft zu pflegen."[162] Die Evangelische Allianz versteht sich nicht als kirchenähnliche Struktur, sondern als Netzwerk, das die Zusammenarbeit der verschiedenen Kirchen, Organisationen und Vereine erleichtern soll. Sie stellt einen evangelikalen Dachverband dar, unter dem sich die verschiedenen Gruppierungen sammeln. Man einigte sich auf eine gemeinsame Basis, die die Gemeinsamkeiten in Glaubensfragen betonte und als Konsens der Ansichten formuliert wurde. Bewusst klammerte man strittige theologische Fragen aus, um eine Zusammenarbeit zu ermöglichen. Die Glaubensbasis besteht aus neun Artikeln. Sie stellen die grundlegenden theologischen Ansichten dar, dürfen aber nicht als Glaubensbekenntnis oder Konfession verstanden werden.[163] Auch hier wird sehr deutlich darauf hingewiesen, dass die Allianz keine kirchliche Struktur darstellt oder anstrebt. 1972 hat die deutsche Allianz die Glaubensbasis etwas umformuliert und wiederum acht biblische Leitsätze hervorgehoben, „die uns als Christen zu gegenseitiger Liebe, zu praktischem Dienst und evangelischem Einsatz eine Hilfe sein sollen"[164].

Die weltweite Allianz bestand bei ihrer Gründung aus sieben regionalen Zweigen: Großbritannien und Irland; USA; Frankreich, Belgien und französische Schweiz; Norddeutschland; Süddeutschland und deutsche Schweiz; Kanada;

---

[162] Jung 2001, 51. Auch wenn der Begriff ‚evangelikal' erst in den 1960er Jahren in Deutschland verbreiten wurde, wird hier auch für Zeiträume vorher schon von den Evangelikalen in Deutschland gesprochen, da Verbände und Organisationen bereits existierten, diesen jedoch erst später das Attribut evangelikal verliehen wurde.
[163] Siehe Glaubensbasis der Evangelischen Allianz. Anhang C.
[164] Die Glaubensbasis der Evangelischen Allianz. Anhang C.

Westindien.[165] Auch heute noch besteht die Weltweite Evangelische Allianz aus sieben regionalen Zweigen, die jedoch völlig andere Gebiete betreffen: *Association of Evangelicals of Africa, European Evangelical Alliance, Asia Evangelical Alliance, Evangelical Association of the Caribbean, South Pacific Evangelical Alliance, Latin American Evangelical Fellowship, North America Region.* Neben diesen kontinentalen Zusammenschlüssen sind außerdem 128 nationale Allianzen Mitglied. Eine Ausnahme bilden christliche Allianzen aus Korea, Ägypten, Jordanien und den palästinensischen Gebieten, die nur als na-tionale Allianzen und nicht zusätzlich noch in einer regionalen Gruppierung vertreten sind.[166]

Die Entwicklung der Deutschen Evangelischen Allianz ging zunächst langsam voran und erhielt erst durch die 1857 in Berlin stattfindende dritte Weltkonferenz der Allianz Vorschub. Die Allianz stand, wie die sie prägende Erweckungsbewegung, an der Seite der monarchischen Kräfte, was sich unter anderem daran zeigt, dass Friedrich Wilhelm IV. gegen den Protest seiner eigenen Kirchenleitung diesen dritten Weltkongress der Allianz in Berlin durchsetzte und dessen Schirmherrschaft übernahm.[167] Die Konferenz, an der rund 1.300 Teilnehmer beteiligt waren, belebte vor allem die Arbeit der deutschen Vertreter. Es kam zu Gründungen von Allianzzweigen in verschiedenen deutschen Regionen, die die Arbeit der Allianz verstärkten und 1886 wurden erstmals Allianzkonferenzen in Bad Blankenburg (Thüringen) veranstaltet.[168]

Das Evangelische Allianzblatt wurde das offizielle Organ der Evangelischen Allianz und trug zur Vereinigung der einzelnen Allianz-Ortsgruppen bei. Obwohl diese Entwicklungen zu einer Intensivierung der (Zusammen-)Arbeit der Evangelikalen führte, befanden sie sich in der ersten Hälfte des 20. Jahrhunderts in einer schwierigen Lage.

> „Viel von dem Geist der großen Erweckungsbewegungen im 18. und 19. Jahrhundert, denen sie ihr Leben verdankten, war ermattet und abgekühlt. Sie waren untereinander vielfach geschieden durch theologische Gegensätze, durch Gruppenrivalitäten und durch ausgeprägten Individualismus. Und in diesem Zustand wurden sie in ihren biblischen Grundüberzeugungen zugleich radikal in Frage gestellt durch liberale Strömungen in den Großkirchen und an den berühmten Ausbildungsstätten.

---

165 Vgl. Jung 2001, 53.
166 Vgl. http://www.worldevangelicals.org/members/alliances.htm [14.03.2011, 12:10].
167 Vgl. Sackmann 1999, 25.
168 Vgl. Jung 2001, 54. Bis heute steht in Bad Blankenburg das Allianzhaus und jährlich werden Allianzwochen veranstaltet.

Die Evangelikalen befanden sich in einer ghettohaften Lage der Selbstverteidigung – und in Deutschland war diese Lage besonders lähmend."[169]

Hausin macht der Allianz daher den Vorwurf, keinerlei Gespür für die Zeit gehabt zu haben, da auf keinem ihrer Zusammentreffen die drängenden sozialen und politischen Fragen angesprochen wurden.[170] Nachdem die Evangelische Allianz schließlich unvorbereitet das Ende des Kaiserreichs erlebte, lehnte sie die erste Republik ab. Ihre Befürchtung war, „daß mit dem Zusammenbruch der Monarchie die Entsittlichung des Volkes sich beschleunige und damit den Weg sogar für den Antichristen freimache"[171]. Für sie implizierte Demokratie chaotische Zustände und einen Verlust moralischer Werte. Im Gegensatz zu Liberalismus und Freiheit wandte sie sich anderen Bezugspunkten zu: „Viele der Frommen ließen sich nunmehr auch von politischen Emotionen tragen; das heißt, ihr Leben wurde von der Begeisterung für Volk und Vaterland geprägt. Dabei wurde das ursprünglich auf einzelne Individuen bezogene Modell der ‚Wiedergeburt' auf das größere Kollektiv des ganzen Volkes übertragen."[172]

Die Machtergreifung der Nationalsozialisten wurde daher zunächst positiv bewertet. Die Rede von einer „moralischen Entgiftung" und einer „tiefen Religiosität"[173] schien eine Verbesserung der bisherigen Zustände und eine Rückkehr zu einem starken Fundament christlicher Werte zu bedeuten. „Man hatte dem Weimarer Staat immer mißtraut und begrüßte den Nationalsozialismus, weil er eine starke Ordnungsmacht darstellte, die unter den sittlichen Verwüstungen reinen Tisch machte und dem Büttel des Antichristen, dem Weltbolschewismus, in Deutschland die Tür wies."[174] Hier agierte die Allianz analog zu den bereits in Kapitel 2.1.1 beschriebenen Säkularisierungsgegnern, die in der Entwicklung des Nationalsozialismus die Säkularisierung an ihr Ende gekommen sahen und diesen daher unterstützten. Erich Beyreuther beschreibt insbesondere die Entwicklung des Evangelischen Allianzblattes und die Vorgehensweise seiner Entschei-

---

169 Berneburg 2005, 10.
170 Vgl. Hausin 1999, 87.
171 Ebd., 90.
172 Lehmann 2007, 142.
173 So Adolf Hitler in seiner Rede am 5. März 1933: „Indem die Regierung entschlossen ist, die politische und moralische Entgiftung unseres öffentlichen Lebens durchzuführen, schafft und sichert sie die Voraussetzungen für eine wirkliche tiefe, innere Religiosität." hier zitiert in: Ruhbach 1988, 27.
174 Beyreuther 1969, 93.

dungsträger. Auch das Allianzblatt sprach sich deutlich gegen die Weimarer Republik aus und für einen starken ordnungssichernden Staat. „So verquickten sich, ohne daß man es im landeskirchlichen und freikirchlichen Raum in seinen letzten Konsequenzen erkannte – wenige Warner ausgenommen – eine konservative antidemokratische bürgerliche Ideologie unversehens mit christlichen Überzeugungen."[175]

Dies änderte sich jedoch im Laufe der Zeit und die Freikirchen wandten sich zunehmend vom Nationalsozialismus ab – vor allem, da sie ihre Freiheiten in Gefahr sahen. Die Geheime Staatspolizei verfolgte das Agieren der Freikirchen und evangelikalen Gruppierungen immer intensiver. Besonders als missionarische Maßnahmen als Bekämpfung der nationalsozialistischen Anschauungen interpretiert wurden, erkannten die Verantwortlichen, dass massive Einschränkungen und Verbote auf sie zukommen würden.[176] Als auch die Möglichkeiten der Allianz eingeschränkt wurden, „blieb manchen Führern der Allianzbewegung nur das Eingeständnis, den antichristlichen Charakter des Dritten Reiches zu spät erkannt und nicht rechtzeitig davor gewarnt zu haben"[177].

Es ist sinnvoll, den Blick auf das Verhalten der evangelischen Kirche zu werfen und zu sehen, wie diese sich in der Zeit und zur nationalsozialistischen Herrschaft verhalten hat. Dies kann jedoch nur in verkürzter Form, mit dem Ziel vergleichende Analogien zu ziehen, geschehen. Diesem umstrittenen und vielschichtigen Thema sind viele Arbeiten gewidmet worden, so dass auf eine genaue Analyse hier verzichtet werden kann.[178]

Deutlich ist, dass die Kirchen die Lage nicht richtig eingeschätzt haben. So funktionierte die Propaganda der NS-Funktionäre zunächst:

> „Sie [Hitler und seine Partei, Anm. d. V.] boten allem Anschein nach sogar Grund zur Verwirklichung einer schon gar nicht mehr für realistisch gehaltenen Hoffnung: für die Führung des Staates aus christlichem Geist. Das war etwas anderes als die Weltanschauungsneutralität der Weimarer Republik. Die christentumsfeindlichen Aspekte der NS-Weltanschauung, die Rassenverherrlichung, das Credo der Gewalt waren plötzlich vergessen oder traten in den Hintergrund."[179]

---

175 Ebd., 91.
176 Vgl. ebd., 106.
177 Jung 2001, 55.
178 Vgl. exemplarisch für Studien zu diesem Thema: Galius 2008a; Meier 2001; Nowak 1995 und Scholder 2001.
179 Nowak 1995, 245ff.

Hinzu kam, dass die eingeführten ‚Ariernachweise' zu einer vermehrten Inanspruchnahme kirchlicher Arbeit führten. „Die zeitgenössischen Kirchen von 1933 fühlten sich vielfach aufgewertet durch die neue, sprunghaft gestiegene Nachfrage nach kirchlichen Diensten."[180] Dabei beschränkten sich die Kirchen allerdings oft nicht auf die reine Erfüllung ihrer Pflicht, sondern forschten selbst weiter und betrieben ihrerseits eigene – nicht minder rassistisch motivierte – Sippenforschung. Am deutlichsten wird dies bei den Deutschen Christen (DC).[181] Die am Ende der Weimarer Republik entstandenen Deutschen Christen standen der NSDAP nahe und ihre Gründung ging mit massiven theologischen und kirchenpolitischen Auseinandersetzungen einher.[182] „Die Deutschen Christen wollten das Christentum aus seiner, wie sie meinten, kultischen Dämmerexistenz in der Sakristei befreien und die deutsche Volksgemeinschaft mit dem siegenden Christus verbünden."[183] Dem gegenüber bildete sich als Opposition zur nationalsozialistischen Herrschaft die Bekennende Kirche. Ihr ging es vor allem um eine Trennung von Staat und Kirche, und damit um die Verhinderung einer „deutsch-christliche[n] Synthese von Christentum und Nationalsozialismus"[184]. Als berühmtes Dokument der Bekennenden Kirche ging die *Barmer Theologische Erklärung* in die Geschichte ein, deren 6 Thesen die bekenntnisgemäß richtige Lehre definierten und sich damit von den Deutschen Christen distanzierten. Wichtig war der Bekennenden Kirche insbesondere die Eigenständigkeit der Kirche gegenüber dem Staat. Dieses Dokument hatte eine vornehmlich theologische und weniger eine politische Ausrichtung.

Die Lage der Protestanten in Deutschland war gespalten. Die Mehrheit von ihnen gehörte weder der Bekennenden Kirche noch den Deutschen Christen an. „Die Hoffnung auf Milderung der Spannungen zwischen Christentum und NS-Regime im Krieg erwies sich als trügerisch. Keine politische Loyalitätsbekundung, an denen es nicht gefehlt hat, vermochte diese Tatsache vom Tisch zu wischen."[185] Der daneben natürlich auch vorhandene Widerstand gegen das System war nicht flächendeckend und eher auf einen kleinen Kreis beschränkt. Nach Ende des Zweiten Weltkrieges gab es von der katholischen und der evangeli-

---

180 Gailus 2008, 11.
181 Vgl. ebd., 11ff.
182 Vgl. Nowak 1995, 251.
183 Ebd., 252.
184 Ebd., 256.
185 Ebd., 279.

schen Kirche ein Schuldbekenntnis, das einräumte, sich dem System nicht in angemessener Form widersetzt zu haben. Auch wenn die Evangelische Allianz sich zunehmend vom nationalsozialistischem Regime und den ‚Deutschen Christen', die pietistische Verbände übernehmen und die Bibel von ‚jüdischem Zusatz' befreien wollten, distanzierte, wurde andererseits keine Verbindung mit der Bekennenden Kirche eingegangen. Die evangelikalen Verbände hatten den Eindruck, diese vertrete liberale Positionen und sei politisch ausgerichtet. Es wurde nicht erkannt, dass die Bekennende Kirche eine insbesondere theologische und weniger politische Ausrichtung hatte. Hausin stellt dabei eine interessante Parallele zwischen dem Kirchenkampf und Entwicklungen im evangelikalen Lager fest:

> „So kam es noch vor Barmen zu einer Bekenntnissynode des Gnadauer Verbandes, mit einem dem Barmer Bekenntnis ähnlichen Abschlußdokument. Ebenso lehnten sie entschieden jede theologische Irrlehre ab, standen aber nur verhalten kritisch oder gar nicht zu den offenen Rechtsbrüchen des NS-Staates."[186]

Auch die Entwicklung der Gemeinschaftsbewegung im Gnadauer Verband ist zunächst durch Euphorie und Zustimmung zur nationalsozialistischen Herrschaft geprägt. So wollte man sich den Deutschen Christen anschließen und die eigene Organisation nach dem Führerprinzip strukturieren. Erst eine Rede auf der Sportpalast-Kundgebung der Deutschen Christen, die die bereits erwähnte Befreiung der Bibel von jüdischem Einfluss forderte, führte zu einer Ablehnung der Deutschen Christen innerhalb der Bewegung und damit schließlich zu eben jenem Abschlussdokument. Und dennoch ist auch hier zu bemerken, dass die Abkehr von den Deutschen Christen keine umfassende Ablehnung der Herrschaft der Nationalsozialisten hervorrief: „So entschieden man hier und dort auch die Irrlehre der Deutschen Christen, auch in den eigenen Reihen, abwehrte, so wenig wurde dieser Einspruch grundsätzlich und richtete sich gegen das Regime selbst."[187] Die Ablehnung des System Hitlers durch die evangelikale Bewegung rief keinen aktiven Widerstand gegen dieses hervor. Erst mit Ende der nationalsozialistischen Herrschaft wurde eingeräumt, dass sich die evangelikale Bewegung diesem nicht angemessen entgegengestellt hat.

---

186 Hausin 1999, 92.
187 Ruhbach 1998, 42. Vgl. für die Entwicklung der deutschen Gemeinschaftsbewegung im Dritten Reich: Ebd., 26-46. Eine Betrachtung der freikirchlichen Aktivitäten im Dritten Reich findet man beispielsweise bei Voigt 2005 und Zehrer 1986.

3.2 Die Dachorganisationen der deutschen Evangelikalen

Die Erfahrungen, die das Dritte Reich mit sich brachte, überzeugte die evangelikale Bewegung schließlich von einem demokratischen Staatssystem und ließ sie zur Verfechterin der Demokratie werden, was „teilweise sogar zur Herleitung des demokratischen Gedankens aus der biblischen Religion"[188] führte. Nach dem Zweiten Weltkrieg veröffentlichte die Evangelische Allianz eine Flugschrift, in der sie ihre Schuld im Verhalten gegenüber dem Nationalsozialismus einräumte und gleichzeitig einen Neuanfang ihrer Arbeit postulierte. In diesem Flugblatt, das sie zu ihrem hundertjährigen Bestehen 1946 verbreitete, heißt es:

> „Auch darüber beugen wir uns, daß wir in den hinter uns liegenden Jahren nicht immer sofort den Irrtum der Zeit erkannt und ihm ein klares und mutiges Zeugnis entgegen gesetzt haben. Wir sind uns bewußt, dass die Kirche Christi sich hier zu demütigen hat und sich viel entschlossener, geschlossener und verantwortungsbewußter einsetzen muß für die ernsten und großen Aufgaben der Gegenwart."[189]

Im Anschluss an dieses Schuldeingeständnis gewann die Arbeit der Allianz neuen Schwung. Allianzkonferenzen fanden wieder statt, ebenso die jährliche Gebetswoche. Dem Hauptanliegen der Mission wurde wieder mehr Aufmerksamkeit gewidmet. Zahlreiche weitere Vereine wurden gegründet, die in Verbindung zur Deutschen Evangelischen Allianz standen. Dieser neue Aufschwung wurde dadurch bestärkt, dass sich die Gesellschaft zunehmend säkularisierte und sich eine verstärkt bibelkritische Theologie entwickelte. Ab den 1950er Jahren fanden so genannte Großevangelisationen des amerikanischen Evangelisten Billy Graham statt. Dieser mobilisierte in Deutschland viele Menschen und schob so die Missionsbewegung maßgeblich an. Entscheidend war vor allem der Weltkongress für Evangelisation, der 1966 in Berlin stattfand.[190] Dieser Kongress wurde ebenso von Billy Graham und seiner Zeitschrift *Christianity Today* ins Leben gerufen und brachte entscheidende Impulse nach Deutschland.

---

188 Hausin 1999, 93.
189 Zitiert in Beyreuther 1969, 114. Vgl. über den Zweiten Weltkrieg und die Evangelikalen: Hausin 1999, 87f. Eine Studie über die Rolle des Evangelischen Allianzblattes während des Zweiten Weltkrieges hat Railton 1998 vorgelegt.
190 Interessant ist hierbei, dass das Anwachsen der evangelikalen Bewegung relativ zeitgleich mit der vermehrten Diskussion um Säkularisierung einherging, wie sie in Kapitel 2.1.1 dargestellt wurde. Außerdem geschieht dies auch zeitgleich mit dem von Kaufmann beobachteten Unbehagen gegen die Großkirchen in den 1960er Jahren in Deutschland (Vgl. Kapitel 2.3.2).

Die internationale Vernetzung nahm immer stärker zu und lieferte weitere Antriebe, politisch aktiv zu werden.[191] Zunehmend entstand ein Bewusstsein innerhalb der evangelikalen Bewegung, dass Christsein gleichzeitig und automatisch eine öffentliche und damit politische Dimension habe und somit politisches Engagement der Christen gefragt sei. Vertreten wurde dies vor allem von den Wortführern der Bewegung, die nun zunehmend zu politischer Betätigung der Christen aufriefen. Gründe für das Entstehen eines politischen Engagements der evangelikalen Bewegung lagen vor allem darin, dass einige Entwicklungen und Entscheidungen der Regierungen nicht in ihrem Sinne waren und das Gefühl entstand, sich hörbar gegen diese Entwicklungen stellen zu müssen. Ein Beispiel ist die Regelung von Abtreibungen, die vor allem in den 1960er Jahren kontrovers diskutiert wurde. Dies fiel auch mit einer Zunahme der politischen Debatte über Säkularisierung zusammen und mit dem damit postulierten allgemeinen Bedeutungsverlust der Religion, wie sie in Kapitel 2 ausführlich dargestellt wurde.

Die Deutsche Evangelische Allianz ist die Dachorganisation der evangelikalen Bewegung und agiert als Netzwerk. Sie selbst beschreibt ihr Erscheinungsbild wie folgt: „Evangelisch-reformatorisch gesinnte Christen aus den verschiedenen Kirchen und Gemeinschaften wissen sich im gemeinsamen Glauben verbunden."[192] Die Allianz hält Verbindungen zu 342 überregionalen Verbänden und Werken[193] und ist in 1.105 deutschen Orten als Ortsallianz vertreten. Die Bandbreite der mit der Evangelischen Allianz verbundenen Werke ist beeindruckend. Es gibt selbständige Werke, die mit dem Hauptvorstand der Evangelischen Allianz verbunden sind und in diesem Rahmen sehr eng mit der Allianz zusammenarbeiten. So ist zumeist auch eine personelle Verknüpfung vorhanden, und es werden jährlich Berichte über die Arbeit der Evangelischen Allianz vorgelegt. Außerdem gibt es rund 200 verbundene Werke, die auf der Grundlage der Glaubensbasis der Allianz arbeiten. Sie halten regelmäßigen Kontakt zur Allianz und informieren sie über ihre wichtigsten Projekte. Darüber hinaus, zählt die Allianz weitere rund 130 Werke, die ihr nahestehen. Diese Gemeinden, Werke

---

191 Vgl. Hausin 1999, 94.
192 http://www.ead.de/die-allianz/netzwerk/die-evangelische-allianz-als-netzwerk.html [03.09.2010, 10:16].
193 Die Allianz bezeichnet die ihr nahestehenden oder verbundenen Vereine, Organisationen, etc. als ‚Werke'.

oder Verbände erwähnen die Glaubensbasis nicht in ihrer Satzung, arbeiten aber in theologischer, evangelistischer, missionarischer oder diakonischer Hinsicht im Sinne der Allianz.[194]

Die Zusammenschlüsse decken nahezu jeden Lebensbereich ab. Es gibt vor allem zahlreiche Bibel- und Missionswerke, diakonische Werke; daneben Werke wie die ‚Christliche Bäckerei- und Konditorei-Vereinigung' oder ‚Christen im öffentlichen Dienst'. Der Bandbreite sind kaum Grenzen gesetzt, sodass man sich als Evangelikaler quasi ausschließlich in evangelikaler Infrastruktur bewegen könnte. Neben diesen Vereinen seien außerdem die vielen Veranstaltungen genannt, die einen wichtigen Teil der deutschen evangelikalen Arbeit ausmachen. Verschieden große und professionelle Konferenzen und Veranstaltungen werden durchgeführt. Beispielsweise wird in unregelmäßigen Abständen der auf Jugendliche ausgerichtete Kongress ‚Christival – Kongress Junger Christen' veranstaltet. Das Christival ist – wie der Name bereits zeigen soll – eine Mischung aus christlichen Seminaren, Gottesdiensten und Festivalauftritten. Der letzte Kongress Junger Christen, der 2008 in Bremen stattfand, verzeichnete nach Veranstalterinformationen rund 16.000 Teilnehmer. Dieser Kongress sorgte mit Seminaren über die Therapierbarkeit von Homosexualität für Proteste in Gesellschaft und Politik und erreichte dadurch eine hohe mediale Aufmerksamkeit. Der damalige Ratsvorsitzende der EKD Wolfgang Huber besuchte das Christival und stellte sich demonstrativ hinter die Veranstalter.[195] In ebenso unregelmäßigen Abständen findet die Evangelisationsveranstaltung ‚ProChrist' statt. An sieben Abenden werden Vorträge, Musikeinlagen und Geschichten präsentiert, die sich an Menschen aller Altersgruppen richten. Ziel ist es, möglichst viele Menschen vor Ort zu erreichen und durch Liveübertragungen in Gemeinden deutschland- und europaweit die Wirkung zu verstärken. 2009 fand ProChrist, das bis März 2013 von Ulrich Parzany geleitet wurde, in Chemnitz statt und erreichte jeden Abend rund 6.000 Menschen.[196] Jährlich findet in Bad Blankenburg, dem Sitz des Evangelischen Allianzhauses, die so genannte Allianzkonferenz statt. 2010 stand diese unter dem Thema ‚Gott spricht – und das ist gut!' und erreichte etwa

---

194 Vgl. http://www.ead.de/die-allianz/werke-und-einrichtungen/die-evangelische-allianz -und-ihre-werke.html [06.09.2010, 10:49].
195 Vgl. http://www.christival.de/ [02.03.2011, 15:42].
196 Vgl. http://www.prochrist.org/Main/Aktuelle_Projekte.aspx [02.03.2011, 15:58]. Vgl. für eine Beschreibung dieser Reihe durch den ehemaligen Leiter der Initiative: Parzany 2007.

2.500 Besucher. Auch diese Konferenz bietet ein buntes Programm für alle Altersgruppen mit Seminaren, Vorträgen, Gottesdiensten und Abendveranstaltungen.[197] Schließlich sei noch der ‚Kongress Christlicher Führungskräfte' genannt, der von dem evangelikalen Nachrichtendienst *idea* veranstaltet wird und sich speziell an christliche Führungspersönlichkeiten und wirtschaftlichen Nachwuchs richtet. 2011 fand dieser in Nürnberg statt und hatte etwa 3.500 Teilnehmer.[198] All diese Konferenzen und Kongresse haben ein ähnliches Schema. So gibt es immer einen Ausstellungsbereich, in dem sich evangelikale Vereine, Werke und Verbände vorstellen, christliche Musikgruppen treten auf und Seminare zu Fragen der Lebensführung werden angeboten. Eine große Gemeinschaft wird erzeugt und es wird appelliert, die christliche Botschaft mit nach Hause zu nehmen und im eigenen Umfeld auf gesellschaftlicher und politischer Ebene weiterzutragen. Außerdem sind immer die gleichen führenden Personen der evangelikalen Bewegung auf diesen Veranstaltungen anzutreffen.[199] Die Konferenzen dienen so zum Einen der Vernetzung der Bewegung und motivieren andererseits, dem Missionsauftrag verstärkt nachzukommen und sich vermehrt in der evangelikalen Bewegung zu engagieren.

3.2.2 Die Lausanner Bewegung

1974 fand in Lausanne (Schweiz) der Erste Kongress für Weltevangelisation statt, der von dem Evangelikalen Billy Graham und dem Anglikaner John Stott einberufen wurde. Im Ergebnis dieses Kongresses gründete sich die internationale Lausanner Bewegung und die Lausanner Verpflichtung zur Weltevangelisation wurde verabschiedet.

---

197 Vgl. http://www.allianzhaus.de/allianzkonferenz/konferenz-2010.html [26.09.2011, 16:04].
198 Vgl. http://www.fuehrungskraeftekongress.de/ [02.03.2011, 16:04].
199 Zu diesen zählen u.a.: Jürgen Werth, Hartmut Steeb, Wolfgang Baake, Ulrich Parzany, Helmut Matthies. Eine Ämterakkumulation einzelner Personen beobachtet auch Gisa Bauer in ihrer Untersuchung der deutschen Evangelikalen: „Bei genauerer Betrachtung der evangelikalen Bewegung in Deutschland erscheint es auffällig, dass ein relativ begrenzter Kreis von Personen aus der Leitungsebene immer wieder in den Vordergrund rückt. Personelle Verquickungen der Einzelgruppen und -vereine ist stets ein wiederkehrendes Faktum, d.h. dieselben Personen geben immer wieder neu ihre Meinung als Vertreter von verschiedenen evangelikalen Gruppen kund." Bauer 2012, 58.

„In fünfzehn Thesen zum Plan Gottes, zur Autorität der Bibel, zur Einzigartigkeit und Universalität Jesus Christi, zum Wesen der Evangelisation, zur Gemeinde in evangelistischer Partnerschaft, zur Dringlichkeit der evangelistischen Aufgabe, zu Evangelisation und Kultur, zur Ausbildung und Gemeindeleitung, zur geistlichen Auseinandersetzung, zu Freiheit und Verfolgung, zur Kraft des Heiligen Geistes und zur Wiederkunft Christi verpflichteten sich die Teilnehmer zu einem gemeinsamen Engagement in Sachen Evangelisation der Welt: ‚Deshalb verpflichten wir uns…für die Evangelisation der ganzen Welt zusammen zu beten, zu planen und zu wirken.'"[200]

Diese Lausanner Verpflichtung wurde in viele Sprachen übersetzt und fand im evangelikalen Raum weite Verbreitung. Die im Zuge des Kongresses entstandene Bewegung hat keinen institutionellen Charakter, sondern agiert als loses Netzwerk. Der deutsche Zweig der Lausanner Bewegung wurde erst 1985 gegründet, und besteht aus zwei Säulen: der Arbeitsgemeinschaft Missionarischer Dienste und der Deutschen Evangelischen Allianz. 2004 hat sie sich in ‚Koalition für Evangelisation – Lausanner Bewegung deutscher Zweig' umbenannt.[201] Die internationale Lausanner Bewegung hat seit ihrer Gründung einige Kongresse und Zusammenkünfte veranstaltet. So fand 1980 eine Konferenz über Weltevangelisation in Pattaya (Thailand) statt und 1989 der Zweite Internationale Kongress für Weltevangelisation in Manila (Philippinen). Durch diesen Kongress wurde das Manila-Manifest verabschiedet, das die Aufgabe der Weltevangelisation aktuell aufgreift. Dieses Manifest soll nicht die Lausanner Verpflichtung ersetzen, die weiterhin bestehen bleibt, sondern die Anliegen der Lausanner Bewegung „fortschreiben, verdeutlichen und aktualisieren"[202]. 2004 fand erneut in Pattaya ein Lausanner Forum statt und im Oktober 2010 der Dritte Weltkongress für Evangelisation in Kapstadt (Südafrika).[203] 90 Delegierte aus Deutschland nahmen an dem Kongress teil, der insgesamt rund 4.000 Teilnehmer[204] aus der ganzen Welt verzeichnen konnte. Es wurden Plenumsveranstaltungen und Seminare zu unterschiedlichen theologischen und gesellschaftlichen Themen abgehalten und eine Vernetzung der Teilnehmer angestrebt. Trotz der internatio-

---

200 Berneburg 2005, 11.
201 Vgl. http://lausannerbewegung.de/index.php?node=69 [04.03.2011, 18:06]. Im Folgenden wird der deutsche Ableger der Bewegung dennoch häufig mit Lausanner Bewegung beschrieben.
202 Lausanne Movement 1989.
203 Zwischen diesen großen Kongressen fanden zahlreiche kleinere und regionale Zusammenkünfte statt. Siehe hierzu ausführlich: http://www.lausanne.org/en/gatherings/past.html [26.09.2011, 16:14].
204 Vgl. Herbst 2012, 16.

nalen Ausrichtung der Lausanner Bewegung war nicht zu übersehen, dass der Kongress maßgeblich von der US-amerikanischen Delegation um Doug Birdsall bestimmt wurde. Der Kongress war hochprofessionell und bis ins kleinste Detail geplant, was nicht von allen Teilnehmern positiv aufgenommen wurde. Von vielen Teilnehmern wurde der fehlende theologische Tiefgang bemängelt und eine Bevormundung durch die USA festgestellt.[205] So formuliert beispielsweise René Padilla, Gründungsmitglied der Lausanner Bewegung, im Rückblick auf den Kongress:

„Dass sich in den letzten Jahrzehnten der Schwerpunkt des christlichen Glaubens vom Norden und Westen in den Süden und Osten verlagert hat, ist eine Tatsache, die heute sehr oft von Menschen anerkannt wird, die am Leben und der Mission der Kirche auf globaler Ebene interessiert sind. Nichtsdestotrotz gehen christliche Leiter im Norden und Westen – besonders in den Vereinigten Staaten – noch allzu oft davon aus, dass es *ihre* Aufgabe ist, die Strategie für die weltweite Evangelisation festzulegen."[206]

Diese Dominanz durch die US-amerikanische Delegation ging einher mit einer Kritik an den Inhalten des Kongresses. Insbesondere die Vorstellung einer Liste über sogenannte unerreichte Völker führte zu großen Kontroversen. Diese durch eine US-amerikanische Gruppierung erarbeitete Liste wurde ohne Rücksprache mit Personen aus diesen Ländern erarbeitet, was zu Unverständnis führte, das durch die Tatsache, dass es in den USA demnach keine unerreichten Völker gebe, noch verstärkt wurde.[207] Michael Herbst fasst die Kritik an dem Kongress wie folgt zusammen:

„Es ist nicht nur die theologische Tiefe, die manche vermissten, sondern auch diese geistlich-theologische Orientierung, die einem Kongress einen Kurs gibt. [...] So waren manche Beiträge doch eher schwach und theologisch wie empirisch für einen Kongress dieser Größenordnung fast peinlich [...] Für intensivere, kritische, auch theologische Debatten war kaum Raum."[208]

---

205 So die Aussagen einiger deutscher Kongressteilnehmer in persönlichen Gesprächen mit der Verfasserin während der Konferenz in Kapstadt.
206 Padilla 2012, 195. Ähnlich formuliert dies auch der deutsche Theologe und Kongressteilnehmer Michael Herbst: „Kontinentaleuropa spielte kaum eine Rolle. Und: So selbstbewusst der globale Süden sich gab (meist mit guten Gründen), so subtil schien mir doch die US-amerikanische Steuerung zu funktionieren." Herbst 2012, 27.
207 Vgl. zu dieser Liste: Herbst 2012, 29 und Padilla 2012, 194f. Siehe zu dieser Liste und Gruppierung: http://finishthetask.com/ [03.06.2013, 13:22].
208 Herbst 2012, 29.

Es fällt auf, dass die deutschen Mitglieder der Lausanner Bewegung zumeist Theologen sind und einen entsprechenden Hintergrund haben. Amerikanische Evangelikale dagegen sind seltener ausgebildete Theologen. Dies kann eine Erklärung für das bemängelte Fehlen des theologischen Tiefganges auf diesem Kongress sein. Dennoch hat dieser Dritte Kongress für Evangelisation neue internationale Impulse für die Aufgabe der Weltevangelisierung gegeben, da die weltweite Vernetzung der Bewegung erneuert werden konnte.

Vor allem ein Aspekt der Lausanner Bewegung muss betont werden, der einerseits für diese Arbeit sehr wichtig ist, und andererseits großen Einfluss auf das Agieren der Bewegung ausübte und noch ausübt. Die Lausanner Verpflichtung besteht aus 15 Artikeln, die alle mit einer eigenen Überschrift versehen sind. Hervorstechend ist der Artikel 5: ‚Soziale Verantwortung der Christen'. Unter diesem Artikel ist zusammengefasst, was der Lausanner Bewegung ein wichtiges Anliegen war und ist: Die Vereinigung von Evangelisation und sozialer Aktion. Verbunden damit ist gleichzeitig eine Entschuldigung, dass diese Verbindung in der Vergangenheit nicht zusammengedacht wurde.

Große Kontroversen entbrannten darüber, welchen Stellenwert das soziale Engagement neben dem Missionsbefehl einnehmen sollte. „Schon in der Vorbereitung von Lausanne 1974 zeigte sich, daß neben den Fragen der Weltevangelisation die Suche nach einer evangelikalen Sozialethik im Vordergrund stehen würde."[209] Verschiedene Referate vor Ort ließen jedoch erkennen, dass es große Differenzen in dieser Frage gab. Zwar wurde im Artikel 5 der Lausanner Verpflichtung die soziale Verantwortung der Christen festgehalten, kontrovers war aber der Stellenwert dieser Verantwortung im Verhältnis zur Evangelisation. „Der Paragraph über die soziale Verpflichtung steht in der gültigen Endfassung der Lausanner Verpflichtung direkt nach dem Paragraphen über Evangelisation. […] Die soziale Verantwortung wird also der Evangelisation nach, aber zugleich beigeordnet."[210]

Erhard Berneburg schildert in seiner 1997 erschienen Dissertation sehr ausführlich die spannungsvolle Entwicklung des Verhältnisses von Missionsauftrag und sozialer Verantwortung innerhalb der Lausanner Bewegung. Dazu unterscheidet er drei Strömungen innerhalb der Bewegung, die jeweils für eine andere

---

209 Berneburg 1997, 78.
210 Ebd., 79.

Verhältnisbestimmung von Evangelisation und sozialer Aktion stehen. Zum Einen nennt er die ‚Social-Concern-Evangelikalen', denen es um ein ganzheitliches Evangeliumsverständnis geht, in dem soziale Aktion gleichrangig zu persönlicher Bekehrung gesehen wird. Als zweite Gruppe identifiziert Berneburg die ‚evangelistischen Evangelikalen', die Evangelisation als wichtigste Aufgabe ansehen und soziale Veränderungen nur als deren Folge betrachten. Eine bewusste Verfolgung politischer und sozialer Aktivitäten lehnen sie ab. Dazwischen sind die ‚Wort-und-Tat-Evangelikalen' anzusiedeln, die aus einem Konsensvorschlag auf dem Lausanner Kongress hervorgegangen sind. Sie stellen Evangelisation und soziale Aktion nebeneinander. Das Verhältnis zwischen beiden wird aber nicht thematisiert, so dass Berneburg diesen Vorschlag als kleinsten gemeinsamen Nenner bezeichnet.[211] Es wird keine Entscheidung für die eine oder die andere Seite getroffen, sondern beide Aspekte ohne Verbindung benannt.

Diese Vorgehensweise ist innerhalb der evangelikalen Bewegung nicht ungewöhnlich, in der Kontroversen lieber ausgeblendet werden, um eine Zusammenarbeit zu ermöglichen und eine Einheit zu formen. Da man sich nicht einigen konnte, welchen Stellenwert soziales und politisches Engagement einnehmen soll, hat man diese Frage nicht entschieden. Der Druck, diesen Bereich aufzunehmen war aber zu groß, um ihn gar nicht zu erwähnen. Der Kompromiss, der gefunden wurde, lässt die strittigen Punkte offen. Ein ähnliches Vorgehen wurde bereits bei der Verabschiedung der Glaubensbasis der Evangelischen Allianz beobachtet, bei der kritische theologische Aspekte ausgeklammert wurden. Diese Vorgehensweise kann als *undogmatischer Pragmatismus* bezeichnet werden. Dieser Begriff beschreibt das Agieren der Bewegung in vielen Bereichen, wie im Verlaufe dieser Arbeit näher ausgeführt wird.[212]

Auch wenn die Diskussion kontrovers geführt wurde, bleibt dennoch festzuhalten, dass die soziale Verantwortung in die Lausanner Verpflichtung aufgenommen und in dieser festgehalten wurde: „Das Heil, das wir für uns beanspruchen, soll uns in unserer gesamten persönlichen und sozialen Verantwortung verändern. Glaube ohne Werk ist tot."[213] Außerdem wurde in der Verpflichtung zu einem einfachen Lebensstil aufgerufen, da dieser für beide zentralen Anliegen

---

211 Vgl. ebd., 229ff.
212 Vgl. für genaue Erläuterungen dieser Handlungsmaxime Kapitel 3.3.2, 96-97 und insbesondere Kapitel 5.1.
213 Lausanner Bewegung Deutschland 2000, § 5.

3.2 Die Dachorganisationen der deutschen Evangelikalen

Ressourcen frei mache: „Wer im Wohlstand lebt, muss einen einfachen Lebensstil entwickeln, um großzügiger zur Hilfe und Evangelisation beizutragen."[214] Die Diskussion um das Verhältnis von Mission und sozialer Aktion zieht sich durch alle Konferenzen und Treffen der Lausanner Bewegung. So wird auch im Manifest von Manila 1989 die Verbindung von Evangelisation und sozialer Verantwortung erneut betont. „Aber wir bekräftigen, dass die gute Nachricht und gute Werke untrennbar sind."[215] Berneburg kommt deshalb zu der Erkenntnis, dass nach diesem Kongress in Manila „sich die evangelikale Weltevangelisationsbewegung der sozialethischen Herausforderung geöffnet hat und daß dieser Prozeß nach Lausanne II kaum mehr umkehrbar scheint."[216] Auch auf dem dritten Kongress der Lausanner Bewegung 2010 in Kapstadt spielte neben Mission soziale und politische Verantwortung eine große Rolle. Auf diesem Kongress wurde deutlich, wie schwierig es ist, eine gemeinsame Basis zu finden, da rund 4.000 Teilnehmer aus allen Erdteilen der Welt mit entsprechend unterschiedlichen Problemen, Sichtweisen, Lösungsansätzen und theologischen Grundlagen aufeinander treffen. Das *Cape Town Commitment* ist maßgeblich durch eine kleine Führungsgruppe des Kongresses erarbeitet worden, was auf Kritik von Teilnehmern stieß: „Die Skizze der Kapstadt-Verpflichtung war aber mit dem Kongressgeschehen nicht verknüpft; ein Kontakt zwischen der theologischen Arbeitsgruppe und dem ‚Kongressvolk' fand nicht statt und war offenbar auch nicht erwünscht."[217] Die Verpflichtung von Kapstadt gliedert sich in zwei Teile: der erste Teil *Für den Herrn, den wir lieben: Das Kapstadt-Bekenntnis des Glaubens* beschäftigt sich mit theologischen Fragestellungen. Der zweite Teil *Für die Welt, der wir dienen: Der Kapstadt-Aufruf zum Handeln* befasst sich mit den aktuellen Problemen der Welt und der Frage, wie Christen diesen begegnen sollen. Jener zweite Teil konzentriert sich auf die soziale und politische Verant-

---

214 Ebd., § 9.
215 Lausanne Movement 1989.
216 Berneburg 1997, 226. Dies sieht auch Herbst so, der mit Blick auf den Kongress in Manila formuliert: „‚Lausanne' wird vertieft, und die Zusammengehörigkeit von Evangelisation und sozialem Engagement wird selbstverständlicher, ohne dass der sachliche Vorrang der Evangelisation in Frage gestellt wird." Herbst 2012, 24.
217 Herbst 2012, 30. Ähnlich sieht dies auch der Kongressteilnehmer Volker Gäckle, wenn er den Entstehungsprozess der Kapstadt-Verpflichtung als „unwürdig" beschreibt und die „Nichterarbeitung, Nichtaufnahme, Nichtdiskussion und Nichtverabschiedung während des Kongresses" beklagt. Siehe Gäckle 2012, 209.

wortung der Christen. So heißt es auch in dieser Verpflichtung: „Werke und Worte müssen eins sein"²¹⁸ und später:

> „Die ineinandergreifenden Bereiche der Regierung, des Geschäftslebens und der akademischen Welt haben einen starken Einfluss auf die Werte jeder Nation [...]. Wir ermutigen Menschen, die Christus nachfolgen, sich aktiv in diesen Bereichen einzusetzen, im öffentlichen Dienst genauso wie in privaten Unternehmen, um gesellschaftliche Werte zu formen und öffentliche Diskussionen zu beeinflussen."²¹⁹

Volker Gäckle beobachtet eine Steigerung der Bedeutung der sozialen Verantwortung für die Lausanner Bewegung auf dem Kongress in Kapstadt und eben darin auch die Stärke der Kapstadt-Verpflichtung. „Wäre eine solche Weite der Themen 1974 noch als eine Anmaßung erschienen, würde eine Reduktion auf das Thema Evangelisation im engeren Sinn heute wohl als Verantwortungslosigkeit empfunden werden."²²⁰

Die Debatte innerhalb der Lausanner Bewegung zum Verhältnis von Mission und sozialer Aktion war oft kontrovers und hat die Bewegung in der Geschichte auch an den Rand des Scheiterns gebracht, dennoch muss Erhard Berneburg in der Analyse zugestimmt werden, dass das soziale Engagement aus der Lausanner Bewegung und damit der internationalen evangelikalen Bewegung inzwischen nicht mehr wegzudenken ist.²²¹

Der Impuls für das vermehrte soziale Engagement in der internationalen evangelikalen Bewegung wurde vor allem aus Südamerika initiiert²²², dominiert

---

218 Lausanne Movement 2011, Part II 1.
219 Ebd., Part II 7.
220 Gäckle 2012, 219.
221 Interessant ist, dass es bereits in der Gründungsphase der Evangelischen Allianz Ende des 19. Jahrhunderts ähnliche Diskussionen zwischen Befürwortern und Gegnern einer politischen Ausrichtung der Bewegung gab. „Nun standen sich aber zwei Gruppen von Allianzfreunden diametral gegenüber. Auf der einen Seite waren die Aktivisten, die enttäuscht waren, dass man sich nicht deutlicher zu praktischen Unternehmungen entschließen konnte. Auf der anderen Seite standen die Leute, die am liebsten alle Erwähnungen praktischer Maßregeln aus dem Programm gestrichen hätten." (Hauzenberger 1986, 154) Hierbei tritt vor allem zu Tage, wie schwierig die Internationalität der Bewegung zu bewältigen ist. So war in der Gründungszeit insbesondere die Sklavenfrage kontrovers, die von amerikanischer Seite anders als von europäischer Seite gesehen wurde. Diese Kontroverse wurde heftig geführt und stellte die junge Bewegung auf die Probe. Die Sklavenfrage löste sich im Laufe der Zeit durch den amerikanischen Bürgerkrieg, aber andere Konfliktpunkte blieben bestehen. Dennoch überstand die Allianz diese Kämpfe und bis heute arbeitet die Evangelische Allianz international zusammen. Vgl. hierzu ebd., 151-164.
222 Die führenden Personen dieser aus Südamerika forcierten Hinwendung zu sozialem Engagement sind René Padilla und Samuel Escobar. Vgl. dazu beispielsweise Samuel / Sugden 1987.

3.2 Die Dachorganisationen der deutschen Evangelikalen

wird sie dagegen wie angesprochen durch die nord- / bzw. US-amerikanischen Mitglieder. Interessant ist die Frage, ob beispielsweise die tiefreligiöse politische Philosophie des *compassionate conservatism* einen Einfluss auf deutsche Evangelikale ausgeübt hat. *Compassionate conservatism* oder ‚mitfühlender Konservatismus' ist im Zuge des Präsidentschaftswahlkampfes zur ersten Amtszeit George W. Bushs hervorgetreten. Begründer des Begriffs ist der enge Berater Bushs Marvin Olasky – ein vom Judentum konvertierter protestantischer Fundamentalist, der von einem begeisterten Kommunisten zum zutiefst religiösen Konservativen wurde. „Compassionate conservatism means choosing the most basic means of bringing help to those who need it."[223] Gemeint ist dabei vor allem, dass sich der Staat zurück ziehen und Wohlfahrt zivilgesellschaftlichen Akteuren und dabei idealerweise religiösen Einrichtungen überlassen solle. Insbesondere religiöse Akteure sollen an die Stelle des Staates treten, da diese am effektivsten sind und weil auch das Verhalten der Hilfeempfänger geändert werden soll. Sie sollen dazu ermutigt und angeregt werden, etwas zu tun – eben dies würde durch die staatliche Wohlfahrt blockiert. „Wenn Sie das Verhalten eines Sozialhilfeempfänger oder eines Obdachlosen radikal ändern wollen, dann geht das am besten durch eine religiöse Bekehrung."[224]

Ziel ist eine Zurückdrängung des Staates und eine verstärkte Verantwortungsübernahme religiöser Akteure und zugleich eine Neudefinition des hilfebedürftigen Bürgers. „An die Stelle von Rechtsansprüchen, die das bedürftige Individuum an die staatlichen Institutionen verweisen, soll nach Olasky ‚effektives Mitgefühl' treten, das zwischen edlem Spender und armem Teufel vermittelt."[225] Aufgebaut ist dies schließlich auf sieben Aspekten von A bis G, die diese politische Philosophie definieren: *Assertive, Basic, Challenging, Diverse, Effective, Faith-based, Gradual*. Eigenständig sollen Bürger eigene Lösungen suchen; subsidiarisch soll immer erst die kleinste soziale Einheit helfen; die Bedürftigen gefordert werden, ihnen aber auch die Möglichkeit gegeben werden, die Einheit der Hilfe selbst zu wählen; die Organisationen auf Effektivität überprüft werden; kirchliche Organisationen die Mehrheit übernehmen und diese Veränderungen

---

Hier ist von einer ‚Zwei-Drittel-Welt-Christologie' die Rede, die laut Padilla das Mensch-Sein Jesu Christi betont und dazu herausfordert, „die soziale Dimension des Evangeliums neu zu entdecken" (Padilla 1987, 41.).
223 Olasky 2000a.
224 Interview mit Olasky in: Wirtschaftswoche 2001, 40.
225 Lau 2000, 45.

schließlich nach und nach umgesetzt werden.[226] Mit Blick auf die deutschen Evangelikalen fällt auf, dass sie ebenso fordern, dass das Subsidiaritätsprinzip konsequent angewendet wird. Außerdem sehen auch sie eine einseitige Unterstützung hilfebedürftiger Bürger ohne gleichzeitige Kopplung an Forderungen als höchst problematisch an.[227] In einer Sache unterscheiden sich die deutschen Evangelikalen jedoch von den Vertretern des *compassionate conservatism*: die deutschen Evangelikalen haben keine ausgeprägte Skepsis gegenüber staatlichem Handeln. So fordern sie zwar keinen besonders starken Staat, sehen aber dennoch staatliches Eingreifen positiv und sind insofern mehr durch die deutsche als durch die amerikanische Kultur geprägt. Diese Beobachtungen führen schließlich auch Rolf Schieder zu der Aussage, dass die „etatistische Religionskultur Deutschlands und die individualistische Religionskultur der USA"[228] inkompatibel sind. So seien die amerikanischen Religionsgemeinschaften viel eher zivilgesellschaftliche Akteure, die Probleme eigenständig lösen. In Deutschland kann man dagegen beobachten, dass der Blick nach wie vor Richtung Staat geht und auch die Evangelikalen davon geprägt sind. Entscheidend dafür ist sicherlich insbesondere das in Kapitel 2.3.2 dargestellte System der deutschen Zusammenarbeit von Staat und Kirche, das einen Einfluss auf das Agieren der evangelikalen Bewegung ausübt. Freilich werden durch die internationale Zusammenarbeit und Vernetzung viele Anregungen empfangen, dennoch besteht der Eindruck, dass die spezifisch regionalen Aspekte einen stärkeren Einfluss ausüben. Dies kann insofern auch noch weiter geführt werden, als die deutschen Evangelikalen nicht nur sehr in der deutschen Kultur verankert sind, sondern auch die regionale Herkunft innerhalb Deutschlands oft entscheidender ist als die Zugehörigkeit zur evangelikalen Bewegung. So argumentieren Evangelikale, die in einer ‚württembergisch-pietistischen' Tradition stehen, anders als solche, die aus einer ‚Ruhrpott-Bergarbeiter-Mentalität' kommen.[229]

---

226 Vgl. für nähere Ausführungen dazu: Olasky 2000; Olasky 2000a; Meier-Walser 2001, 7; sowie Lau 2000, 45.
227 Vgl. Kapitel 4.1.5.
228 Schieder 2008, 237.
229 Diese Unterschiede ähneln den Unterscheidungen Hausins aus Kapitel 3.1.1, 61.

3.3 Das heutige Bild der deutschen Evangelikalen

3.3.1 Die Vielfalt der Bewegung

Das heutige Bild der deutschen Evangelikalen ist bunt und vielfältig.[230] Der beschriebene Gnadauer Verband, die Deutsche Evangelische Allianz und die Lausanner Bewegung sind aktiv in der deutschen religiösen Landschaft und prägen das Bild der deutschen Evangelikalen. Der aus der Gemeinschaftsbewegung hervorgegangene Evangelische Gnadauer Gemeinschaftsverband ist vor allem missionarisch ausgerichtet und arbeitet innerhalb der evangelischen Landeskirchen.[231] Gleichzeitig zählt die Deutsche Evangelische Allianz den Gemeinschaftsverband zu den ihr nahestehenden Werken und Einrichtungen.[232] Die Evangelische Allianz wiederum ist eine Säule der Lausanner Bewegung. Diese verknüpfen missionarische Aktivitäten mit sozialem und politischem Engagement. Die Verbindung dieser drei großen evangelikalen Organisationen macht das gut ausgebaute Netzwerk der Bewegung deutlich. Neben diesen Dachorganisationen gibt es außerdem die ‚Vereinigung Evangelischer Freikirchen', die einen Zusammenschluss freikirchlicher Gemeinden darstellt.[233] Die Vereinigung arbeitet mit der Evangelischen Allianz zusammen. Es existieren jedoch neben diesen Dachorganisationen andere Strömungen innerhalb der deutschen evangelikalen Bewegung, die die Heterogenität der Bewegung weiter steigern.

Gegen eine zunehmend säkularisierte Gesellschaft und eine verstärkt bibelkritische Theologie im Zuge von Bultmanns Entmythologisierung entstand in

---

230 Siehe für eine Beschreibung dieser Vielfältigkeit und der daraus resultierenden Unübersichtlichkeit in den 1980er Jahren Marquardt 1984: „Die Lage ist verwirrend, und mit jedem Gedankenschritt, der den verzweigten und verschlungenen Wegen des christlichen Neokonservatismus zu folgen versucht, weitet sich das Areal des schwer durchschaubaren Labyrinths." Marquardt 1984, 84.
231 Zum Verhältnis des Gnadauer Verbandes zu den Landeskirchen siehe beispielsweise: Nieke / Schaal 1988, 397-413.
232 Vgl. http://www.ead.de/die-allianz/werke-und-einrichtungen/nahestehende-werke.html [28.02.2011, 16:44].
233 Siehe ausführlich zu einer Problematisierung des Verhältnisses von Freikirchen und Landeskirchen: Eschmann / Moltmann / Schuler 2008.

den 1950er Jahren die *Bekenntnisbewegung ‚Kein anderes Evangelium'*.[234] Dieser Zusammenschluss von konservativen Christen richtete sich insbesondere gegen eine vermeintliche Anpassung von Kirchen an die moderne Gesellschaft und damit den Zeitgeist und gegen die historisch-kritische Methode der Bibelauslegung. Die Bekenntnisbewegung lehnte des Weiteren die sozialen Aktionen der Kirchen ab, da dies dem Missionierungsauftrag schade. 1970 wurde im Namen der Bekenntnisbewegung und unter der Leitung von Peter Beyerhaus die ‚Frankfurter Erklärung zur Grundlagenkrise der Mission' verabschiedet, die sich eben diesem Thema widmet. „Damit wenden wir uns gegen die Behauptung, es ginge in der Mission nicht mehr so sehr um den Hinweis auf Gott, sondern um das Offenbarwerden des neuen Menschen und die Ausbreitung einer neuen Menschlichkeit in allen gesellschaftlichen Bezügen."[235] Die Erklärung wendet sich sehr deutlich gegen die Verbindung von Missionierung und politischem und gesellschaftlichem Handeln, da dies die Aufgabe der Evangelisation gefährde.

> „Wir verwerfen die Ineinssetzung von Fortschritt, Entwicklung und sozialem Wandel mit dem messianischen Heil und ihre fatale Konsequenz, dass Beteiligung an der Entwicklungshilfe und revolutionärer Einsatz in den Spannungsfeldern der Gesellschaft die zeitgenössischen Formen christlicher Mission seien."[236]

Außerdem wandte sich die Bekenntnisbewegung gegen charismatische Erscheinungen. Die Ablehnung charismatischer Gruppierungen löste in der evangelikalen Bewegung oft Kontroversen aus, da bei Teilen der Eindruck entstand, dass hier Gleichgesinnte bekämpft würden. Heute spielt die Bekenntnisbewegung, von der nie Mitgliederzahlen bekannt wurden, keine entscheidende Rolle.

Die *charismatischen und pfingstlerischen Gemeinden*, die eine auf den „Heiligen Geist und die Gaben des Geistes (v. a. Zungenreden, Prophetie, Heilung) bezogene Frömmigkeit"[237] praktizieren, werden oft in das Spektrum der evangelikalen Bewegung gerechnet. Die Pfingstbewegung hat ihre Ursprünge in der amerikanischen Heiligungsbewegung und entstand Anfang des 20. Jahrhunderts. Sie ist weltweit aktiv, stellt das „grenzüberschreitende Wirken des Heili-

---

234 Rudolf Bultmann hat in den 1940er Jahren formuliert, dass es die Aufgabe der Theologie sei, den nicht mythologischen Gehalt des Christentums deutlich zu machen, um es so anschlussfähig an das wissenschaftliche Weltbild zu machen. Vgl. Bultmann 1960. Siehe vor allem zu der evangelikalen Kritik an Bultmann: Lange 1996, 83-104.
235 Bekenntnisbewegung 1970, Artikel 2.
236 Ebd., Artikel 7.
237 Hempelmann 2009, 5.

gen Geistes und die Praxis der Charismen"[238] in den Mittelpunkt und propagiert die ‚Geistestaufe'. Diese Praktiken, die oft mit Schwärmertum beschrieben wurden, führten zu viel Ablehnung innerhalb der evangelikalen Bewegung. So verabschiedete die Gemeinschaftsbewegung 1909 die ‚Berliner Erklärung', in der sie die Pfingstbewegung als „nicht von oben, sondern von unten"[239] ablehnte. 1996 hat die Deutsche Evangelische Allianz eine Erklärung herausgegeben, die die Anschuldigungen von 1909 zurücknimmt und sich somit der Pfingstbewegung wieder annähert. Die beiden großen pfingstkirchlichen Verbände – der ‚Bund Freikirchlicher Pfingstgemeinden' und der ‚Mülheimer Verband freikirchlich-evangelischer Gemeinden' – zählen zu den der Allianz nahestehenden Einrichtungen.[240]

Auch der in den 60er Jahren des 20. Jahrhunderts nach Deutschland gekommenen und von der Pfingstbewegung beeinflussten charismatischen Bewegung wurde oft mit Skepsis begegnet. Im Gegensatz zur Pfingstbewegung ist die charismatische Bewegung überkonfessionell und wirkt so in Freikirchen, Landeskirchen und katholische Kreise hinein. Sie versteht sich als eine Erweckungsbewegung innerhalb der Kirchen. Auch wenn die pfingst- und charismatischen Gemeinden in Deutschland noch relativ klein sind, so sind sie doch die weltweit – insbesondere in Südamerika – am stärksten wachsende Bewegung. Daher ist es auch nur folgerichtig, dass die Allianz sich diesen Bewegungen wieder angenähert hat – die Gemeinschaftsbewegung tut sich dagegen nach wie vor schwer mit einer solchen Annäherung.[241]

Neben diesen genannten Gruppierungen werden außerdem so genannte *Aussiedlergemeinden* zur evangelikalen Bandbreite gezählt. Dies sind Gemeinden, die von Russlanddeutschen gegründet wurden, die insbesondere seit Mitte der 1970er Jahre vermehrt nach Deutschland zurückgekommen sind. Die Aussiedlergemeinden agieren unabhängig von anderen evangelikalen Gemeinden und sind größtenteils baptistisch und mennonitisch ausgerichtet. Sie haben viele

---

238 Ebd., 13.
239 Berliner Erklärung der Gemeinschaftsbewegung 1909.
240 Vgl. http://www.ead.de/die-allianz/werke-und-einrichtungen/nahestehende-werke.html [02.03.2011, 15:17].
241 Vgl. zu Ausführungen über die pfingstlich-charismatischen Gemeinden: Sackmann 1999, 34ff; Jung 2001, 153f; Hempelmann 2003; Hempelmann 2009, 13f.

Werke und Vereine gegründet, sind sehr aktiv in ihrer Gemeindearbeit und bestehen auf der unbedingten Irrtumslosigkeit der Bibel.[242]

Zusätzlich zur internationalen Lausanner Bewegung arbeiten auch andere Vereine und Werke über Landesgrenzen hinweg zusammen. Sicherlich sind dabei die meisten Kontakte in die USA zu verzeichnen. Beispiele für international vernetzte Verbände sind der Verein ‚Willow Creek' oder auch der ‚Christliche Verein Junger Menschen'. Diese internationalen Kontakte reichen weit in die Geschichte zurück. Merkmale der Einflüsse werden vor allem bei neuen ‚amerikanischen' Formen von Gottesdiensten oder Großveranstaltungen offenbar. Ein Beispiel für Einflüsse aus Großbritannien stellen die so genannten Alpha Kurse dar – Glaubenskurse, die international zahlreich und insbesondere von evangelikalen Gemeinden angeboten werden.[243] Auch die Evangelische Allianz ist durch ihre europäische und weltweite Allianz international vernetzt. Wenn auch weltweit kein Zusammenschluss der Lausanner Bewegung und der Evangelischen Allianz stattgefunden hat, so doch in Deutschland. Viele Publikationen werden zusammen herausgebracht und leitende Personen sind oft in beiden Netzwerken aktiv. Die evangelikale Landschaft in Deutschland ist somit eng miteinander verknüpft, es werden zahlreiche Aktionen organisationsübergreifend geplant und durchgeführt und es besteht eine enge personelle Verknüpfung von Vereinen und Versammlungen. Diese Verknüpfungen bestehen dabei keineswegs nur im freikirchlichen Bereich, sondern auch eng in landeskirchliche Strukturen hinein. Ein herausragendes Beispiel für diese enge Verknüpfung ist die Lausanner Bewegung selbst, die mit ihren zwei Säulen im Schnittbereich von landeskirchlichen und freikirchlichen Organisationsstrukturen arbeitet.

Da sich unter der Bezeichnung der Evangelikalen verschiedene Gruppierungen versammeln, wird die Bewegung häufig in verschiedene Typen unterteilt und so versucht eine Struktur in diese Vielfalt zu bringen. Reinhard Hempelmann spricht beispielsweise von zwei verschiedenen Typen, nämlich dem klassischen und dem fundamentalistischen Typ, wobei er letzterem zusätzlich drei Untergruppen zuordnet: den bekenntnisorientierten Typ, den missionarisch-diakonisch orientierten Typ und den pfingstlich-charismatischen Typ.[244] Der

---

242 Vgl. Jung 2007, 54f. Vgl. für eine ausführliche Studie über die russlanddeutschen evangelikalen Gemeinden in Deutschland: Klassen 2007.
243 Vgl. http://www.alphakurs.de/ [10.02.2012, 11:19].
244 Vgl. Hempelmann 2009, 10f.

klassische Typ ist dabei vor allem in der Evangelischen Allianz, der Gemeinschaftsbewegung und der Lausanner Bewegung zu finden und erstreckt sich sowohl über Freikirchen, wie auch über Landeskirchen. Der fundamentalistische Typ ist fundamentalistisch in Hinsicht auf sein Bibelverständnis. Er geht von der völligen Irrtumslosigkeit der Bibel in jeglicher Hinsicht aus. Dieses fundamentalistische Schriftverständnis kann sich unterschiedlich auswirken, so dass sich die genannten drei Untergruppen ergeben. Auch Michael Hausin nimmt eine Typisierung der evangelikalen Bewegung vor und unterteilt sie seinerseits in fünf Typen: Allianzevangelikale, Pietisten, Bekenntnisevangelikale, Charismatiker und Fundamentalisten, die alle als Fraktion dem Protestantismus zugeordnet werden.[245] Friedhelm Jung wiederum unterteilt die Evangelikalen in Allianz-, Bekenntnis- und charismatische Evangelikale.[246] Schließlich spricht Stephan Holthaus von freikirchlichen, Bekenntnis-, Gemeinschafts- und charismatischen Evangelikalen.[247]

Zu fragen bleibt bei diesen Typisierungen, ob solch klare Grenzen tatsächlich der Realität entsprechen, oder ob nicht vielmehr ein Verschwimmen dieser Abgrenzungen zu beobachten ist. Insbesondere die Evangelische Allianz arbeitet mit Organisationen und Vereinen zusammen, die nach all den oben genannten Typisierungen eindeutig anderen Lagern zuzurechnen wären. Dadurch treffen und vermischen sich unter dem Dach dieser Organisation die verschiedenen Typen. So stehen beispielsweise der Verband der Gemeinschaftsbewegung und auch die großen pfingstkirchlichen Verbände der Evangelischen Allianz nahe. Eine Unterscheidung in Typen ist insofern äußerst schwierig, da es kaum trennscharfe Grenzen gibt.

3.3.2 Der Begriff ‚evangelikal'

Die deutsche evangelikale Bewegung ist sehr heterogen und netzwerkartig aufgebaut. Es werden verschiedenste Strömungen dieser Bewegung und damit dem Begriff ‚evangelikal' zugerechnet. Diese Tatsache macht eine Definition und inhaltliche Eingrenzung des Begriffes schwierig.

---

245 Vgl. Hausin 1999, 43.
246 Vgl. Jung 1992, 34f.
247 Vgl. Holthaus 1993, 54f.

Eingeführt wurde er in Deutschland in den 1960er Jahren. In diesen Jahren reisten amerikanische Evangelisten durch Deutschland und führten Missionierungsveranstaltungen durch. Daher ist der Begriff vor allem ein amerikanischer und englischer Import und tritt in Deutschland in Konkurrenz zum Begriff evangelisch. Es ist schwierig trennscharfe Grenzen zu anderen protestantischen Bewegungen zu ziehen und die angelsächsische Prägung sorgt zusätzlich für Verwirrung. Diese Verwirrung entsteht beispielsweise dadurch, dass der Begriff im Englischen als einfache Übersetzung für das Wort evangelisch benutzt wird. So wird die Evangelische Kirche Deutschlands im Oxford Dictionary of the Christian Church mit *Evangelical Church in Germany* übersetzt.[248]

„Der Begriff ‚Evangelical' ist im englischen Sprachgebrauch entstanden. Die Anhänger der Reformation lutherischer und calvinistischer Prägung wurden als ‚Evangelicalles' bezeichnet, was dem deutschen Begriff ‚evangelisch' oder ‚die Evangelischen' entspricht."[249] Er wird im angelsächsischen Sprachgebrauch zunächst von dem Begriff ‚Protestant' verdrängt und erfährt erst wieder Mitte des 18. Jahrhunderts im Zuge der Erweckungsbewegung eine Konjunktur. Der Begriff füllte sich zunehmend inhaltlich; die Betonung lag vor allem auf den Merkmalen Bekehrung, Evangelisation und Erweckung. Eine stärkere Abgrenzung der Evangelikalen gegen andere Strömungen fand statt und „gegen Ende des 18. Jahrhunderts wurde der Begriff Evangelical dadurch eingeengt, dass man ihn vorwiegend auf die an der Erweckungsbewegung beteiligten Geistlichen anwandte, die in der Anglikanischen Kirche blieben"[250]. Missions- und Bibelgesellschaften wurden vermehrt gegründet, in denen interdenominational zusammen gearbeitet wurde und 1846 wurde in London die *Evangelical Alliance* gegründet. „Nicht ein Zusammenschluss aller evangelischer Christen und Gemeinden, keine Vereinigung von Kirchen, nicht eine ‚Protestant Alliance' war gemeint – angestrebt war eine tätige *Gemeinschaft aller Evangelikalen.*"[251] Die neugegründete Evangelische Allianz[252] beschränkte sich nicht auf England, son-

---

248 Vgl. The Oxford Dictionary of the Christian Church 2005, 582.
249 Laubach 1972, 13.
250 Ebd., 14.
251 Ebd., 14.
252 Auch hier ist die Schwierigkeit in der Übersetzung deutlich: Die Evangelical Alliance wird im Deutschen als evangelische, nicht als evangelikale Allianz bezeichnet. Grund hierfür ist auch, dass der Begriff evangelikal im deutschen Sprachgebrauch noch nicht existierte und man ihn mit der Gründung der Allianz auch nicht sofort einführte.

dern sandte starke Impulse auf das europäische Festland und nach Nordamerika, wo zunehmend weitere Evangelische Allianzen gegründet wurden, die schließlich in der *World Evangelical Alliance* zusammenarbeiteten. Auch in den Vereinigten Staaten war der Begriff evangelikal nicht unbekannt und auch hier machte er eine ähnliche Entwicklung durch. So wurde er zunächst synonym zu dem Begriff *protestant* gebraucht.

> „Erst die Kräfte, die in der innerprotestantischen Auseinandersetzung mit dem theologischen Liberalismus in den USA wirksam wurden, veränderten nach und nach die Bedeutung des Wortes ‚Evangelical'. Aus dem Sammelbegriff für Protestantismus wurde eine Bezeichnung für eine besondere Bewegung innerhalb der Reformationskirchen – ebenso wie im England des 18. Jahrhunderts."[253]

In Deutschland fand der Austausch der englischen Evangelikalen vor allem mit den Pietisten und der Gemeinschaftsbewegung statt. Der Begriff selbst wurde aber erst rund 200 Jahre später in Deutschland eingeführt. In den 60er Jahren des 20. Jahrhunderts hielt der Begriff Einzug – „wohl erstmalig im Jahre 1965 im Ev. Allianzblatt, dem damaligen Organ der Deutschen Evangelischen Allianz"[254]. Vorher wurde er ab und zu benutzt, jedoch nur für die Beschreibung der Evangelikalen in England und den USA. Mit dem ‚Berliner Weltkongress für Evangelisation' 1966, der von amerikanischen Evangelikalen um Billy Graham veranstaltet wurde, findet der Begriff evangelikal als Selbstbezeichnung Verbreitung. „Im Oktober 1968 nimmt das Allianzblatt eine ausführliche Erklärung des neuen Begriffes vor, und von nun an wird ‚evangelikal' als Bezeichnung für theologisch konservative Christen aus verschiedenen Denominationen, die der DEA [Deutsche Evangelische Allianz, Anm. d. V.] verbunden sind, üblich."[255] 1969 wird die ‚Konferenz evangelikaler Mission' gegründet und vor allem der Informationsdienst der Deutschen Evangelischen Allianz *idea* verbreitet den Begriff gezielt. Einen erneuten Schub erhält er 1974 durch den *International Congress on World Evangelisation* in Lausanne, aus dem die Lausanner Bewegung hervorgeht. Dieses Ereignis wird oft als *Aufbruch der Evangelikalen*[256] in Deutschland aber auch weltweit bezeichnet.[257]

---

253 Ebd., 15.
254 Jung 2001, 24.
255 Ebd., 25.
256 So der Titel einer Publikation, die bereits vor dem Kongress in Lausanne erschien: Laubach 1972.
257 Vgl. zu den Schwierigkeiten im Umgang mit dem Begriff evangelikal: Geldbach 1984, 52-55.

Inzwischen ist das Wort evangelikal in das Duden Fremdwörterbuch aufgenommen und als „dem Evangelium gemäß"[258] übersetzt. Mitglieder der evangelikalen Bewegung können sich mit dieser Deutung des Begriffes anfreunden, sehen sonst aber oft Probleme in der Nutzung des Wortes. Sie stören sich an der negativen Konnotation, die dieser Begriff in Deutschland mit sich bringt. „Ich mag den Begriff evangelikal nicht so gern. Er wird leider vielfach gleichgesetzt mit fundamentalistisch. Wenn wir ihn allerdings im ursprünglichen Sinne von ‚dem Evangelium gemäß' gebrauchen, dann finde ich ihn gut."[259] Er wird vor allem medial oft mit religiösem Fanatismus oder Fundamentalismus gleichgesetzt und so Parallelen zu einerseits radikalen amerikanischen Entwicklungen und andererseits zum islamischen Fundamentalismus gezogen. Diese negative Konnotation des Begriffs beschränkt sich nicht auf die Medien, seine Verwendung ist auch innerhalb des Protestantismus schwierig. „Ich kann unter Christen evangelikal sagen und Verschiedenes meinen. Denn auch unter manchen Christen sind Evangelikale gleich die abgedrehten Spinner, auf die sie nur warten, dass sie wieder einen Stein schmeißen, wenn eine Klinik abtreibt."[260] Eine wirkliche Alternative zu diesem Begriff, mit der sich alle Flügel der Bewegung anfreunden können, ist jedoch nicht in Sicht. So wurde auch in den mit Führungspersonen der deutschen evangelikalen Bewegung geführten Interviews die Skepsis gegenüber dem Begriff deutlich, wie beispielsweise die Aussage des ehemaligen Vorsitzenden der Evangelischen Allianz Jürgen Werth zeigt: „Also ich persönlich, wenn ich denn könnte, würde ich diesen ganzen Begriff wieder abschaffen. Wir haben da im Hauptvorstand der Allianz jetzt ein paar Mal drüber diskutiert, aber Erstens, wir können ja beschließen was wir wollen, der Begriff ist da. Zweitens fällt keinem eine wirkliche Alternative ein."[261]

---

258 Duden Fremdwörterbuch 2010, 315.
259 Interview mit Birgit Winterhoff am 18.08.2010. Birgit Winterhoff war bis November 2011 die Vorsitzende der Koalition für Evangelisation – Lausanner Bewegung deutscher Zweig. Siehe für Erläuterungen zu diesen Interviews Kapitel 4, 105-106.
260 Interview mit Frank Heinrich am 22.07.2010. Frank Heinrich ist Bundestagsabgeordneter der CDU, Mitglied des Hauptvorstandes der Evangelischen Allianz und in der Lausanner Bewegung.
261 Interview mit Jürgen Werth am 14.06.2010. Jürgen Werth war Vorsitzender der Evangelischen Allianz Deutschland und leitet ERF Medien. Siehe für diese Diskussion innerhalb der evangelikalen Bewegung beispielsweise Werner 2005, 27-33.

3.3 Das heutige Bild der deutschen Evangelikalen

Evangelikal - fundamentalistisch

Die Verbindung des Begriffes evangelikal mit der Beschreibung fundamentalistisch ist von den deutschen Evangelikalen mit verursacht, da sie sich in der Vergangenheit oft selbst als Fundamentalisten bezeichnet haben. Mit dieser Selbstbezeichnung nahmen sie jedoch nicht auf den Begriff als politischen Kampfbegriff, wie er heute benutzt wird, Bezug, sondern auf dessen ursprüngliche Verwendung: Er geht zurück auf die Schriftenreihe *The Fundamentals*, die Anfang des 20. Jahrhunderts in den USA entstanden ist. Ausgehend von einer Kritik der aufklärerischen Entwicklungen und liberalen Theologie fanden ab 1878 jährliche Konferenzen statt. Bibelinstitute wurden gegründet, die Bibelstudien streng orientiert an der göttlichen Inspiration und Unfehlbarkeit der Schrift durchführten.

„Zur literarischen Verstärkung dieser Bestrebungen wurde 1910 durch die Initiative und mit der finanziellen Unterstützung zweier Laien, Lyman und Molton Stewart, die theologische Schriftreihe *The Fundamentals* begründet, in der neben führenden Männern der evangelistischen Bewegung auch konservative Theologen von Princeton und aus dem europäischen Bereich Beiträge veröffentlichten."[262]

Durch diese Schriftenreihe, die einen bemerkenswerten Bekanntheitsgrad erreichte, wurde im Laufe der Zeit der Begriff Fundamentalismus geprägt. Es sind fünf Fundamente, die diese Bewegung auszeichneten und ihr ihren Namen gaben:

- Die Verbalinspiration und damit Unfehlbarkeit der Schrift;
- die Authentizität der Wunder;
- der Glaube an die Jungfrauengeburt;
- Jesus Tod als Stellvertretung für die Sünden der Menschen;
- der Glaube an die leibliche Auferstehung und persönliche Wiederkehr Christi.[263]

Auf diese Fundamente wurde sich berufen und sie galten als unumstößliche Wahrheiten.

„Mit der Polemik gegen die als ‚ungläubig' empfundene kritisch-historische Bibelwissenschaft verband sich ein scharfer Gegensatz gegen den allgemeinen Fort-

---

262 Joest 1993, 733.
263 Vgl. Holthaus 2003, 99.

schrittsoptimismus der Gesellschaft und gegen eine liberale Theologie, die den Reich-Gottes-Gedanken innerweltlich im Sinn fortschreitender kultureller Auswirkung des Christentums verstand."[264]

Mit Vertretern der liberalen Theologie kam es zu Kontroversen, da die Fundamentalisten kein Augenmerk auf soziale Gerechtigkeit legten. Ihnen lag in erster Linie die individuelle Rechtfertigung am Herzen und soziale Gerechtigkeit war zweitrangig. Die Fundamentalisten fühlten sich oft angegriffen und gingen daher in eine Art Abwehrstellung über.[265]

In den ersten 30 Jahren des 20. Jahrhunderts trat die Bewegung vor allem durch Angriffe auf den öffentlichen Schulunterricht hervor. Am Bekanntesten ist in diesem Zusammenhang der so genannte ‚Affenprozess'. In diesem wurde der Biologielehrer John Scopes nach einer Klage durch Fundamentalisten öffentlich dafür gemaßregelt, dass er gelehrt hatte, dass die Menschen vom Tierreich abstammten. Solche Erfolge wiederholten sich jedoch für die Fundamentalisten nur selten und ab 1930 wurden die Versuche der öffentlichen Einflussnahme der Fundamentalisten weniger.[266]

Der Begriff Fundamentalismus ist inzwischen von dieser historischen Entstehungsgenese weitgehend getrennt und wird überwiegend als politischer Kampfbegriff verwendet. Am bekanntesten ist die Benutzung des Begriffs in Bezug auf religiöse Erscheinungen, wie beispielsweise bei islamistischen, aber auch christlichen und hinduistischen Gruppierungen. Ein Merkmal dieses religiösen Fundamentalismus ist, dass er immer auch politische Züge in sich trägt.[267] Diese Politisierung des religiösen Fundamentalismus erklärt sich aus seiner Entstehungsgenese. Der Fundamentalismus ist als Gegenbewegung zur Moderne und Aufklärung entstanden. Er ist also keine vormoderne Erscheinung, sondern vielmehr ein Produkt der Moderne, gegen die er sich wendet.[268] Daher beschreibt Karsten Fischer auch die Paradoxie des Fundamentalismus, die sich darin äußere, dass „fundamentalistische Strömungen, als Reaktion auf die Erfahrung kulturellen und sozialen Wandels ihrerseits einen weiteren kulturellen Wandel"[269]

---

264 Joest 1993, 733.
265 Vgl. Laubach 1972, 22.
266 Vgl. Joest 1993, 734.
267 Vgl. beispielsweise Kienzler 1996, 15.
268 Vgl. Fischer 2004, 359.
269 Fischer 2005, 174. Fischer bezieht dies hier auf den islamischen Fundamentalismus. Die Übertragung auf andere religiöse Gruppierungen erscheint aber problemlos möglich.

erreichen wollen. Insofern sind sie eben nicht traditionalistisch, da sie nicht etwa das bestehende Gesellschaftssystem bewahren wollen, sondern vielmehr dieses radikal verändern. Der Fundamentalismus sei eine „post-moderne Reaktion auf die Moderne und also nicht in erster Linie ein religiöses Phänomen, sondern politische Strategie"[270]. Dabei sei er entgegen des von ihm vermittelten Eindruckes nicht „konservativ und der Vergangenheit verhaftet"[271], sondern „im Wesentlichen modern und in hohem Maße innovativ"[272]. Neben diesem paradoxen Umgang mit Modernisierungserscheinungen, zeichnet den Fundamentalismus in besonderem Maße aus, dass er auf einem absoluten Wahrheitsanspruch besteht. Religiöse Fundamentalisten gehen davon aus, dass es eine absolute Wahrheit gibt, die auf eine unhinterfragbare Instanz zurückgeht und die alleinige Heilsgewissheit verspricht. Zu dieser absoluten Wahrheit haben dabei nur eine privilegierte Gruppe oder charismatische Führungspersönlichkeiten Zugang, die gleichzeitig das alleinige Erkenntnis- und Auslegungsprivileg inne haben. Ziel ist es, eine Einheit oder einheitliche Geschlossenheit der Gruppierung zu erschaffen, die Sicherheit für die Mitglieder der Gruppierung bedeutet und einen übergeordneten Sinnzusammenhang herstellt. Dazu gehört auch der Aufbau eines strikten Freund-Feind-Schemas, das die Welt in ein dualistisches System des Innen und Außen aufteilt.[273] Dieses dualistische Weltbild führt dazu, dass sich Fundamentalisten in einem Konflikt befinden, den sie „nicht als konventionellen politischen Kampf, sondern als kosmischen Krieg zwischen den Mächten Gut und Böse"[274] verstehen. Verbunden wird dieser Krieg schließlich mit der Postulierung der Unfehlbarkeit und Verbalinspiration[275] der Heiligen Schrift, der Herabstufung von Wissenschaft und Theologie und der Ablehnung der modernen Trennung von Kirche und Staat.[276] Und schließlich gehört als Merkmal von Fundamentalismen auch seine Bereitschaft zu gewalttätiger Durchsetzung seiner Ziele mit bewusster und intendierter Inkaufnahme von Opfern.

---

270 Ebd., 174.
271 Armstrong 2004, 11.
272 Ebd., 11.
273 Vgl. Salamun 2005, 37f.
274 Armstrong 2004, 11.
275 Verbalinspiration bedeutet, dass davon ausgegangen wird, dass die Bibel bis in den Wortlaut hinein von Gott inspiriert ist. Dies bewirkt dann auch die genannte Unfehlbarkeit der Schrift.
276 Vgl. Meyer 1995, 9.

Fischer geht einen historisch-rekonstruierenden Weg der Begriffsbestimmung von Fundamentalismus. So zeichne sich sowohl der islamische wie auch der christliche Fundamentalismus durch eine Abwechslung von Virulenz- und Latenzphasen aus.[277] Diese Folge von wiederkehrenden Phasen begann beim christlichen Fundamentalismus mit der Nutzung des Begriffes als affirmative Selbstbeschreibung zu Beginn des 20. Jahrhunderts, wie sie soeben beschrieben wurde. Diese Virulenzphase endete im Zuge des so genannten ‚Affenprozesses' und der christliche Fundamentalismus ging in seine erste Latenzphase über. In eine neuerliche Virulenzphase trat er Ende der 1970er Jahre ein und diese dauerte bis zum Ende des Ost-West-Konfliktes 1989/90. Mit den islamistischen Terroranschlägen auf das World-Trade-Center in New York beginnt die dritte Virulenzphase des christlichen, aber auch des islamischen Fundamentalismus.[278]

Ausgehend von der beobachteten Gleichzeitigkeit der Phasen des islamischen und des christlichen Fundamentalismus, kommt Fischer zu einer ‚hinreichend komplexen Begriffsbestimmung' von Fundamentalismus: „Demnach ist Fundamentalismus eine sich auch in ihren Latenzzeiten eigendynamisch radikalisierende, nur unwesentlich in der Erscheinungsform divergierende, religionspolitische Reaktion auf krisenhaft empfundene Modernisierungsprozesse."[279] Aus dieser Begriffsbestimmung ergeben sich drei Dimensionen, die die Gemeinsamkeiten von Fundamentalismen beschreiben. Dies ist zum Einen, die bereits mehrfach erläuterte „konstitutive Bedeutung von Modernisierungsprozessen", zum anderen das „Phänomen der apokalyptischen Aufladung religiöser Offenbarung" und schließlich die „für die postheroischen westlichen Gesellschaften unfaßliche Gewaltbereitschaft bis hin zum Gewaltopfer".[280] Diese drei Dimensionen treffen auf Fundamentalismen im Allgemeinen zu, auch wenn sich ihre Ausprägung und insbesondere die Militanz der dritten Dimension unterscheiden.

Wenn sich deutsche Evangelikale heute mit diesem Begriff identifizieren, dann berufen sie sich auf die 1910 entstandene Schriftenreihe *The Fundamentals*, die ein Fundament darstellt, mit der sich auch die Evangelikalen identifizieren können. Fest in der Bibel stehend, bedeutet dieses Fundament für sie. So versteht dies auch der deutsche evangelikale Theologe Stephan Holthaus, der seine Dis-

---

277 Fischer 2009, 70f.
278 Vgl. ebd., 75-81.
279 Ebd., 82.
280 Ebd., 83f.

3.3 Das heutige Bild der deutschen Evangelikalen

sertation über den Fundamentalismus geschrieben hat und darin die Entwicklung der deutschen evangelikalen Bewegung beschreibt.[281] Da dieser Begriff aber sogleich politische Assoziationen weckt und vor allem im Zusammenhang mit islamischem Fundamentalismus radikale religiöse Fanatiker impliziert, lehnen ihn viele Evangelikale als Synonym für ihre Bewegung ab. Damit wehren sie sich gegen eine Beschreibung ihrer Bewegung anhand der von Fischer dargestellten drei Dimensionen des Fundamentalismus. Die Identifizierung findet lediglich auf einer Interpretation des Begriffs im Sinne eines festen Fundamentes statt.[282] Eine Einschätzung, ob die evangelikale Bewegung die drei Dimensionen Fischers erfüllt und insofern auch die wissenschaftliche Definition von Fundamentalismus zutreffend ist, kann erst im Anschluss an eine ausführliche Analyse des politischen Agierens der Bewegung geschehen, die in Kapitel 4 folgt.[283]

Zu Fragen bleibt aber, wie die evangelikale Bewegung dann zunächst beschrieben und fassbar gemacht werden kann. Die Vielfalt und die Netzwerkstruktur der unter der Evangelischen Allianz und damit der evangelikalen Bewegung wie sie hier beschrieben wird, stehenden Vereine und Einrichtungen macht eine genaue Beschreibung der Merkmale schwierig. Reinhard Hempelmann, Leiter der Evangelischen Zentralstelle für Weltanschauungsfragen, fasst das weite Spektrum der evangelikalen Bewegung wie folgt zusammen:

„Mit ‚evangelikal' wird eine Glaubenshaltung beschrieben, die durch persönliche Entschiedenheit charakterisiert ist und in der die verpflichtende Bindung an die Bibel als Wort Gottes und höchste ‚Autorität in allen Fragen des Glaubens und der Lebensführung'[284] hervorgehoben wird."[285]

---

281 Holthaus 2003.
282 So formuliert beispielsweise der Generalsekretär der Evangelischen Allianz Hartmut Steeb in einem Vortrag: „So verstanden sind wir Fundamentalisten, auch wenn wir das nicht als einen hilfreichen Begriff erachten." Steeb 2010, 7. Steeb bezieht sich hier vor allem auf eine Bedeutung von Fundamentalismus, die Gott als höchste Autorität als Lebensschützer sieht. Unterstreicht also die festen Fundamente, auf denen sie stehen, sieht jedoch zugleich die Schwierigkeit, die sich mit diesem Begriff verbindet. Auch Wolfgang Baake hat in einem Interview mit der TAZ auf die Frage, ob ein Fundamentalist sei geantwortet: „Was ist besser, als auf einem Fundament zu stehen? [...] Dem Fundament der Bibel?", in: Schmidt 2009.
283 Vgl. für eine Einordnung der Evangelikalen in die drei Dimensionen des Fundamentalismus von Fischer Kapitel 5.3.1.
284 Hier zitiert Hempelmann aus der Glaubensbasis der Deutschen Evangelischen Allianz von 1972.
285 Hempelmann 2009, 5.

Hempelmann betont weiter, dass nicht ein einheitliches Bild der Evangelikalen gezeichnet werden kann, es aber dennoch Aspekte in Theologie und Frömmigkeit gibt, die man als Gemeinsamkeit der Evangelikalen bezeichnen kann. Er identifiziert fünf solcher Aspekte:

- Bezeichnend sei zum Einen die „Betonung der Notwendigkeit persönlicher Glaubenserfahrung in Buße, Bekehrung/Wiedergeburt und Heiligung sowie die Suche nach Heils- und Glaubensgewissheit"[286].
- In Gegenbewegung zur historisch-kritischen Methode wird die Bibel als höchste Autorität betont und es herrscht eine große Bibelfrömmigkeit vor.
- „Als Zentrum der Heiligen Schrift wird vor allem das Heilswerk Gottes in Kreuz und Auferstehung Jesu Christi gesehen. [...] Evangelikale Religionstheologie ist exklusivistisch geprägt."[287]
- Zentral im theologischen Verständnis von Evangelikalen sind Mission und Evangelisation, die als Auftrag verstanden werden. Daher stehen im Mittelpunkt auch Gebet und Zeugendienst.
- „Die Ethik wird vor allem aus den Ordnungen Gottes und der Erwartung der Wiederkunft Jesu Christi und des Reiches Gottes heraus entwickelt."[288]

Für diese Untersuchung sind insbesondere die aus der Ordnung Gottes heraus entstandenen ethischen Standpunkte der Bewegung bedeutend, die in politischen Forderungen formuliert werden.

Es ist notwendig, sich über die Bandbreite der Bewegung klar zu werden und die theologischen Grundaussagen, auf die sich die Evangelikalen einigen können und durch die sie sich definieren, zu verdeutlichen. Die aufgezeigten Merkmale können hilfreich sein, um sie beispielsweise an die dargestellten *five fundamentals* anzulegen und diese zu vergleichen. Auffällig ist, dass die erstellten Merkmale eine sehr viel ‚weichere' Struktur besitzen und weit weniger dogmatisch sind. Es sind weniger direkt an das Verständnis der Bibel angelegte und mit der richtigen Auslegung verbundene Punkte, sondern eher Aspekte, die sich mit der richtigen Lebensführung beschäftigen. Sie sind aufgrund der Vielfalt der Bewegung eher offen formuliert. So beziehen sich Evangelikale zwar in Bezug auf ihre Bewegung oft selbst auf die Anfänge des Fundamentalismus definieren

---

286 Ebd., 8.
287 Ebd., 9.
288 Ebd., 9. Vgl. zu diesen Aspekten: Ebd., 8ff.

aber die *five fundamentals* nicht als ihre Grundlage. Der Grund hierfür ist der angesprochene Pragmatismus der Bewegung. Eine Zusammenarbeit soll ermöglicht werden, um Ziele zu erreichen und dies soll nicht durch dogmatische Aussagen verhindert werden. Daher wird das Agieren der evangelikalen Bewegung hier als *undogmatischer Pragmatismus* beschrieben. Dies heißt natürlich keineswegs, dass es nicht gewisse Aspekte gibt, die sie als entscheidend und notwendig für ihre Bewegung ansehen. Es bedeutet aber, dass Prioritäten gesetzt werden, die einen gesellschaftlichen Einfluss der Evangelikalen ermöglichen sollen und diese vor theologische Aushandlungsprozesse gestellt werden.

3.3.3 Die Organisationsform der deutschen Evangelikalen

In den vorangegangenen Kapiteln wurde von den deutschen Evangelikalen als *Bewegung* gesprochen. Was aber heißt es, von einer Bewegung, insbesondere einer sozialen Bewegung, zu sprechen und wodurch wird diese definiert? Von *sozialer* Bewegung ist die Rede, da in dieser Arbeit davon ausgegangen wird, dass die Bewegung sozialen und politischen Wandel herbeiführen oder verhindern und insofern in gesellschaftliche Prozesse eingreifen will.

Folgt man der Definition von Joachim Raschke, dann zeichnen sich soziale Bewegungen durch folgende Eigenschaften aus:

„Soziale Bewegung ist ein mobilisierender Akteur, der mit einer gewissen Kontinuität auf der Grundlage hoher symbolischer Integration und geringer Rollenspezifikation mittels variabler Organisations- und Aktionsformen das Ziel verfolgt, grundlegenderen sozialen Wandel herbeizuführen, zu verhindern oder rückgängig zu machen."[289]

Der kollektiv handelnde Akteur kann ganz unterschiedliche Grade von Institutionalisierung annehmen. Auch die deutsche evangelikale Bewegung ist in unterschiedliche Formen aufgeteilt. Es gibt keine klare Mitgliederzahl, da sie keine feste Organisationsstruktur besitzt. Dennoch ist die Deutsche Evangelische Allianz klar strukturiert und vereint verschiedenste Organisationseinheiten. Einzelne Personen können sich der Bewegung zurechnen, ohne in feste Strukturen eingegliedert zu sein, oder in kleinen regional sehr begrenzten Hauskreisen aktiv zu

---

289 Raschke 1988, 77.

sein. „Präziser ist es von Anhängern anstatt von Mitgliedern zu sprechen und ein sehr variables Kontinuum von Anhängerschaftsgraden anzunehmen."[290] Dieter Rucht unterscheidet diese Grade der Anhängerschaft beispielsweise in Basisaktivisten, Unterstützer und Sympathisanten.[291] In der evangelikalen Bewegung wären die Basisaktivisten die führenden Personen der Evangelischen Allianz und der Lausanner Bewegung, sowie in anderen großen Organisationen tätige Personen. Die Unterstützer sind eben jene, die an Aktionen teilnehmen und zu Kongressen etc. fahren. Sympathisanten wiederum können einfach Mitglied einer Gemeinde sein, ohne in den Vereinen und Organisationen aktiv zu werden. Die einzelnen Personen werden zwar in kleine Gruppierungen eingebunden, müssen aber nicht zwangsläufig Mitglied einer großen Organisation sein, um Teil der Bewegung zu sein. Friedhelm Neidhardt beschreibt soziale Bewegungen daher auch als „mobilisierte Netzwerke von Netzwerken"[292]. So würden bereits an der Basis der Bewegung nicht Einzelpersonen stehen, „sondern soziale Einheiten, nämlich soziale Netzwerke mit unterschiedlichen Verdichtungsgraden"[293]. Wichtig sei, dass diese sozialen Netzwerke an der Basis „selber vernetzt werden, so daß ein Netzwerk sozialer Beziehungen über größere Räume hin entsteht"[294]. Dabei ist es wiederum nicht ungewöhnlich, dass Mitglieder in verschiedenen Organisationen oder Vereinen der Bewegung Mitglied sind. Dies zeigt sich auch in der evangelikalen Bewegung. Viele Personen besetzen mehrere Posten und sind in verschiedensten Vereinen und Werken tätig. Dadurch entsteht eine große Verflechtung der Aktivitäten der einzelnen Einheiten dieser Bewegung. Wie wichtig wiederum die an der Basis der Bewegung stattfindenden Prozesse sind, zeigt Roland Roth:

„Freundschaften, persönliche Beziehungen; Nachbarschaften sind das Medium, aus dem sich die Bewegungsgruppen und -aktionen entwickeln und an das sie gebunden bleiben. Auf dieser Grundlage agieren stärker formalisierte Bewegungsorganisationen, Koordinationsgremien, Arbeitskreise, informelle Zirkel, Bewegungsunternehmer, die in ihren Vorgaben und Aufrufen vielfältig auf die Mobilisierungskraft und -bereitschaft der Bewegungsnetzwerke verwiesen sind."[295]

---

290 Neidhardt 1985, 195.
291 Vgl. Rucht 1994, 86.
292 Neidhardt 1985, 197.
293 Ebd., 197.
294 Ebd., 197.
295 Roth 1991, 264.

Beide Dimensionen dieser Bewegungen – also die kleinen Einheiten an der Basis und die großen Organisationen, die koordinieren – sind entscheidend für ihr Bestehen: „Ohne eine mikrosozial verankerte und makrosozial verknüpfte Infrastruktur kommen soziale Bewegungen weder in Gang, noch können sie sich stabilisieren."[296] Bezogen auf die evangelikale Bewegung bilden vor allem die Hauskreise diese mikrosozialen Einheiten, die für eine Bindung der Mitglieder an die Bewegung sorgen. Größere Vereine, Verbände und natürlich die Evangelische Allianz sorgen dann für die Vernetzung und Koordination der einzelnen Einheiten. Roland Roth identifiziert außerdem einen „radikalen Öffentlichkeitsanspruch" der sozialen Bewegungen, der ein „zentrales Moment ihrer Selbstkonstitution und ihrer Dynamik"[297] sei.

Neben diesen Dimensionen ist ein weiterer Aspekt entscheidend für das Entstehen und Fortbestehen von Bewegungen: Eine gemeinsame Idee oder Ideologie, die eine gemeinsame Identität schafft: „Sie brauchen [...] einander verstärkende Motivationen, ein gemeinsames ‚commitment', kollektive Interessen, Sinnkonstruktionen, die diese Interessen sowie die Bewegung selbst mit all ihrem Aufwand rechtfertigen, ein Pneuma."[298] Diese Idee ist sinnbildend für die Bewegung und macht ihren Kern aus. Mit Hilfe dieser Ideologie, kann eine kollektive Identität geschaffen werden, die den Zusammenhalt auch über schwierige Zeitperioden ermöglicht. Neidhardt geht aber noch weiter:

> „Soziale Bewegungen brauchen, um sich als vitale Einheiten herzustellen, kollektive Definitionen der Situation, in denen sich die subjektiven Erfahrungen von vielen einzelnen ausdrücken und deuten lassen. Ihr Unbehagen muß auf allgemeine Begriffe gebracht werden. Um es zu erklären, bedarf es handlicher Schuldkonstruktionen, die auch geeignet sind, den Gegner zu markieren, auf den sich gemeinsame Aktionen richten lassen."[299]

Lenkt man den Blick wieder speziell auf die evangelikale Bewegung, ist die gemeinsame Idee oder Ideologie, das Vereinende in der christlichen Religion, und dem Kampf für das ‚wahre' Christentum zu sehen. So grenzt man sich einerseits gegen weltliche Gegner und andererseits gegen die ‚falschen' Christen ab. Vor allem die Rede von ‚wahren' Werten findet man in den Beschreibungen über

---

296 Neidhardt 1985, 198.
297 Roth 1991, 167. Wie wichtig und gleichzeitig schwierig das Verhältnis der Evangelikalen zu den Medien ist, wird ausführlich in Kapitel 4.3 dargestellt.
298 Neidhardt 1985, 199.
299 Ebd., 199.

soziale Bewegungen wieder. „Vielmehr wird auch der Anspruch erhoben, mit besonderer Bewußtheit wahre, aber mißachtete Interessen der Allgemeinheit zu vertreten."[300] Soziale Bewegungen richten sich ganz klar gegen etwas aus und kämpfen für etwas. Sie brauchen diese Ideologie, um sich eine kollektive Identität aufzubauen, die wiederum das Bestehen der Bewegung in ihrer lockeren Organisationsform sichert. Aus diesen Eigenschaften heraus überrascht folgende Einschätzung Raschkes nicht: „Da soziale Bewegungen jeweils nur einen relativ kleinen Ausschnitt des gesamtgesellschaftlichen Handlungsfeldes darstellen, ist von einer stärker selektiven Erklärungsstrategie mehr Gegenstand- und Realitätsnähe zu erwarten."[301] Selektive Erklärungsstrategien werden sicherlich auch des Öfteren im Bereich der evangelikalen Bewegung herangezogen. So werden viele Probleme allein auf christliche Erklärungsmuster bezogen und unter diesen religiösen Aspekten beurteilt und eingeschätzt.

Soziale Bewegungen wollen sozialen Wandel herbeiführen, verhindern oder rückgängig machen. Dabei geht es um ‚das große Ganze' einer Gesellschaft. So könne man erst dann von sozialen Bewegungen sprechen, „wenn die Praxis der kollektiven Veränderung über punktuelle Korrekturen hinausweist, ja in letzter Instanz gesamtgesellschaftlichen Wandel im Auge hat"[302]. Es geht also nicht um marginale Veränderungen der sonst als akzeptabel empfundenen Situation, sondern um tiefgreifende Umstrukturierungen der Gesellschaft. Diese weiterreichenden Ziele der Bewegungen „müssen keineswegs ‚revolutionär' im Sinne eines kompletten Umsturzes des bestehenden Gesellschaftssystems sein. Das Handeln ist aber immer darauf gerichtet, mehr oder minder relevante Strukturen der Gesellschaft zu verändern oder – im Falle von Gegenbewegungen – deren Veränderung zu verhindern"[303]. Auch hier findet sich also das in der Definition genannte Merkmal wieder. Entwicklungen sollen herbeigeführt oder verhindert werden und zwar Entwicklungen, die sich auf Prozesse beziehen, die einen die Gesellschaft umgreifenden Einfluss haben.

„In ihren entschiedensten, den ideologischen Diskurs prägenden Teilen sind sie aber Bewegungen, die in umfassenderem Sinne neue Lebensformen, neue kulturelle Werte, Deutungs- und Interaktionsmuster zu verwirklichen versuchen – kulturelle Gehal-

---

300 Steffani 1991, 506.
301 Raschke 1988, 413.
302 Roth / Rucht 1991, 18.
303 Raschke 1988, 77.

te, die sich in den Formen des etablierten Politikprozesses nicht transportieren lassen, darin vielmehr ausgefiltert, nach institutionellen Kriterien umdefiniert und neutralisiert werden."[304]

Bezogen auf die evangelikale Bewegung kann man feststellen, dass eben jene religiösen Erklärungsmuster, die herangezogen werden, um Probleme zu erkennen und Lösungsstrategien zu entwickeln, Deutungsmuster darstellen, die aus der Politik ausgefiltert wurden und in dieser keinen Einzug finden. Politische Entscheidungen werden nicht mit religiösen Begründungen untermauert oder erklärt. Die evangelikale Argumentationslogik sieht dies aber sehr wohl vor.[305]

Ein weiterer sehr interessanter Aspekt ist der Zusammenhang von sozialen Bewegungen und Moderne. So ist es für Bewegungen konstitutiv, dass sie erst mit der Moderne und also als Produkt dieser entstanden sind. „Insofern soziale Bewegung die Idee der Gestaltbarkeit von Gesellschaft und damit ein historisches Subjekt voraussetzt, ist sie ein Kind der Moderne selbst dann noch, wenn sie – wie der Fundamentalismus – hinter diese zurück will."[306] Erst mit der Erkenntnis der Handlungsfähigkeit von Gruppierungen und der Möglichkeit der Einflussnahme auf gesellschaftliche Entwicklungen wird die Existenz von sozialen Bewegungen denkbar. Das heißt aber eben nicht, dass soziale Bewegungen zwangsläufig die Entwicklungen der Moderne befürworten würden. Es gibt im Gegenteil auch viele, die hinter diese zurück wollen, was nichts daran ändert, dass die Moderne der ‚Geburtshelfer' der Bewegungen ist. Denn: „Nur in der Moderne, in der die Welt erstmals ohne Götter vorstellbar wird, rücken Menschen zu wirklichen Agenten sozialen Wandels auf."[307] Wie die Bewegungen selbst zur Moderne stehen, ist damit freilich nicht gesagt. Rucht unterscheidet drei Gruppierungen von Bewegungen und ihrem Verhältnis zur Moderne: Bewegungen, die promodern oder antimodern sind und Bewegungen, die sich ambivalent zu Modernisierungsprozessen verhalten. „Ambivalent sind Bewegungen dann, wenn sie Modernisierung innerhalb einer bestimmten Dimension, etwa im ökonomisch-technischen Bereich befürworten, sie aber in einer anderen Dimen-

---

304 Brand 1991, 44.
305 Vgl. Kapitel 4.1.7. In diesem Kapitel wird die Argumentationslogik der Evangelikalen in politischen Stellungnahmen aufgedeckt.
306 Roth / Rucht 1991, 19.
307 Rucht 1994, 509. Dabei müssen die Götter freilich nicht völlig aus der Vorstellungswelt verschwinden, jedoch die Erkenntnis über die Selbstverfügbarkeit gesellschaftlicher Prozesse erlangt worden sein.

sion ablehnen."[308] Es wird sich im weiteren Verlauf dieser Arbeit gut zeigen lassen, dass die evangelikale Bewegung eben jenes ambivalente Verhältnis zu Modernisierungsprozessen aufweist.

Betrachtet man die unterschiedlichen Merkmale von sozialen Bewegungen, so ist es sinnvoll auch von den deutschen Evangelikalen als Bewegung zu sprechen.[309] Sie haben keine klaren Systemgrenzen und unterschiedlichste Formen und Grade von Institutionalisierung vorzuweisen. Es verbindet sie eine gemeinsame Idee, die Idee der Verbreitung und Propagierung des ‚wahren' Christentums. Diese Idee stiftet eine kollektive Identität und außerdem ist es der Anspruch, sie auch in gesellschaftlichen Prozessen zu verankern. Sozialer und politischer Einfluss soll ausgeübt werden. Dies wird durch die massive Nutzung der Medien zur Erzeugung einer breiten Öffentlichkeit angestrebt. Die Aktionsformen, die für die Erreichung dieser Ziele genutzt werden, sind äußert variabel und bunt gemischt. Welche politischen Ziele mit Hilfe dieser Aktionsformen genau verfolgt werden, wird im nun folgenden Kapitel untersucht.

---

308 Ebd., 82.
309 Gisa Bauer bezweifelt in ihrer 2012 erschienenen Untersuchung über die evangelikale Bewegung und ihr Verhältnis zur evangelischen Kirche, dass man von den Evangelikalen als soziale Bewegung sprechen kann, da sie kaum sozial engagiert sei und eine „innere Distanz zur politischen Sphäre oder der Parteipolitik" aufweise. Bauer 2012, 33. Wenn sie sich politisch engagiert, so Bauer weiter, dann nur innerhalb des Subsystems der Kirche und somit nicht auf gesellschaftliche Prozesse direkt gerichtet, sondern in Abgrenzung oder Kritik zur evangelischen Kirche. Daher seien die Evangelikalen lediglich eine innerprotestantische neue soziale Bewegung. Vgl. ebd., 34; 603; 667. Bauer untersucht vor allen die Entwicklung der evangelikalen Bewegung in einem Zeitraum von 1945-1989. Es wird im Verlauf dieser Arbeit deutlich werden, dass sich die evangelikale Bewegung stark politisiert hat und dies auch außerhalb des Subsystems Kirche artikuliert. Insbesondere institutionelle Verankerungen, wie die Einrichtung eines Beauftragten am Sitz der Bundesregierung, zeugen von dieser Entwicklung. (Vgl. dazu Kapitel 4.2) Daher ist das Ergebnis dieser Arbeit, dass man die deutschen Evangelikalen sehr wohl als soziale Bewegung beschreiben kann.

4 Deutsche Evangelikale und Politik

Ausgehend von der beschriebenen Vielfalt der deutschen evangelikalen Bewegung, ihrer Wurzeln und Struktur sowie der Entwicklung des politischen und gesellschaftlichen Engagements ihrer Vorläuferbewegungen und Dachorganisationen, sollen im Folgenden dezidierte politische Einstellungen und Aktivitäten der deutschen evangelikalen Bewegung untersucht werden.

Berneburg führt mit Blick auf gesellschaftliches und politisches Engagement christlicher Gruppierungen eine Unterscheidung zwischen sozialem Dienst und sozialer Aktion ein. Ersteres beziehe sich auf Dienste an Einzelpersonen und Familien sowie Werke der Barmherzigkeit; wohingegen letzteres politisches und ökonomisches Handeln beeinflussen und gesellschaftliche Strukturen umwandeln will.[310] Die evangelikale Bewegung in Deutschland hat beide Formen des Engagements im Blick. Sie engagiert sich sowohl diakonisch, versucht aber auch, Einfluss auf Politik und Gesellschaft auszuüben. Die wiederholten Forderungen nach sozialem und politischem Engagement führten zu zahlreichen Gründungen von Organisationen und der Einrichtung von Stellen, die sich ausschließlich diesem Engagement widmen. Die Evangelische Allianz hat seit 1999 einen ‚Beauftragten der Deutschen Evangelische Allianz am Sitz der Bundesregierung', der die Anliegen der evangelikalen Bewegung in die Politik hineinträgt und Kontakte in die Politik aufbaut und pflegt.[311] Außerdem hat die Evangelische Allianz eine Reihe von Arbeitskreisen, die sich mit unterschiedlichen politischen Themenfeldern auseinandersetzen, beispielsweise ‚Arbeitskreis Politik', ‚Arbeitskreis Soldaten', ‚Arbeitskreis Islam', ‚Arbeitskreis Religionsfreiheit – Menschenrechte – verfolgte Christen', etc. Auch die Vereinigung Evangelischer Freikirchen hat einen Beauftragten am Sitz der Bundesregierung, der „zur Wahr-

---

310 Vgl. Berneburg 1997, 256.
311 Vgl. zur Arbeit dieses Beauftragten Kapitel 4.2.

nehmung gesamtfreikirchlicher Interessen"[312] nach Berlin entsendet wird. Dieser soll einerseits Kontakt zu den Organen des Parlaments und der Regierung halten und andererseits die Mitgliedskirchen der Vereinigung Evangelischer Freikirchen in Belangen der Politik und Regierung beraten.[313] So hat also eine Institutionalisierung des politischen Engagements stattgefunden, indem Arbeitskreise, Institutionen und Einzelposten geschaffen wurden, die sich explizit und ausschließlich den politischen Interessen der evangelikalen Bewegung zuwenden. In der Folge hat auch die Anzahl von evangelikalen Publikationen zu spezifischen politischen Themen zugenommen. Allen voran ist auch hier erneut die Evangelische Allianz aktiv, die zahlreiche Handreichungen und Flugschriften zu unterschiedlichsten Themen, wie beispielsweise Arbeitslosigkeit, Islam, Kinder in der Gesellschaft, Förderung von Familien etc., herausgegeben hat und herausgibt.[314] Oft werden die Handreichungen dabei von der Evangelischen Allianz und der Lausanner Bewegung in Kooperation herausgegeben. Sicherlich am wichtigsten ist hier der 2009 erschienene Text *Suchet der Stadt Bestes*, in dem die wichtigsten politischen Standpunkte zusammengefasst werden. Auch Publikationen wie *Christ und Politik*, die vom Arbeitskreis evangelikaler Theologen herausgegeben wurde, verdeutlichen die politischen Standpunkte der Bewegung.[315] Auf Basis dieser verschiedenen Publikationen werden im Folgenden die politischen Einstellungen der evangelikalen Bewegung analysiert. Dabei wird das Augenmerk vor allem auf Publikationen der Evangelischen Allianz und der ‚Koalition für Evangelisation – Lausanner Bewegung deutscher Zweig' gerichtet, da diese sich als so genannte Dachorganisationen der deutschen Evangelikalen begreifen und insofern öffentlichkeitswirksam für diese sprechen.

Die Auswahl der Politikfelder richtet sich vor allem danach, welche Themen in den Publikationen angesprochen wurden und werden. Die hier analysierten Punkte werden insbesondere in der Publikation *Suchet der Stadt Bestes* behandelt. Da diese explizit als politische Stellungnahme der Evangelischen Allianz bezeichnet wird, ist sie ein Gradmesser für wichtige Politikbereiche der Bewegung. Dabei wird davon ausgegangen, dass eben jene Themen angesprochen

---

312 Vereinigung Evangelischer Freikirchen 2004, 242.
313 Vgl. ebd., 242.
314 In Kapitel 4.1 werden zahlreiche dieser Publikationen angesprochen und als Quellen benutzt, um die Einstellungen der evangelikalen Bewegung zu verschiedenen Politikfeldern zu verdeutlichen.
315 Vgl. Deutsche Evangelische Allianz (a) und Schirrmacher et. al. 2005.

4 Deutsche Evangelikale und Politik

werden, die für die evangelikale Bewegung von Bedeutung sind und in der sie explizite Positionen vertritt. Politische Aufgabenbereiche, die überhaupt nicht angesprochen werden, scheinen demnach auch keine oder kaum Relevanz für die evangelikale Bewegung zu haben und sind insofern für diese Analyse nicht wesentlich.

Die Ordnung der Politikfelder innerhalb dieser Arbeit richtet sich nach einer eigens aufgedeckten Prioritätensetzung der Bewegung. So wird anhand der Dringlichkeit der Formulierungen und der Häufigkeit der angesprochenen Themen eine Rangfolge der Felder vermutet. Es wird angenommen, dass die Politikfelder Familien- und Sozialpolitik sowie Religionspolitik relativ gleichrangig nebeneinander stehen und Aspekte der Bildungspolitik dicht dahinter angesiedelt sind. Schließlich werden außenpolitische Themen betrachtet und anschließend Wirtschafts- und Umweltpolitik. Einzelne Felder spielen dabei in bestimmten Organisationen eine größere Rolle als in dieser Rangfolge dargestellt. So ist die Entwicklungspolitik, die hier unter Außenpolitik behandelt wird, für die noch zu erläuternde ‚Micha-Initiative' entscheidend, spielt aber in der Gesamtbetrachtung eine eher nachrangige Rolle. Hier wird davon ausgegangen, dass diese Themen bei einer möglichen Machtausübung in eben jener Reihenfolge Priorität für die Dachorganisationen der evangelikalen Bewegung hätten.

Neben einer Inhaltsanalyse der verschiedenen Publikationen der evangelikalen Bewegung, werden Interviewaussagen analysiert. Im Rahmen eines von der DFG-geförderten Forschungsprojektes wurden von dem Theologen Rolf Schieder und der Verfasserin Interviews durchgeführt. Für 12 Interviews sind bewusst Personen ausgewählt worden, die zuvor durch ihre Position innerhalb der Bewegung als Experten bzw. Führungspersönlichkeiten identifiziert wurden. In ihrer Funktion als führende Evangelikale wurden sie in offenen Leitfadeninterviews befragt. Der Aufbau des Leitfadens richtete sich nach den in den Publikationen der Bewegung aufgestellten Themen und ermöglichte gleichzeitig Schwerpunktsetzungen durch die Befragten. In dieser Arbeit werden autorisierte Ausschnitte dieser Interviews durch die Verfasserin analysiert und verwendet, die im Anhang, ebenso wie der Leitfaden der Interviews, zusammengestellt sind.[316] Da den Befragten zuvor mitgeteilt wurde, dass sie aufgrund ihrer Funktion befragt wer-

---

316 Vgl. für den Leitfaden der Interviews Anhang A und für die autorisierten Interviewauszüge Anhang B.

den, stehen ihre Aussagen exemplarisch für die Bewegung. Dennoch sind diese Antworten vermutlich nicht immer zu verallgemeinern, sondern auch als persönliche Ansichten der Befragten zu werten. Oft wurde dies aber durch die Befragten selbst deutlich gemacht und ist insofern im Folgenden erkennbar.

4.1 Politische Einschätzungen der evangelikalen Bewegung

Vor der Analyse einzelner Politikfelder, sollen allgemeine politische Einstellungen der evangelikalen Bewegung dargestellt werden. Zunächst ist festzuhalten, dass die evangelikale Bewegung es als eine Pflicht der christlichen Bürger ansieht, sich politisch zu interessieren und zu betätigen. Wie wichtig dies für die Bewegung ist, sieht man daran, dass dieses Thema in vielen unterschiedlichen Publikationen immer wieder aufgegriffen und nachhaltig betont wird. Eindringlich wird dies in folgendem Zitat deutlich, das die Evangelische Allianz an das Ende ihrer Publikation *Suchet der Stadt Bestes* gestellt hat:

> „Wir rufen daher alle Christen in unserem Land auf, sich aktiv für das Wohl unseres Landes und für christliche Werte in der Gesellschaft einzusetzen. Wir verpflichten uns, Politiker in ihren verantwortlichen Aufgaben zu unterstützen. Wir bitten alle Christen, sich nicht nur an Wahlen in unserem Land zu beteiligen, sondern sich aktiv politisch zu engagieren und somit direkten Einfluss auf die Ausgestaltung der Politik zu nehmen. Wir fordern Christen auf, sich ausreichend über die politischen Grundfragen unseres Landes zu informieren und ihren gesetzlichen Vertretern gegenüber ihre Überzeugung zu vermitteln."[317]

Dieses Zitat lässt erkennen, dass ‚politisch aktiv sein' unterschiedliche Formen annehmen kann, aber unbedingt von allen Christen zu fordern ist. Dies kann sich zunächst in Gebeten für die Regierung äußern. Begründet wird diese Forderung der evangelikalen Bewegung mit Hilfe von Bibelstellen, wie exemplarisch das folgende Zitat zeigt: „Der Apostel Paulus fordert die christlichen Gemeinden auf, zuallererst zu beten, und zwar für die politischen Machthaber (1Tim 2,1-4). Gott möchte, dass sie von Irrtümern aller Art errettet und zur Erkenntnis der Wahrheit kommen."[318] Das Beten für die Regierung ist somit der Beginn aller politischen Tätigkeit von Christen, die sie ausführen können, ohne selbst direkt politisch

---

317 Deutsche Evangelische Allianz (a), 26.
318 Schirrmacher et. al. 2005, 43.

aktiv zu werden. Des Weiteren werden Christen aufgerufen, von ihrem Wahlrecht Gebrauch zu machen. Zu diesem Zweck gibt die Evangelische Allianz ‚Wahlprüfsteine', beispielsweise für die Bundestagswahlen heraus.[319] Diese sollen Christen bei der Wahl helfen und Fragen aufzeigen, die ausschlaggebend für die Stimmabgabe sein sollten: „Wir bitten die Christen in unserem Land, unbedingt ihr Wahlrecht auszuüben, ihre Wahlentscheidung aber vorrangig davon abhängig zu machen, wie die zu Wählenden in diesen elementaren Fragen menschlicher Existenz votieren."[320] Aufgeworfen werden im Folgenden vor allem Fragen zu Themen wie Würde des Menschen, Glaubens- und Gewissensfreiheit, Schutz von ungeborenem Leben, Förderung von Ehe und Familie etc. Außerdem wird eine Kontaktaufnahme mit den jeweiligen Politikern empfohlen. In der evangelikalen Literatur[321], aber auch auf verschiedensten Veranstaltungen wird immer wieder darauf hingewiesen, dass man sich mit seinen Anliegen direkt an die Politiker wenden, ihnen Briefe schreiben oder in ihre Bürgersprechstunden gehen solle. Schließlich wird von Christen gefordert, sich selbst direkt in die Politik einzubringen, indem sie für politische Ämter kandidieren. Christen wären dafür in besonderem Maße geeignet: „Gerade weil Christen nicht ‚von dieser Welt' sind, können sie dem Zeitgeist mit Gottes Wahrheit entgegentreten. Die Politik braucht dringend Männer und Frauen, die sich nicht den gängigen Ideologien beugen, sondern diese an der biblischen Wahrheit kritisch prüfen und ihre Stimme gegen alle Unwahrheit erheben."[322] Ziel des Engagements in der Politik ist ganz offenkundig deren Durchdringung mit christlichen Vorstellungen und Werten. Dies wird von Evangelikalen deutlich formuliert: „Gott, der Allmächtige, ist der Garant für Recht und Ordnung, für Segen und Wohlergehen. An ihm vorbei kann keine segensreiche Politik gemacht werden; mit ihm aber kann sie nur gelingen."[323] Die politischen Aktivitäten und die Stellungnahmen zu politischen Themen werden einerseits mit Hilfe der Bibel begründet. So sei diese ein erstklassiges Handbuch für Politiker, denn sie würden so daran erinnert, „in Verantwortung vor Gott zu politisieren"[324]. Aus der Lektüre der Bibel gewonnene Werte, stellen die Basis für jegliches gesellschaftliches und politisches Enga-

---

319 Vgl. Deutsche Evangelische Allianz 2005.
320 Ebd., 5.
321 Vgl. beispielsweise Steeb 2010, 17.
322 Schirrmacher et. al. 2005, 43.
323 Ebd., 66.
324 Ebd., 55.

gement dar. „Die Heilige Schrift enthält zwar keine detaillierten Anweisungen für die Alltagspolitik, gibt uns Christen aber Leitlinien und Prinzipien für das richtige Handeln im privaten wie auch im öffentlichen Leben, vor allem durch ihr Menschenbild und ihre Ethik."[325] Andererseits liege politisches Engagement im Christsein selbst begründet, das eben nicht nur eine persönliche, sondern ebenso eine öffentliche Seite habe.[326]

Wenn man so will, wird hier die in Kapitel 2 ausführliche Abkehr von theologischen Begründungsmustern für politisches Handeln aufgehoben. Wurde in Kapitel 2.1.2 dargestellt, dass politisches Handeln im Zuge der Säkularisierung autonom von religiösen Vorstellungen vonstattengeht, so wollen Evangelikale eben gerade diese religiösen Vorstellungen als Grundlage für politisches Handeln definieren. Insofern ist dies m.E. auch ein Ruf nach mehr im Weberschen Sinne gesinnungsethischem Vorgehen in politischen Entscheidungen.[327]

Die Verpflichtung zu politischer Aktion und damit verbunden zu sozialem Engagement hat auch die Lausanner Bewegung in ihrer nun schon des Öfteren angesprochenen Lausanner Verpflichtung und dem darin enthaltenen Artikel 5 formuliert. Darin heißt es: „Versöhnung zwischen Menschen ist nicht gleichzeitig Versöhnung mit Gott, soziale Aktion ist nicht Evangelisation, politische Befreiung ist nicht Heil. Dennoch bekräftigen wir, dass Evangelisation und soziale wie politische Betätigung gleichermaßen zu unserer Pflicht als Christen gehören."[328] Diese Betätigung stellt, wie deutlich geworden ist, eine besonders wichtige Aufgabe der Christen dar, die ebenso wie die Evangelisation selbstverständlich sein sollte. „Unsere fortwährende Verpflichtung zu sozialem Handeln ist nicht eine Verwechslung des Reiches Gottes mit einer christianisierten Gesellschaft. Sie ist vielmehr eine Anerkennung der Tatsache, daß das biblische Evangelium unausweichlich soziale Folgerungen hat."[329] Um diesen Aufruf zu politischem und sozialem Engagement auf den Punkt zu bringen, wird von Evangeli-

---

325 Deutsche Evangelische Allianz (a), 4.
326 Vgl. ebd., 9.
327 Vgl. Weber 1987. Weber unterscheidet gesinnungsethisches und verantwortungsethisches Handeln von Politikern. Gesinnungsethisches Vorgehen wird von den eigenen Prinzipien und Moralvorstellungen geleitet und nicht von den Folgen des Handelns. Verantwortungsethisches Vorgehen orientiert sich dagegen an den Folgen und der Verantwortbarkeit des Handelns. Webers Ansicht nach müssen Politiker eine Balance dieser beiden Handlungsweisen finden, wobei verantwortungsethisches Handeln überwiegen sollte.
328 Lausanner Bewegung Deutschland 2000, Artikel 5.
329 Lausanne Movement 1989, 4.

kalen oft nur ein kurzer Ausspruch genutzt: „Gebt der Demokratie, was der Demokratie zusteht"³³⁰.

Wie aber steht die evangelikale Bewegung konkret zum politischen System der Bundesrepublik und zu der Verbindung von biblischer Begründung politischen Handelns und realpolitischen Sachverhalten? Die Evangelische Allianz formuliert im ersten Teil ihrer Publikation *Suchet der Stadt Bestes*:

> „Die Evangelische Allianz bejaht ohne Einschränkung den freiheitlich-demokratischen Verfassungsstaat der Bundesrepublik Deutschland und ist dankbar für die Freiheiten und Privilegien, die der Staat einzelnen Bürgern sowie auch christlichen Kirchen und Religionsgemeinschaften einräumt. Zu den von Gott vorgesehenen und legitimierten Institutionen des Gemeinwesens zählt für uns auch der Staat."³³¹

Es wird ein ganz klares Bekenntnis zum deutschen Rechtsstaat abgelegt und dieser durch die gottgewollte Indikation zusätzlich legitimiert. So formuliert auch der Generalsekretär der Evangelischen Allianz Hartmut Steeb deutlich seine Unterstützung des Regierungssystems: „Wir wollen keinen Gottesstaat."³³² Die Demokratie wird oft im Sinne des Churchill zugeschriebenen Zitats als ‚die schlechteste Staatsform, ausgenommen aller anderen'³³³ bezeichnet, die zwar nicht perfekt sei, aber dennoch die bestmögliche Staatsform für die Bürger darstelle. „Aus christlicher Sicht bestehen gegenseitige Rechte und Pflichten zwischen Gott, Einzelpersonen, der menschlichen Gemeinschaft und der restlichen Schöpfung."³³⁴ Politische Strukturen werden um die Dimension Gott ergänzt, dem gegenüber es ebenso Pflichten gebe, wie gegenüber dem weltlichen Staat. Es wird aber festgestellt, dass sich das Christentum als eine Weltanschauung neben anderen befindet und diese auch in der Politik konkurrieren, denn: „Die verschiedenen Weltanschauungen haben im Grunde eine religiöse Funktion,

---

330 Siehe beispielsweise Steeb 2010, 17; Deutsche Evangelische Allianz (a), 9 und vor allem die gleichnamige Veröffentlichung der Deutschen Evangelischen Allianz aus dem Jahr 1994.
331 Deutsche Evangelische Allianz (a), 6.
332 Steeb 2010,17.
333 Dieses Zitat wird Churchill zugeschrieben, ohne dass genaue Angaben über Ort und Zeitpunkt dieser Äußerung gemacht werden können. Benutzt wird diese Aussage beispielsweise von dem Beauftragten der Deutschen Evangelischen Allianz am Sitz der Bundesregierung Wolfgang Baake im Interview am 20.08.2010: „Ich halte es oft mit Winston Churchill: Die Demokratie ist die schlechteste Staatsform, die es gibt, aber ich kenne keine bessere."
334 Schirrmacher et. al. 2005, 9.

denn sie bilden den Bezugsrahmen für die vertretenen Grundwerte."[335] Da der evangelikalen Bewegung jene Grundwerte besonders wichtig sind, da sie die Gesellschaft und ihre Politik maßgeblich bestimmen, ist ihnen vor allem der Einfluss ihrer Weltanschauung auf Politik und Gesellschaft wichtig. Außerdem sei es gerade in einer Demokratie, die die Mitwirkung aller Bürger fordert, sinnvoll und einfach sich als Christen einzubringen und christliche Werte zu vertreten.[336] Das Nichteinmischen in die politischen Angelegenheiten sei dagegen eine Bestätigung der herrschenden Zustände und daher würden mit ‚politischer Enthaltsamkeit' bestehende Probleme verstärkt.[337] Interessant ist, dass in den geführten Experteninterviews wiederholt betont wurde, dass es so etwas wie eine ‚christliche Politik' nicht gebe, und daher auch immer wieder Kritik an christlichen Kleinstparteien geübt.[338] So betonten die Interviewpartner, dass es nur Politik nach christlichen Maßstäben geben könne, eine explizit christliche Politik dagegen nicht vorstellbar sei.[339] In der Literatur taucht diese ‚christliche Politik' dagegen des Öfteren auf.[340]

Deutlich geworden ist, dass die evangelikale Bewegung die vorherrschenden staatlichen Strukturen unterstützt und diese als kritische Beobachter begleitet, um zu erreichen, dass christliche Werte als Basis fungieren. Kritik hat dabei nur die Funktion, den Staat zu ermahnen, nicht aber an bestehenden Strukturen zu rütteln. Man müsse ihn immer wieder an seine gottgewollte Aufgabe erinnern, um ihn so zu einem besseren Staat zu machen. Eine Abschaffung des in Deutschland vorherrschenden politischen Systems ist nicht im Sinne der Allianz. Anarchie sei ausdrücklich nicht Gottes Wille.[341] Wichtig bleibt es der Bewegung zu betonen, dass der Staat dennoch nicht das Maß aller Dinge sei und das weltliche Recht nur die eine Seite der Medaille bleibt: „Wir müssen konsequent sein. Zwar lebt die Demokratie vom Kompromiss. Diesen zu suchen ist Aufgabe der Politiker. In Fragen, die göttliches Recht tangieren, gibt es aber keinen halben Gehor-

---

335 Ebd., 10.
336 Vgl. ebd., 17ff.
337 Vgl. ebd., 45.
338 Siehe zu der Kritik an christlichen Kleinstparteien ausführlich Kapitel 4.2.
339 Beispielsweise formulierte der evangelikale Bundestagsabgeordnete Frank Heinrich im Interview am 22.07.2010: „Deshalb halte ich ja auch Politik für ‚nicht'-christlich. Es gibt keine christliche Politik. Christen in der Politik haben verschiedene Meinungen."
340 Vgl. hierzu beispielsweise Schirrmacher et. al. 2005, 64.
341 Vgl. ebd., 46.

sam."[342] Hier stellt sich freilich die Frage, ob nicht letztlich alle Fragen der Gesellschaft für die Evangelikalen auch göttliches Recht betreffen und wie sie sich verhalten, wenn die Politik Entscheidungen trifft, die gegen eben jenes göttliche Recht verstoßen. Wie äußert sich dann der ‚ganze' Gehorsam gegenüber Gott, wenn die weltliche Politik nicht in diesem Sinne handelt? So heißt es beispielsweise auch in *Suchet der Stadt Bestes*: „Bei aller Hochschätzung der Souveränität des Volkes sind sich Christen jedoch bewusst, dass ihr Gewissen letztlich an Gott und seine Gebote gebunden ist."[343] Die letzte Instanz ist nicht der freiheitlich-demokratische deutsche Rechtsstaat, sondern Gottes Gesetze. Souverän ist Gott, nicht die Regierung. Hier wird quasi die in der Geschichte lang erarbeitet Suprematie des Staates als letzte Gesetzesinstanz in Frage gestellt. Was passiert also, wenn Gott und Staat gegeneinander stehen? Auf diese Frage antwortet die Evangelische Allianz wie folgt:

> „Immer wieder wird es Situationen geben, in denen Überzeugungen von Regierungen im Kontrast zu Überzeugungen der christlichen Ethik stehen. Christen der Evangelischen Allianz sehen es als ihre politische Verantwortung an, in diesen Fällen respektvoll ihre Positionen ins Gespräch zu bringen. Sie leiten gewaltlosen Widerstand gegen Regierungen, die ihre Macht auf ungerechte Weise ausüben (Apostelgeschichte 5,29). Jede Form von aggressiver oder militanter Einflussnahme auf den Staat oder auf Andersdenkende lehnen wir kategorisch ab, weil sie nicht dem Evangelium entsprechen."[344]

Die evangelikale Bewegung tut sich als dauerhafter Mahner und Kritiker hervor, wenn politische Entscheidungen getroffen werden, die nicht im Sinne einer christlichen Ethik ausfallen. Deutlich werden Maßnahmen abgelehnt, die nicht mit den friedlichen Beteiligungsformen der Bürger einer Demokratie einhergehen. Friedhelm Jung, selbst Teil der evangelikalen Bewegung, bringt zusätzlich eine andere Sichtweise auf diesen Gehorsam ins Spiel:

> „Evangelikale glauben, dass jede Regierung von Gott eingesetzt worden ist, um der Gesellschaft zu dienen (Römer 13,1ff). Deshalb respektieren sie die jeweilige Regierung, beten für sie und bemühen sich, ihren Anordnungen Folge zu leisten. Dies gilt auch für nichtdemokratisch gewählte Regierungen."[345]

---

342 Deutsche Evangelische Allianz 1998, 19.
343 Deutsche Evangelische Allianz (a), 6.
344 Ebd., 9.
345 Jung 2007, 75

Hier wird also auch Widerstand gegen undemokratische Staatsformen abgelehnt und Unterstützung für jede Regierung gefordert, da diese per se gottgewollt sei. Somit bleiben die Evangelikalen offenbar beispielsweise auch bei massiven Verletzungen der Menschenrechte Mahner und rufen nicht zu einer Revolution auf oder leisten gewalttätigen Widerstand gegen ein Unrechtsregime.

Die evangelikale Bewegung begrüßt den deutschen Föderalismus, da er die Macht des Staates begrenze. Aus Gründen der Stärkung der Eigenverantwortung der Bürger wird außerdem das Subsidiaritätsprinzip befürwortet.[346] Hier erkennt man die Forderungen, die bereits in der Auseinandersetzung mit dem *compassionate conservatism* in den USA angesprochen wurden. Im Gegensatz zu den amerikanischen Vertretern dieser Philosophie wollen die deutschen Evangelikalen aber eben nicht staatliche Institutionen an sich beschränken, sondern plädieren für die Stärkung der kleinen und kommunalen Institutionen. Dies bewirke außerdem eine angestrebte Verlagerung der Verantwortung auf den Einzelnen.

Die evangelikale Bewegung heißt des Weiteren das vorherrschende Verhältnis von Staat und Kirche gut. Die Evangelische Allianz formuliert:

„Grundlegend ist für uns: Kirche ist nicht Staat und Staat ist nicht Kirche. Die klare Unterscheidung zwischen dem geistlichen Auftrag der Kirche und dem weltlichen Auftrag des Staates ist elementar. Nach unseren Überzeugungen darf sich weder der Staat anmaßen, als totalitäre Ideologie alle Lebensbereiche seiner Bürger zu bestimmen, noch die Kirche, weltliche Herrschaft im säkularen Staat ausüben zu wollen."[347]

Es wird eine eindeutige Grenze gezogen, indem gesagt wird, dass es kein Ziel sei, einen Gottesstaat zu errichten. Es gebe klare Unterschiede zwischen dem staatlichen und kirchlichen Handeln. Dies heißt jedoch nicht, dass damit eine Ausgrenzung christlicher Ansichten aus politischen Angelegenheiten einhergeht. „Kirche und Staat haben von Gott zwei unterschiedliche Aufgaben erhalten. Wenn aber die Politik und das Handeln des Staates grundsätzlich nicht mehr von religiösen Grundwerten bestimmt werden dürften, könnten ja nur überzeugte Atheisten Politiker werden."[348] Es wird also ein Unterschied gemacht zwischen der Trennung von Staat und Kirche und der Trennung von Staat und Religion. Staat und Kirche sind strikt zu trennen und haben jeweils ihren eigenen Hand-

---

346 Vgl. Deutsche Evangelische Allianz (a), 7.
347 Deutsche Evangelische Allianz (a), 7.
348 Schirrmacher et. al. 2005, 59.

lungsbereich. Hier wird deutlich die in Kapitel 2 ausführlich beschriebene Entwicklung der Trennung dieser Sphären begrüßt. So würden die Evangelikalen auch die Einschätzung teilen, dass durch die Trennung der politischen und der kirchlichen Sphäre, die Kirchen aus dem Verantwortungsbereich der Politik befreit wurden, so dass auch diese sich weiterentwickeln konnten. Anders sieht es aus Sicht der Evangelikalen jedoch bei dem Verhältnis von Staat und Religion aus. Religion nehme im öffentlichen Diskurs eine wichtige Stellung ein und Politiker sollten nach ihren religiösen Prinzipien handeln. Hier würden sie durchaus Jose Casanova zustimmen, der zwar eine Säkularisierung beobachtet, dennoch keine Abschiebung der Religion in die Privatheit. Vielmehr gewinnt die Religion im öffentlichen Raum an Bedeutung.[349] Deutlich wird, dass eine strikte Trennung, wie ihn der Laizismus in Frankreich verkörpert, nicht im Interesse der evangelikalen Bewegung liegt, da dies eine Verdrängung von Religion aus der Gesellschaft bedeute:

> „Eine radikal laizistische Staatsordnung, in der der Staat die Religion völlig aus dem öffentlichen Leben ausblendet, lehnen wir ab. Damit würde man sich insbesondere in Europa der kulturellen Wurzeln, die ohne das Christentum undenkbar sind, entledigen. Wir sind dankbar für das in Deutschland vorherrschende Modell der Trennung von Kirche und Staat bei gleichzeitiger enger Zusammenarbeit."[350]

Das in Deutschland vorherrschende Modell der Trennung von Kirche und Staat wird also befürwortet, da es einerseits einen Einfluss religiöser Werte und Anschauungen auf Politik und Gesellschaft ermöglicht, andererseits aber auch kleinen Religionsgemeinschaften und nicht nur Staatskirchen die Möglichkeit der Entfaltung einräumt.

Die Evangelische Allianz teilt das durch den Verfassungsrichter Ernst-Wolfgang Böckenförde berühmt gewordene Diktum, dass der Staat von Voraussetzungen lebt, die er selbst nicht garantieren kann.[351] Sie macht es sich allerdings in einer Weise zu Eigen, die Böckenförde nicht intendierte. Böckenförde plädierte gerade nicht für die Notwenigkeit beispielsweise kirchlicher Moralvorstellungen für das Bestehen des Staates. Vielmehr sollen Religionsgemeinschaften aus eigenen Glaubensüberzeugungen heraus „den Staat in seiner Weltlichkeit

---

349 Vgl. Kapitel 2.1.1, 24.
350 Deutsche Evangelische Allianz (a), 13.
351 Vgl. Böckenförde 2007, 71. Für die Unterstützung durch die Allianz siehe: Deutsche Evangelische Allianz (a), 6.

nicht länger als etwas Fremdes, ihrem Glauben Feindliches erkennen, sondern als die Chance der Freiheit, die zu erhalten und zu realisieren auch ihre Aufgabe ist"[352]. Die Allianz dagegen nutzt dieses Theorem, um Politiker aufzufordern, „sich der christlichen Wurzeln der modernen Demokratie zu erinnern, sie zu fördern und sich davon leiten zu lassen"[353].

Besonders deutlich wird die zunehmende Säkularisierung und die damit einhergehenden Veränderungen der Gesellschaften kritisiert und als schädlich wahrgenommen.[354] Sehr oft wird für diese Phänomene der Ausdruck ‚Zeitgeist' verwendet, der eine schnelle Veränderung der Gesellschaft herbeiführe und dabei zunehmend christliche Werte verdränge.[355] Daher will die evangelikale Bewegung als ‚Salz' und ‚Licht' in diese Gesellschaft wirken[356], „an die gute Ordnung und Gebote Gottes erinnern und ihre Stimme zur Überwindung von ungerechten Strukturen und Verhältnissen erheben."[357] Dass die evangelikale Bewegung neben dieser Kritik auch die Entwicklungen der Moderne nutzt, und hierbei die Ambivalenz der Säkularisierung zu erkennen ist, wird insbesondere in Kapitel 4.3 deutlich.

Zu diesen ersten Betrachtungen herrscht innerhalb der evangelikalen Bewegung weitgehend Einigkeit und Konsens. Da die Bewegung jedoch keinesfalls eine homogene Gruppierung ist, sich dagegen aus unterschiedlichen Individuen und Gruppierungen zusammenstellt, treten auch in politischen Fragen unterschiedliche Meinungen zu Tage:

> „Die ca. 1,4 Millionen Christen, die sich nach verschiedenen Schätzungen der Evangelischen Allianz in Deutschland zugehörig fühlen, haben nicht in allen Einzelfragen einheitliche politische Überzeugungen. Sie wählen unterschiedliche Parteien und lassen sich nicht in ein Links-Rechts-Schema oder in andere politische Kategorien

---

352 Böckenförde 2007, 72.
353 Deutsche Evangelische Allianz (a), 6.
354 Vgl. beispielsweise Lausanne Movement 1989, C 10: „Darüber hinaus hat der Säkularismus den Glauben zerstört, indem er Gott und das Übernatürliche für bedeutungslos erklärt."
355 Vgl. exemplarisch für viele weitere Beispiele Spieker 2005, 11-26.
356 Christen beziehen sich nach Matthäus 5, 13-16 als das Salz und Licht der Erde: „Ihr seid das Salz der Erde. Wenn nun das Salz nicht mehr salzt, womit soll man salzen? Es ist zu nichts mehr nütze, als dass man es wegschüttet und lässt es von den Leuten zertreten. Ihr seid das Licht der Welt. Es kann die Stadt, die auf einem Berge liegt, nicht verborgen sein. Man zündet auch nicht ein Licht an und setzt es unter einen Scheffel, sondern auf einen Leuchter; so leuchtet allen, die im Hause sind. So lasst euer Licht leuchten vor den Leuten, damit sie eure guten Werke sehen und euren Vater im Himmel preisen." (Lutherbibel 1999).
357 Deutsche Evangelische Allianz (a), 7.

einordnen. Innerhalb der Bewegung gibt es in politischen Einzelfragen Auseinandersetzungen und Konflikte, vor allem bei den spezifischen Lösungswegen in der Realpolitik oder bei der Frage nach der Notwendigkeit von ‚christlichen Parteien'."[358]

Es soll im Folgenden auf einzelne Politikfelder eingegangen werden und ein Bild der evangelikalen Einstellungen zu den jeweiligen Themen gezeichnet werden. Es ist dabei nicht davon auszugehen, dass jeder einzelne, der sich der evangelikalen Bewegung zurechnet, mit allem völlig einverstanden ist. Ziel ist es aber, die vorherrschende Meinung innerhalb der Bewegung abzubilden und zu zeigen, welche Ansichten und Ziele in den leitenden Ebenen der Bewegung verfolgt werden.

4.1.1 Familien- und Sozialpolitik

Familienpolitik ist eines der wichtigsten politischen Anliegen der deutschen Evangelikalen, da sie diesen Bereich als entscheidend für die Entwicklung der Gesellschaft ansehen.

Ehe und Familie

„Die Ehe ist die Keimzelle einer gesunden Gesellschaft. Aus einer Ehe kann Familie werden."[359] Und eben diese Familie sei, so Hartmut Steeb, Generalsekretär der Evangelischen Allianz, eines der wichtigstes Bestandteile einer Gesellschaft und daher ist er der Ansicht, „dass der wichtigste Beruf, den ein Mensch in der Welt aufnehmen kann, das Muttersein ist"[360]. Die Ehe und die Familie seien Gottes Schöpfung und Idee und damit gottgewollt. „Und jeder, der sich in den von Gott geschaffenen Lebensbereichen wie Ehe/Familie […] engagiert, handelt nach dem Willen Gottes."[361] Mit dieser wichtigen Aufgabe erfüllten Familien durch ihre Stabilität einen Dienst für die gesamte Gesellschaft – deren Fortbe-

---

358   Ebd., 5.
359   Steeb 2010, 15.
360   Ebd., 15.
361   Schirrmacher et. al. 2005, 23.

stand und Wohl.³⁶² Die Familie ist auch deshalb so wichtig, weil sie „die entscheidende Bedingung für die Vermittlung grundlegender kultureller und sozialer Werte und gleichzeitig Voraussetzung einer auf Zukunft hin orientierten Gesellschaft"³⁶³ ist. Die so genannten bewährten schöpfungsgemäßen Strukturen, die die Familie darstellt, schaffen jene Bedingungen, weshalb sie vorrangig für die Erziehung der Kinder zuständig sein sollte. Die Eltern haben den primären Erziehungsauftrag und erst danach kommen staatliche Institutionen ins Spiel. Durch die staatliche Übernahme elementarer Erziehungsaufgaben würde den Eltern ihre Aufgabe entzogen und sie der Freiheit entbunden, die Erziehung ihrer Kinder selbst zu regulieren.³⁶⁴ Daher wird auch eine ‚echte Wahlfreiheit' zwischen der Betreuung der Kinder zu Hause und der Inanspruchnahme eines Krippenplatzes gefordert. Um diese ‚echte Wahlfreiheit' zu gewährleisten, wird die Einführung eines Betreuungsgeldes gefordert.

„Die Praxis, dass Staat und Gesellschaft mehr Geld pro Kind für die außerhäusliche Kinderbetreuung investieren als Eltern gewährt wird, die durch eine eigene Vollzeitbetreuung selbst die Erziehung und Betreuung wahrnehmen, widerspricht den Verfassungsvorgaben und diskriminiert den Berufsstand ‚Hausfrau und Mutter'."³⁶⁵

Dieser Berufsstand der ‚Hausfrau und Mutter' oder auch des ‚Hausmannes und Vaters' soll daher auch folgerichtig materiell, sozial und juristisch anerkannt werden. Wie konkret die Bewegung in ihren Überlegungen ist, macht das folgende Zitat in seiner Ausführlichkeit deutlich:

„Die Wahl des für die Einhaltung des Generationenvertrags wichtigsten Berufs darf nicht länger zu Benachteiligungen im Erwerbsleben und im Alter führen. Es führt deshalb kein Weg daran vorbei, die Wahrnehmung dieser für die Gesellschaft überlebensnotwendigen Berufsaufgabe staatlich zu bezahlen. Angemessen wäre eine Bezahlung von jeweils € 700 pro Monat für das erste, zweite und dritte Kind, ab dem vierten Kind jeweils zusätzlich € 350 – unter der Voraussetzung, dass sich ein Elternteil ausschließlich bzw. beide Elternteile mindestens je zur Hälfte ganz der Berufsaufgabe Mutter und Hausfrau bzw. Vater und Hausmann widmen. Dieses Familiengehalt wird steuer- und versicherungsrelevant ausbezahlt. So wird dann auch ei-

---

362 Vgl. Lausanne Movement 1989, 12. I.
363 Deutsche Evangelische Allianz 2009, 3.
364 Vgl. Deutsche Evangelische Allianz (a), 17.
365 Deutsche Evangelische Allianz 2009, 6. Inzwischen hat die schwarz-gelbe Regierungskoalition die Einführung eines Betreuungsgeldes beschlossen.

4.1 Politische Einschätzungen der evangelikalen Bewegung 117

ne jeweils eigene Rentenabsicherung für beide Elternteile in angemessener Weise gewährleistet."[366]

Es gibt aber in den Reihen der Evangelikalen auch andere Stimmen, die sehr wohl eine außerhäusliche Betreuung der Kinder befürworten und unterstützen. So sagt die ehemalige Vorsitzende der Koalition für Evangelisation – Lausanner Bewegung deutscher Zweig, Birgit Winterhoff:

> „Ich denke, dass wir massiv in den Ausbau von Kindertagesstätten investieren müssen. Ich verstehe nicht, dass Eltern ihre Kinder nicht in Kindergärten schicken. Kinder müssen früh Sozialverhalten lernen. Auch sollen Kinder früh lernen, dass es in der deutschen Gesellschaft vielleicht anders zugeht als bei ihnen zu Hause. Immer wieder habe ich erlebt, dass ein libanesisches oder türkisches Kind keinen Respekt vor seiner Erzieherin hat, eben weil sie eine Frau ist. Wir können zwar die familiären Verhältnisse nicht beeinflussen, aber in Kindertagesstätten deutlich machen, dass Frauen und Männer gleichwertig sind und dass sie denselben Respekt verdienen."[367]

Nicht zu übersehen ist hierbei die Betonung auf Kinder mit Migrationshintergrund und die Notwendigkeit, die bei diesen Kindern vorhanden sei, ihnen ein angemessenes Sozialverhalten beizubringen. Die gestellte Frage bezog sich auf Defizite in der deutschen Familienpolitik, so dass die Fokussierung auf ausländische Kinder durch die Befragte getroffen wurde. Außerdem betont Winterhoff die Gleichstellung der Frau und bezieht dies auch explizit auf die Berufstätigkeit: „Unsere Gesellschaft kann es sich nicht leisten, gut ausgebildete Frauen jahrelang aus dem Berufsleben ausscheiden zulassen. Sie wird dadurch auch ärmer."[368]

Neben dem Erziehungsauftrag der Eltern haben diese außerdem die Rechte der Kinder wahrzunehmen. Daher wird immer wieder die Einführung eines Familienwahlrechtes gefordert, dass den Eltern ermöglicht, Wahlstimmen für ihre Kinder abzugeben. So formuliert beispielsweise die Evangelische Allianz: „Es entspricht der elterlichen Sorgepflicht und Verantwortung, dass sie andererseits für die Kinder alle Rechte wahrnehmen können. Deshalb ist das [...] Familienwahlrecht dringend einzuführen."[369]

---

366 Ebd., 7.
367 Interview mit Birgit Winterhoff am 18.08.2010.
368 Interview mit Birgit Winterhoff am 18.08.2010.
369 Deutsche Evangelische Allianz 2009, 8. Aufgrund der oft hohen Kinderzahl evangelikaler Familien, würden diese überproportional von einem Familienwahlrecht profitieren.

Ganz allgemein wird von der evangelikalen Bewegung die Entwicklung der Familie in der heutigen Gesellschaft beklagt. So beobachten sie viele Entwicklungen mit Unbehagen und

> „werden nicht müde, die Politik an den grundgesetzlichen Auftrag zum Schutz und zur Förderung von Ehe und Familie zu erinnern. Sie sehen mit großer Sorge auf die niedrigen Geburtenraten, die zunehmende Zahl unverheiratet zusammenlebender Paare, die hohen Scheidungszahlen und die immer größer werdende Zahl von Kindern, die wegen familiärer Probleme verhaltensauffällig und krank werden."[370]

All das gefährde das Potenzial der Familie zur Stabilisierung einer Gesellschaft und setze den großen Wert, den Familien für das Zusammenleben haben, herab. Die Politik müsse Rahmenbedingungen zur Verbesserung dieser Entwicklung schaffen. Maßnahmen wie beispielsweise das ‚Gender Mainstreaming'[371] erreichten nach evangelikaler Sicht dagegen das genaue Gegenteil und würden zu einer weiteren Schwächung der Familien und der Gesellschaft beitragen. Dieses Thema wird leidenschaftlich kommentiert, wie zuletzt auf dem ‚Kongress christlicher Führungskräfte', auf dem Gender Mainstreaming mit einer ‚Sexualisierung der Jugend', einer ‚Förderung von Abtreibungen' und einer ‚Homosexualisierung der Gesellschaft' gleichgesetzt wurde.[372] Auf dem gleichen Kongress sprach sich auch der Fraktionsvorsitzende der Unionsparteien Volker Kauder gegen Gender Mainstreaming aus, da dies nicht mit der Gottesebenbildlichkeit der Menschen in Verbindung zu bringen sei.[373] Auch der ehemalige Vorsitzende der Deutschen Evangelischen Allianz und Leiter der ERF Medien, Jürgen Werth, äußert sich kritisch über Gender Mainstreaming Maßnahmen und begründet dies mit einer Rollenzuschreibung der Geschlechter:

> „Aber alles was so unter diesem ganzen Stichwort Gender Mainstreaming und so passiert, das find ich schon ein kleines bisschen bedenklich. Also natürlich sind Frauen und Männer nach meiner Auffassung vollkommen gleichwertig und gleich-

---

370 Jung 2007, 75f.
371 Gender Mainstreaming beschreibt Maßnahmen zur Gleichstellung der Geschlechter auf allen gesellschaftlichen Ebenen. Die Umsetzung von Maßnahmen zur Gleichstellung ist sowohl im internationalen wie auch im nationalen Recht verankert.
372 So die Publizistin Gabriele Kuby in einem Vortrag auf diesem Kongress, den die Verfasserin besucht hat.
373 Der ‚Kongress christlicher Führungskräfte' wird von der evangelikalen Nachrichtenagentur idea veranstaltet und fand vom 24.-26.02.2011 in Nürnberg statt. Die Beiträge gegen Gender Mainstreaming fanden viel Unterstützung unter den Leitern und Teilnehmern des Kongresses, an dem die Verfasserin teilgenommen hat.

berechtigt. Aber sie haben möglicherweise unterschiedliche Aufgaben in dieser Gesellschaft zu erledigen."[374] Die Evangelische Allianz hat genaue Vorstellungen davon, was Ehe und Familie bedeuten, wie diese definiert werden und was nicht darunter zählen sollte. Das vom Arbeitskreis Politik der Evangelischen Allianz verfasste Papier *Christ und Politik* formuliert: „Dasselbe gilt für die Sexualität. Obwohl sie weltweit wahrscheinlich mehr missbraucht als im Sinne Gottes gebraucht wird, ist es uns von der Bibel untersagt, auf eheliche Sexualität zu verzichten, Sexualität grundsätzlich zu verwerfen oder die Ehe madig zu machen."[375] Die Sexualität, so wird es an anderen Stellen formuliert, ist ein Bereich der Ehe und gehört somit auch nur in diesen – vor- oder außereheliche Sexualkontakte werden abgelehnt.[376] Auch sei es förderlich, wenn eine Ehe zwischen zwei Christen geschlossen wird. „Ein Christ sollte deshalb keinen Ungläubigen heiraten. Ist er aber trotzdem mit einem Ungläubigen verheiratet, zum Beispiel weil er selbst erst nach der Heirat Christ wurde, ist seine Ehe voll gültig. Auf dem ungläubigen Ehepartner ruht sogar ein besonderer Segen Gottes, weil er mit einem Gläubigen verheiratet ist."[377]

Homosexualität und Gleichstellung gleichgeschlechtlicher Partnerschaften

Der Umgang der politischen Parteien und Entscheidungsträger mit Homosexualität ist für die Evangelikalen ein weiterer Aspekt, bei dem eine falsche Richtung eingeschlagen wird: „Gleichzeitig sehen wir mit Sorge in der gegenwärtigen politischen Entwicklung auch Kräfte am Werk, die klassische Ehen und Familien

---

374 Interview mit Jürgen Werth am 14.06.2010. Dass es auch kritische Stimmen dazu gibt, zeigt beispielsweise folgendes Zitat aus dem Interview mit Frank Heinrich am 22.07.2010: „Die Genderfrage wird polemisiert von Einzelnen im evangelikalen Bereich und manche haben keine Ahnung von was sie reden. Die Sorgen sind, dass die Geschlechter an sich abgeschafft werden."
375 Schirrmacher et. al. 2005, 42.
376 Dies wird beispielsweise an folgendem Zitat deutlich, in dem es eigentlich um Homosexualität geht: „Wir begegnen Vertretern einer anderen sexuellen Orientierung mit Respekt und Würde, sehen allerdings praktizierte Homosexualität – wie andere Formen der außerehelichen Sexualität – grundsätzlich als unvereinbar mit der für den christlichen Glauben maßgebenden biblischen Ethik an." In: Deutsche Evangelische Allianz (a), 11. Die Initiative ‚Wahre Liebe Wartet' hat sich auf das Thema ‚Kein Sex vor der Ehe' spezialisiert. Vgl. http://wahreliebewartet.de [21.09.2011, 15:36].
377 Schirrmacher et. al. 2005, 48.

schwächen. Alternative Lebensmodelle, denen gleiche Rechte eingeräumt werden, erbringen nicht vergleichbare Leistungen wie die klassischen Ehen und Familien."[378] Dies ist auch der Grund warum sich in der evangelikalen Literatur gegen die Gleichstellung gleichgeschlechtlicher Partnerschaften ausgesprochen wird. Der Beitrag, der von diesen Partnerschaften für die Gesellschaft geleistet werde, sei nicht mit dem Beitrag einer ‚klassischen' Familie vergleichbar. Der Wert den die Familien durch Kinder für die Erhaltung der Gesellschaft leisten, wird durch die hervorgehobene rechtliche Stellung der Familie unterstrichen. Die Gleichstellung dieser mit gleichgeschlechtlichen Partnerschaften würde dies beenden und die Familien herabstufen.

„Wenn die Obrigkeit nach dem Zeugnis des Neuen Testaments als ‚Anordnung' und ‚Dienerin' Gottes verpflichtet ist, das Gute zu fördern und dem Bösen zu wehren (Röm 13,1-4), dann beinhaltet diese Aufgabe positiv die im Grundgesetzt der Bundesrepublik Deutschland (Art. 6) verankerte besondere Schutzpflicht des Staates für Ehe und Familie als Schöpfungsordnungen Gottes."[379]

Diese Schutzpflicht verletze der Staat durch die Gleichstellung gleichgeschlechtlicher Partnerschaften, da

„homosexuelle Praktiken, als diese dem in der Sexualität zum Ausdruck gelangenden Leben schaffenden Schöpferwillen Gottes von vornherein nicht gerecht werden können, weil sie die prokreative Dimension der Sexualität prinzipiell verleugnen. Der implizit lebensfeindliche Charakter praktizierender Homosexualität zeigt sich in der Tatsache, dass eine Gesellschaft die Zukunftsfähigkeit verlöre und dem Tod geweiht wäre, wenn das in ihr vorherrschende heterosexuelle Verhalten durch homosexuelle Praktiken ersetzt würde."[380]

Aus diesem Grunde sei, so der Arbeitskreis evangelikaler Theologie weiter, der sich aus Theologen der Evangelischen Allianz zusammensetzt, die Förderung oder Aufwertung dieses ‚schöpfungswidrigen Verhaltens' abzulehnen, denn die im Protestantismus zur Zeit zunehmende Akzeptanz homosexueller Lebensweisen sei biblisch nicht haltbar und widerspreche einer jahrhundertealten theologischen Auslegungstradition.[381] Hier wird auch deutlich, dass nicht nur die Anerkennung dieser Partnerschaften als eheähnliche Gemeinschaften abgelehnt wird, sondern bereits das Ausleben von Homosexualität. Diese wird als Sünde und

---

378 Deutsche Evangelische Allianz (a), 16.
379 Arbeitskreis Evangelikaler Theologie 2003, 8.
380 Ebd., 8.
381 Vgl. ebd., 8.

nicht gottgewollt betrachtet. Auch in den geführten Interviews ist die Ablehnung der Anerkennung gleichgeschlechtlicher Partnerschaften zum Ausdruck gekommen:

> „Bin ich schlicht dagegen. Auch da gilt die Freiheit: In unserem Land ist alles möglich. Ich finde es okay, dass homosexuell empfindende Menschen nicht diskriminiert werden. [...] In der Bibel ist das ganz eindeutig, dass homosexuelle Praxis nie irgendwo positiv gewürdigt wird, sondern nur kritisch gesehen wird. Darum, das sage ich in aller Offenheit: Praktizierte Homosexualität ist nach der Bibel Sünde. Und ich werde deshalb nie zustimmen, dass man homosexuelle Partnerschaften segnet und der Ehe gleichstellt. Dass der Staat die gleichgeschlechtlichen Partnerschaften anerkennt, bekümmert mich nur begrenzt, weil Demokratien eben nach Mehrheiten entscheiden. Dass Kirchen das legitimieren, das bekümmert mich sehr, weil das die Verabschiedung von der Bibel ist. Für die reformatorischen Kirchen ist das die Verabschiedung von der Bibel als der ‚norma normans', wie man das nannte, als dem Maßstab, der die Normen des ethischen Verhaltens normiert, also bestimmt."[382]

Interessant ist die geäußerte Gelassenheit Parzanys gegenüber staatlichem Handeln. So richtet er seine Kritik allein auf kirchliches Handeln und trennt dies ganz klar von Rechtsprechungen. Dass dies nicht alle mit solch einer Gelassenheit betrachten, zeigt die Zusammenfassung des Eintretens der Evangelikalen für die Familie und gegen Homosexualität des Evangelikalen Friedhelm Jung:

> „Die Zukunft wird zeigen, dass der Einsatz der Evangelikalen für ein an der Bibel orientiertes Bild von Ehe und Familie ebenso weitsichtig war wie ihre Warnung vor der schleichenden Homosexualisierung der Gesellschaft und dem wachsenden Einfluss der Schwulenlobby, die die Familie als Leitbild ablösen und eine andere Gesellschaft formen will. Evangelikale sind davon überzeugt, dass eine Gesellschaft untergehen wird, die Homosexualität als normal erklärt und gleichberechtigt neben Heterosexualität stehen lässt."[383]

Homosexualität, das wird deutlich, wird immer in Bezug zu Familie und Familienpolitik gesetzt und nicht separat betrachtet. Entscheidend ist, was der Umgang mit Homosexualität für die Bedeutung der Familie heißt. Beruhend auf diesen Einschätzungen werden alle politischen Handlungen bewertet und eigene Positionen formuliert. Wie sehr die evangelikale Bewegung diese angesprochene ‚Homosexualisierung der Gesellschaft' und die so genannte ‚Schwulenlobby'

---

382 Interview mit Ulrich Parzany am 24.08.2010. Ulrich Parzany war bis März 2013 Leiter von ProChrist, von 1987 bis 2005 Mitglied des Hauptvorstandes der Evangelischen Allianz, von 2002 bis 2005 Leiter der Lausanner Bewegung Deutschland und hatte weitere Ämter innerhalb der evangelikalen Bewegung inne.
383 Jung 2007, 76f.

fürchtet, soll abschließend durch ein Zitat aus der Schrift *Christ und Politik* deutlich gemacht werden: „Es gibt keine Mehrheit für die Ehe von Homosexuellen, aber eine kleine, zu allem entschlossene Minderheit, die nicht eher ruhen wird, als bis die Mehrheit zur schweigenden Mehrheit geworden ist."[384]

Abtreibung und bioethische Fragen

Ein weiterer Punkt, der aus evangelikaler Sicht eine Bedrohung für die Familie darstellt, ist die Abtreibungspolitik. In unzähligen Publikationen wird die Einstellung der Evangelikalen zu diesem Thema deutlich, was gleichzeitig die Bedeutung dieses Themas illustriert. „Deshalb erinnern wir daran, dass der Mensch keine menschliche Erfindung ist. Die Erschaffung des Menschen war und ist Gottes Idee. [...] Jeder neue Mensch, der durch die Vereinigung von weiblicher Ei- und männlicher Samenzelle gezeugt wird, hat seine eigene ihm von Gott gegebene Würde."[385] Es wird sofort ersichtlich, dass die Betonung vor allem darauf liegt, dass die Menschen nicht entscheiden sollten, wer leben darf und wer nicht, da es eben keine Entscheidung der Menschen, sondern die Gottes sei. Es sei nicht entscheidend, was andere Menschen über die Würde eines Menschen denken, da ihnen eine solche Wertung nicht zustehe und niemand über das Leben eines anderen entscheiden dürfte.[386] So fordern die Evangelikalen den Rechtsstaat auf, die Schwächeren zu schützen, da es „keine minderen Menschen- und Schutzrechte für alte, behinderte, gebrechliche, kranke, sterbende und ungeborene Menschen geben"[387] darf. Die Abtreibungspolitik und die Diskussionen um Sterbehilfe – auf die weiter unten noch eingegangen wird – werden in evangelikalen Publikationen des Öfteren mit einer zunehmenden „Kultur des Todes"[388] beschrieben, die sich in unserer Gesellschaft ausbreite. In diesem Zusammenhang wird auch die pränatale Diagnostik kritisiert, die allzu oft zu der Entscheidung für eine Abtreibung führe und somit als sehr fragwürdig wahrgenommen wird.

---

384 Schirrmacher et. al. 2005, 65.
385 Deutsche Evangelische Allianz (b), 3.
386 Vgl. ebd., 4.
387 Ebd., 4.
388 Deutsche Evangelische Allianz 2009a, 5.

4.1 Politische Einschätzungen der evangelikalen Bewegung

„Die Mitteilung von tatsächlichen oder auch nur vermeintlichen Behinderungen der noch nicht geborenen Kinder führt in unserer Gesellschaft, die weitgehend von einem unrealistischen Gesundheitsideal bestimmt ist, sehr leicht – und in den meisten Fällen sogar mit großer Wahrscheinlichkeit – zur Tötung des Kindes im Mutterleib."[389]

Da die Evangelische Allianz in ihren Publikationen immer wieder darauf hinweist, dass der Mensch mit der Verschmelzung von Eizelle und Samenzelle im Mutterleib entsteht, fordern sie auch die Auszahlung des Kindergeldes ab dem Zeitpunkt, da der Arzt die Schwangerschaft festgestellt hat. „Im Falle von – von uns nicht erwünschten – Abtreibungen besteht voll Rückzahlungspflicht. Für die Kosten der Abtreibung hat der männliche Partner als ‚Verursacher' aufzukommen, sofern er in die Abtreibung einwilligt."[390] So sei es auch wichtig, dass das ungeborene Kind im Falle einer geplanten Abtreibung staatlichen Rechtsbeistand erhält, da es mit dem Tag der Zeugung die gleichen Rechte wie ein geborenes Kind habe.[391] Ein Verbot der Abtreibung sei kein Eingriff in die Selbstbestimmung der Frau, sondern vielmehr ein Schutz der Rechte der ungeborenen Kinder.

„Damit heben wir das Selbstbestimmungsrecht der Frau über ihren Körper nicht auf. Sie selbst soll vielmehr in freier Verantwortung bestimmen können, ob sie schwanger werden will oder nicht. Nimmt sie diese Verantwortung aber nicht wahr, kann sie später ihre Selbstbestimmung nicht mehr zu Lasten des ungeborenen Kindes einklagen."[392]

Dies wird damit begründet, dass die Selbstbestimmung des Menschen da aufhört, wo das Lebensrecht eines anderen gefährdet wird.[393] Außerdem ist das Verbot von Abtreibung kein Eingriff in die Rechte der Frau, sondern im Gegenteil ihr Schutz: „Ebenso ist es zutiefst unfair, Frauen durch die Freigabe der Abtreibung noch erpressbarer zu machen und bewusst ihre körperliche und seelische Erkrankung hinzunehmen."[394] Eine Ablehnung der Abtreibung sei daher ein Dienst an

---

389 Ebd., 7f.
390 Deutsche Evangelische Allianz 2009, 8.
391 Vgl. ebd., 8.
392 Deutsche Evangelische Allianz 2009a, 4f. Deutlich wird an diesem Zitat, dass Verhütungsmittel offenbar nicht abgelehnt werden und somit also Mittel zur Empfängnisverhütung durchaus ‚erlaubt' sind. Dennoch werden Aufklärungskampagnen des Bundesamtes für gesundheitliche Aufklärung zur Nutzung von Kondomen kritisiert, wie beispielsweise von der evangelikalen Kampagne ‚Wahre Liebe wartet'. Siehe dazu: http://wahreliebewartet.de/103/wohin-springt-wer-zur-seite-springt/ [21.09.2011, 15:36].
393 Vgl. Deutsche Evangelische Allianz 2009a, 4.
394 Ebd., 10.

der Frau und ihren Rechten, weshalb die Evangelische Allianz auch selbstbewusst proklamiert, dass sie auf der Seite der Frauen stehen würde.[395] Die Abtreibungspolitik, so die evangelikale Sicht, könne nicht unbestraft bleiben, da jedes Mal ein Geschöpf Gottes getötet werde. Daher warnen die Evangelikalen immer wieder vor dem richtenden Eingreifen Gottes, der an dem gewaltsamen Tod von seit 1945 über zehn Millionen ungeborenen Kindern in Deutschland nicht gleichgültig vorübergehen werde.[396] Auch in den durchgeführten Experteninterviews wurde die Ablehnung der Abtreibung immer wieder deutlich auf den Punkt gebracht, wie beispielsweise Jürgen Werth betont: „Ja, wir finden natürlich Abtreibung nicht richtig, genauso wenig wie wir Euthanasie nicht richtig finden."[397]

Die Einstellung der evangelikalen Bewegung zu Präimplantationsdiagnostik, In-Vitro-Fertilisation und Herstellung von Embryonen zu Forschungszwecken ist ablehnend. All diese Maßnahmen müssten nach Ansicht der Evangelischen Allianz, ebenso wie das Klonen von Menschen verboten sein. „Um des Menschen und der menschlichen Zukunft willen warnen wir vor einem neuen biomedizinischen ‚Turmbau zu Babel'."[398]

Sterbehilfe

Der Bezug auf die nationalsozialistische Zeit Deutschlands, der bereits bei der Diskussion um Abtreibung anklang, wird auch in vielen anderen Fällen gezogen. So wird vor allem bei dem Thema Sterbehilfe wiederholt Bezug auf Euthanasie genommen. Die in Deutschland nach wie vor verbotene Sterbehilfe ist in anderen europäischen Staaten erlaubt, was die Evangelikalen mit großem Unbehagen beobachten. „Dadurch ist die überwunden geglaubte Euthanasie in Mitteleuropa erneut hoffähig geworden – diesmal nicht von einem Unrechtsregime eingeführt, sondern von demokratisch legitimierten staatlichen Gewalten, die den Anspruch

---

395 Vgl. ebd., 10.
396 Vgl. Jung 2001, 199. Ähnlich argumentiert Jung auch in seiner 2007 erschienen Publikation: „Über 10 Millionen im Mutterleib getötete Kinder in den letzten 50 Jahren – gibt es seit Auschwitz ein größeres Unrecht?", in: Jung 2007, 35.
397 Interview mit Jürgen Werth am 14.06.2010.
398 Deutsche Evangelische Allianz (b), 8.

erheben ‚rechtsstaatlich' zu handeln."³⁹⁹ Es ist Konsens in der evangelikalen Bewegung, dass Sterbehilfe abzulehnen und als ein unvertretbarer Eingriff in den gottgewollten Weg zu werten sei.

„Die ärztliche Pflicht, Leben zu ermöglichen und zu erhalten, darf nicht relativ werden. Insbesondere ist es nicht legitim die medizinische Wissenschaft und ärztliche Kunst zur Tötung von Menschen, irreführend ‚Hilfe zum Sterben' genannt, zur künstlichen und beabsichtigten Beschleunigung des Sterbeprozesses oder zur Selektion zwischen lebenswertem und lebensunwertem menschlichen Leben zu missbrauchen."⁴⁰⁰

Hartmut Steeb, Generalsekretär der Evangelischen Allianz, fordert aufgrund all dieser genannten Aspekte einen ‚echten Minderheitenschutz' in unserer Gesellschaft. Dieser solle den Menschen helfen, die aufgrund ihrer geringen Zahl oder der mangelnden Möglichkeiten nicht für sich selbst sprechen können und sich somit nicht in demokratische Prozesse einbringen können. Dies sei daher wichtig, da Mehrheiten nicht in allen Fällen die Entscheidungen treffen dürften, vor allem nicht in Fragen des Lebensrechts. Daher sei die Einführung eines Minderheitenschutzes dringend notwendig. Der Minderheitenschutz habe gesetzlich verankert zu sein, um beispielsweise ungeborenes Leben angemessen schützen zu können.⁴⁰¹

Mit Sorge sieht die evangelikale Bewegung die Entwicklung, die Karsten Fischer den ‚sozio-demographischen Koeffizienten' der Säkularisierung genannt hat – den negativen Effekt der fortschreitenden Säkularisierung auf die Fertilität einer Gesellschaft.⁴⁰² Fischer sagt gleichzeitig, dass soziale Sicherheit Säkularisierung verstärke. Die Evangelikalen fordern zwar soziale Sicherheit, hoffen aber, dass diese die Familien stärke und so diesem Trend entgegenwirkt. Der Politik gelinge aber keine effektive Familienförderung und damit schaffe sie es nicht, das Schrumpfen der Gesellschaft aufzuhalten, was Jürgen Werth zu folgendem Ergebnis kommen lässt: „Insgesamt steht die Familienpolitik, finde ich, vor einem Scherbenhaufen."⁴⁰³ Eben diese Einschätzung begründet das entschiedene Eintreten der Evangelikalen für Familienpolitik. Dieses Eintreten wird ve-

---

399 Deutsche Evangelische Allianz 2009a, 6.
400 Deutsche Evangelische Allianz (b), 5.
401 Vgl. Steeb 2010, 11.
402 Vgl. Kapitel 2.1.1, 25.
403 Interview mit Jürgen Werth am 14.06.2010.

hement und bisweilen radikal formuliert, was insbesondere der häufig verwendete Vergleich mit der nationalsozialistischen Zeit deutlich macht.[404]

Soziales und diakonisches Engagement

Sozialpolitisch sei noch auf einen anderen Aspekt evangelikaler Tätigkeit hingewiesen. Wichtig in gesellschaftlicher Perspektive ist das diakonische Engagement vieler evangelikaler Organisationen. „In Konfliktsituationen persönlicher oder finanzieller Art ist die Gesellschaft – und ich füge hinzu: sind die Kirchen und Christen – zur Hilfestellung verpflichtet, um Nöte zu vermindern und Leben finanziell erträglich zu gestalten."[405] Im Umfeld der Deutschen Evangelischen Allianz existieren zahlreiche Vereine und Einrichtungen, die im diakonischen Bereich tätig sind. Außerdem zeigt auch die Einrichtung eines ‚Arbeitskreises Seelsorge' und eines ‚PerspektivForums Behinderung' die intensive Beschäftigung mit diesen Themen. In den Arbeitskreisen werden Hilfsangebote erarbeitet und angeboten, Publikationen verfasst und themenbezogene Netzwerke aufgebaut. Die Tätigkeitsfelder decken eine große Bandbreite ab, die von Hausaufgabenhilfe, Ehe- und Familienberatung bis zu humanitären Einsätzen im Ausland reichen.[406] Auch die noch anzusprechende Beschäftigung mit Zivildienstleistenden vor allem im Pflegebereich zählen zu diesem Engagement. All diese Maßnahmen richten sich dabei nicht zwangsläufig nur an Christen, aber die Organisationen und Personen, die in diesem Bereich tätig sind, führen ihre Aufgaben aus einer evangelikalen Perspektive heraus aus.

Dieses Engagement ist ihnen als Ausdruck der Nächstenliebe wichtig. Es gehört auch in den in der Lausanner Verpflichtung geforderten ‚einfachen Lebensstil', der es ermöglicht, sich um andere zu kümmern und für die Schwachen einer Gesellschaft einzutreten. Sicherlich beinhalten diese Maßnahmen auch immer einen Missionsaspekt.

---

404 Für all die angesprochenen Bereiche der Familienpolitik existieren zahlreiche Organisationen und Vereine, die sich auf die Beschäftigung mit diesen Themen spezialisiert haben. Diese können vor allem auf der Homepage der Evangelischen Allianz eingesehen werden. www.ead.de [26.05.2011, 15:22].
405 Steeb 2010, 12.
406 Vgl. Jung 2007, 77.

4.1.2 Religionspolitik und Menschenrechte

Menschenrechte werden von der evangelikalen Bewegung immer mit religionspolitischen Themen in Verbindung gebracht und daher auch hier in diesem Zusammenhang behandelt. Essentiell zu den Menschenrechten gehört die Religionsfreiheit, von deren Behandlung aus der Blick auf den Umgang mit dem Islam in Deutschland gelegt wird, um von dort zum wichtigsten Thema der evangelikalen Bewegung zu kommen: der Mission. Zunächst soll jedoch das Verhältnis der evangelikalen Bewegung zu den evangelischen Landeskirchen beleuchtet werden.

Verhältnis zu evangelischen Landeskirchen

Die evangelikale Bewegung ist nicht strikt von den evangelischen Landeskirchen zu trennen, da viele Evangelikale auch Mitglieder der Landeskirche sind. So wurde beispielsweise die ‚Koalition für Evangelisation – Lausanner Bewegung deutscher Zweig' bis November 2011 von Birgitt Winterhoff, einer landeskirchlichen Pfarrerin, geleitet.[407] Viele Evangelikale sind dagegen in Freikirchen aktiv, die sich neben den landeskirchlichen Strukturen gebildet haben. Außerdem sind viele Vereine und beispielsweise die Evangelische Allianz als Dachorganisation der Evangelikalen unabhängig oder bewusst in Abgrenzung zu landeskirchlichen Strukturen entstanden. Die Koalition für Evangelisation setzt sich aus der Evangelischen Allianz und der maßgeblich durch die EKD gestützte Arbeitsgemeinschaft Missionarischer Dienste zusammen. Ebendies beschreibt Horst Marquardt – einer der Gründer der deutschen evangelikalen Bewegung – auch rückblickend als das Erstaunliche der Lausanner Bewegung, wenn er die Konferenz in Lausanne 1974 im Blick hat:

„Als bereichernd haben wohl alle empfunden, dass auf einmal kirchliche neben freikirchlichen Teilnehmern saßen, Charismatiker neben Anti-Charismatikern, Pfingstler bei den Gemeinschaftsleuten, Vertreter der Arbeitsgemeinschaft Missionarischer Dienste (AMD) und der deutschen Evangelistenkonferenz zusammen mit Repräsen-

---

407 Der neu gewählte Vorstand besteht aus drei Leitern: Hartmut Steeb, Erhard Michel und Erhard Berneburg. Berneburg ist Oberkirchenrat und insofern finden sich auch hier Verknüpfungen zur landeskirchlichen Strukturen wieder.

tanten der Deutschen Evangelischen Allianz (DEA) und der sogenannten Freien Werke – eine Vielfalt, wie wir sie zuvor nicht erlebt hatten."[408] Insofern sind personell aber auch strukturell Überschneidungen der evangelikalen Bewegung und der Landeskirchen zu beobachten. Dies mag zunächst nach unproblematischer Einheit und Zusammenarbeit klingen, deutlich ist jedoch, dass es einer Gründung von Freikirchen oder auch der Evangelischen Allianz nicht bedurft hätte, wenn deren Gründungsfiguren nicht Defizite in den bestehenden Strukturen gesehen hätten. Dies macht auch das folgende Zitat des Textes *Christ und Politik* deutlich: „Ich möchte hier die katholische Kirche mit ihren 1 Milliarde Mitgliedern oder die vielen namenschristlichen protestantischen Grosskirchen nicht im Einzelnen be- oder verurteilen, aber Fakt ist, dass sie die Mehrheit der örtlichen Gemeinden stellen und die meisten von ihnen aus biblischer Sicht schwerwiegende Mängel aufweisen."[409] Die Evangelikalen bezeichnen sich des Öfteren als die ‚wahren' Christen, die dies nicht nur dem Namen nach sind, sondern ihr Leben tatsächlich nach ihrem Glauben ausrichten.[410] So kritisiert Marquardt in seinem Bericht *25 Jahre Lausanner Bewegung* die Untätigkeit der Landeskirchen:

> „Es brauchen sich nicht die fragen zu lassen, die diesen Auftrag gehört und ausgeführt haben, sondern diejenigen, die sich damit zufrieden gaben und zufrieden geben, dass weite Teile eines Volkes getauft sind (ohne zu wissen was es heißt, ein Jünger zu sein). Fragen lassen müssen sich auch alle, die es versäumt haben, im Auftrag Jesus zu lehren, wo immer es möglich war."[411]

Auch Reinhard Hempelmann sieht in seiner Betrachtung der evangelikalen Bewegung eben da den entscheidenden Punkt:

> „Neue freikirchliche Gemeinschaftsbildungen sind vor allem ein Protestphänomen gegen die fehlende Flexibilität etablierter Institutionen, gegen misslungene Inkultu-

---

408 Lausanner Bewegung 1990.
409 Schirrmacher et. al. 2005, 21. Dies sieht auch Gisa Bauer so, wenn sie schreibt: „Es existiert […] in Deutschland letztlich kein Evangelikalismus ohne die großen christlichen Kirchen, gegen die sich der Evangelikalismus im Spannungsbogen von kritischem Engagement für die Kirchen bis hin zu manifesten Drohgebärden und Verweigerungshaltungen richtet." Bauer 2012, 84.
410 Vgl. beispielsweise ebd., 33; auch Holthaus 1998, 106 spricht vom Kampf für die Wahrheit: „Nicht geistliche Rambos sind gefragt, sondern sanftmütige Kämpfer für die Wahrheit." Ebenso stellt auch Nüesch die Bedeutung der Wahrheit in den Vordergrund. Siehe Nüesch 2005, 126-136.
411 Lausanner Bewegung 1990.

rationsprozesse und zugleich Antwortversuch auf die zurückgehende Bedeutung konfessioneller Identitäten. Sie sind Ausdruck der Unzufriedenheit mit der gemeindlichen und kirchlichen Situation und fordern die Kirchen heraus [...]."[412]

Aus dieser Protestbewegung und aus dem Gefühl heraus, dass die Landeskirchen kein ‚echtes Christsein' mehr verkörpern und verbreiten, sind zahlreiche Freikirchen, Initiativen und Vereine entstanden, die diese vermeintliche Lücke füllen wollen.[413] Gleichzeitig wird auch versucht, auf die Landeskirchen einzuwirken, um so mit ihnen zusammen eine Verbreitung des ‚richtigen' Christentums zu erreichen. So formuliert beispielsweise erneut Marquardt sieben Erwartungen vor allem auch an die evangelischen Kirchen, die eine engere Zusammenarbeit und eine Intensivierung der missionarischen Aktivitäten fordern.[414] Die Evangelische Allianz versucht immer wieder deutlich zu machen, dass es nicht ihr Ziel ist, eine Parallelstruktur zu den etablierten Kirchen aufzubauen.

„Auch dadurch wird deutlich, dass die Evangelische Allianz Teil der Gesamtchristenheit in unserem Land ist und keinen Sonderweg vertritt. Viele der Allianz verbundenen Christen gehören den Volkskirchen an. Ihre Lebensführung entspricht der allgemeinen Tradition der protestantischen Ethik und der Ethik der Minderheitenkirchen. In einigen Punkten wird man jedoch Unterschiede in der Gewichtung oder sogar eigenständige Positionierungen erkennen können."[415]

Wie schwierig das Verhältnis der evangelikalen Bewegung mit landeskirchlichen Strukturen in der Vergangenheit war, zeigt Ulrich Willems in seiner Untersuchung der Entwicklungspolitik der Evangelischen Kirche. So beschreibt er die Gründung evangelikaler Organisationen parallel zu bereits existieren landeskirchlichen Strukturen und die heftigen Kämpfe, die sich zwischen diesen Organisationen und Führungspersonen abgespielt haben. Dass die evangelikale Bewegung dabei keinen geringen Einfluss ausgeübt hat, zeigt die folgende Einschätzung Willems:

„Von größerer kirchenpolitischer Bedeutung als diese konfessionell-theologischen Differenzen der Landeskirchen war die Konstituierung einer sich heterogen, aber organisatorisch vielfach verflochtenen Bewegung oder Strömung innerhalb des bun-

---

412 Hempelmann 2009, 27.
413 Dabei wurden ganz bewusst auch evangelikale Initiativen zu bestehenden landeskirchlichen Projekten gegründet. Siehe für eine kurze Auflistung dieser Initiativen: Geldbach 1984, 75.
414 Vgl. Lausanner Bewegung 1990.
415 Deutsche Evangelische Allianz (a), 5.

desdeutschen Protestantismus seit den 60er Jahren, die als evangelikal bezeichnet wird."[416]

Diese sich parallel entwickelnden Strömungen haben viele Differenzen und Kontroversen hervorgerufen, da die Landeskirchen dies als Provokation wahrnahmen und sich gegen diese Entwicklungen stellten. Die Abwehr dieser Entwicklungen lässt sich mit einer Konkurrenzsituation erklären, die durch die Etablierung von Parallelstrukturen entstand. Gleiche Aufgabenfelder wurden durch unterschiedliche christliche Vereine abgedeckt, wodurch eine Wettbewerbssituation entstand.[417]

Es bleibt abzuwarten, wie sich die Zusammenarbeit in Zukunft entwickeln wird. Festzuhalten ist allemal, dass sich das Verhältnis der Freikirchen und der evangelikalen Verbände und Vereine zu den Landeskirchen verbessert hat und dass viele Führungspersönlichkeiten der EKD – allen voran der ehemalige Ratsvorsitzende der EKD Wolfgang Huber – immer wieder demonstrativ einen Schritt auf die Evangelikalen zugemacht haben, insbesondere, wenn sie medial kritisiert wurden. So stellt beispielsweise Wolfgang Baake fest: „Also die EKD ist aus unserer Sicht sehr intensiv bemüht, diese früheren Barrieren von ihrer Seite auch mit einzureißen."[418] Eine Annäherung kann beobachtet werden und der Umgang miteinander beruht weniger auf Konkurrenzdenken, denn auf einer sinnvollen und effektiven Zusammenarbeit und Verknüpfung der Ressourcen. Das Titelbild des Buches der evangelikalen Journalisten Ulrich Eggers und Markus Spieker *Der E-Faktor* macht sehr deutlich, welche Rolle sich die Evangelikalen in dieser Kooperation zuschreiben: Es zeigt ein großes Schiff mit einem Kreuz, was offensichtlich die Landeskirchen darstellen soll. Gezogen wird es von einem sehr viel kleineren Schiff, dass mit ‚E' betitelt ist und für die Evangelikalen steht. So will also in dem Zusammenspiel von Landeskirchen und evangelikaler Bewegung der kleinere Partner die Richtung vorgeben.[419] Abhängig

---

416 Willems 1998, 220.
417 Vgl. ebd., beispielsweise 351-354 und 355-357. Der Leiter von idea Helmut Matthies beschreibt den Erfolg dieser Aktivitäten wie folgt: „Die evangelikale Bewegung ist bisher weithin erfolgreich gewesen. Sie führt seit Jahren faktisch 90 Prozent aller frommen Aktionen (von ProChrist über Willow Creek bis zu den Alpha-Kursen) in Deutschland durch, stellt über 80 Prozent aller protestantischen Missionare aus Deutschland und weit über die Hälfte der gesamten protestantischen Literatur." Matthies 2005, 69.
418 Interview mit Wolfgang Baake am 20.08.2010.
419 Vgl. Eggers / Spieker 2005.

wird das zukünftige Verhältnis von beiden Seiten sein: „Neue ‚Freikirchen' sind nach ihrer Ökumenefähigkeit zu fragen, die etablierten Kirchen nach ihrer eigenen Erneuerungsfähigkeit und nach ihrer Offenheit gegenüber einer heutigen ‚Reformation' aus dem Geist des Evangeliums."[420]

Menschenrechtspolitik

Eines der sich oft wiederholenden Themen in evangelikalen Publikationen sind die Menschenrechte. „Für die Evangelische Allianz ist der Einsatz für Menschenrechte elementar. Dazu zählen Werte wie Gleichheit, Freiheit und Gerechtigkeit für alle Menschen, wie sie in den klassischen Texten der Menschenrechte formuliert sind."[421] Grundlagen für das Eintreten für die Wahrung der Menschenrechte werden im christlichen Glauben und Menschenbild gesehen, das den Menschen als Ebenbild Gottes sieht – unabhängig von seiner Herkunft, seinen Fähigkeiten etc. Dies sei gleichzeitig ein Bereich, der lange Tradition hat. So formuliert die Evangelische Allianz ihre historische Rolle im Kampf für die Menschenrechte sehr selbstbewusst: „Der Einsatz für die Abschaffung der Sklaverei und für die weltweite Religionsfreiheit war in der Geschichte untrennbar mit unserer Bewegung verbunden."[422] An dieser Einschätzung wird ersichtlich, dass die Allianz ihre Bedeutung international sehr hoch einschätzt und einen großen Einfluss ihrer Arbeit beobachtet.

Mit ihrem Engagement für den Schutz der Menschenrechte wenden sich die Evangelikalen immer wieder an die Regierenden, diesen Schutz zu gewährleisten. Im Zusammenhang mit den Menschenrechten wird besonderes Augenmerk auf die Religionsfreiheit gelegt.

„Wir bekräftigen die Religions-, Gewissens- und Versammlungsfreiheit, nicht zuletzt auch in Anbetracht der eigenen verhängnisvollen Geschichte der Christenheit mit ihrer gewaltsamen Unterdrückung von Menschen anderer Religionen, aber auch

---

420 Hempelmann 2009, 27. Auf eine ausführliche Untersuchung des spannungsvollen Verhältnisses der evangelikalen Bewegung und der evangelischen Kirche wird hier verzichtet, da dieses nicht den Fokus der vorliegenden Arbeit darstellt. Gisa Bauer hat 2012 ihre Habilitationsschrift veröffentlicht, in der sie dieses Verhältnis insbesondere zwischen 1945 und 1989 ausführlich untersucht.
421 Deutsche Evangelische Allianz (a), 10.
422 Ebd, 10.

angesichts der heutigen Christenverfolgung in vielen Ländern der Welt. Wir fordern die Bundesregierung nachdrücklich auf, sich für verfolgte Christen weltweit einzusetzen."[423]

Das Thema der Christenverfolgung nimmt einen besonderen Stellenwert ein und wird immer wieder in die Politik hineingetragen. Die Evangelische Allianz und andere Organisationen geben wiederholt Texte zu diesem Thema heraus und wenden sich gezielt an Parteien und Politiker.[424] Dieses Thema wird oft mit der Diskussion über den Islam in Deutschland verknüpft. So wird auf die Rechte von Muslimen in Deutschland hingewiesen, was andererseits bedeuten müsste, dass Christen in muslimischen Ländern die gleichen Rechte haben sollten:

„Ich bin dafür, dass auch in den Schulen Religionsunterricht für die islamzugehörigen Kinder gegeben wird. Und ich bin dafür, dass er in deutscher Sprache gehalten wird, damit wir wissen, was dort gelehrt wird. Aber ich verlange dann auch, dass in muslimischen Ländern Kirchen und christliche Gemeindehäuser gebaut werden können und, dass man seinen Glauben frei und ohne jede Einschränkung leben kann."[425]

Es sei ein großes Problem, dass islamische Staaten die Menschenrechte und Religionsfreiheit von Menschen anderer Religionen nicht schützen würden. Daher sollte zwar nicht die Religionsfreiheit des Islams in Deutschland eingeschränkt werden, aber wenn dieser von seinen Freiheiten in Deutschland Gebrauch macht, solle ebendiese Freiheit auch für Menschen in islamischen Ländern angemahnt werden.[426]

„Christliche Gemeinden sollten den Bau von Moscheen angesichts der damit verbundenen Problematik nicht fördern. Sie sollten insbesondere bei solchen Gelegenheiten beständig auf die Einschränkungen der Versammlungsfreiheit, des Kirchbaus und der Instandhaltung von Gemeindehäusern in manchen islamischen Ländern hinweisen. Christen, Gemeinden und Kirchen sollten darauf drängen, dass Christen in islamischen Ländern gleiche Rechte erhalten wie Muslime in Deutschland."[427]

---

423 Ebd., 12.
424 Beispielhaft dafür ist das inzwischen sehr enge Verhältnis mit dem Fraktionsvorsitzenden der Unionsparteien im Bundestag Volker Kauder. Siehe dazu ausführlicher Kapitel 4.2. Auch der Generalsekretär der CDU Hermann Gröhe engagiert sich für dieses Thema. Er ist Berater der Kommission für Religionsfreiheit der Weltweiten Evangelischen Allianz. Vgl. Schirrmacher 2008, 81.
425 Interview mit Wolfgang Baake am 20.08.2010.
426 Ebenso äußerste sich auch Volker Kauder am 25.02.2011 auf dem Kongress christlicher Führungskräfte.
427 Deutsche Evangelische Allianz 2007b, 26.

4.1 Politische Einschätzungen der evangelikalen Bewegung 133

Zur Religionsfreiheit zähle jedoch auch das Recht auf Religionswechsel oder die Entscheidung, religionslos zu leben. Ausdrücklich wird betont, dass die Religionsfreiheit auch andere Religionen und deren Recht auf öffentliche Darstellung des Glaubens in Deutschland einschließt. Aufgrund ihrer eigenen Situation als kleine Religionsgemeinschaft setzen sich die Evangelikalen für die Rechter aller Religionen ein. Nur so sehen sie den Schutz ihrer eigenen Religionsfreiheit gegeben.[428] Dazu gehört auch das Recht auf friedliche Mission aller Religionen. Und dennoch wird die Bedeutung und die herausragende Stellung der christlichen Werte für Deutschland besonders betont:

„Auch wenn sich Deutschland heute gerne als weltanschaulich neutraler Staat darstellt und wenn sich die Europäische Union gerade nicht auf einen Gottesbezug in dem – freilich inzwischen gescheiterten – Europäischen Verfassungsvertrag verständigen konnte, sind wir doch davon überzeugt, dass Gottes Wort, wie es uns in der Bibel bezeugt ist, noch immer die besten Grundwerte für ein gelingendes Miteinander in der Gesellschaft beschreibt."[429]

Denn:

„In der verfassungsgebenden Versammlung, dem Parlamentarischen Rat, hat sich nach der Diktatur des Dritten Reiches eine Übereinstimmung ergeben, dass die wieder neu gewonnene Freiheit nicht ohne die Bindung an die ‚Verantwortung vor Gott' erhalten und gestaltet werden kann. Dabei stand den Frauen und Männern nicht ein unbestimmter Gott vor Augen, sondern der Gott, der uns in der Bibel bezeugt ist. Auch wenn und gerade weil in unserem Volk Glaubens- und Gewissensfreiheit herrscht, ist die bewusste Bejahung der Verantwortung vor diesem Gott ein Staatsziel."[430]

Mit dem proklamierten Staatsziel einer Bejahung der Verantwortung vor Gott findet eine Vermischung der religiösen und politischen Sphären statt. Ein religionsneutraler Staat kann kein auf Gott bezogenes Staatsziel verfolgen, da er selbst keinen Gott über sich und seine Bürger unterschiedliche oder gar keinen Gott

---

428 Ulrich Parzany äußerte sich ebenso: „Ich möchte selbst in der Öffentlichkeit meine dezidierte Position als Christ darstellen und dafür werben, nicht nur im privaten Winkel, sondern in der Öffentlichkeit. Weil ich glaube, dass diese Gesellschaft den öffentlichen Diskurs braucht. Aber ich bin auch bereit, dafür zu kämpfen, dass Leute mit ganz anderen Positionen, also Atheisten, Agnostiker oder Andersgläubige, in gleicher Freiheit das tun können." Interview mit Ulrich Parzany am 24.08.2010.
429 Deutsche Evangelische Allianz 2005, 7.
430 Ebd., 7.

haben. Insofern begibt sich die Evangelische Allianz hier in einen Konflikt mit der religiös pluralistischen Gesellschaft in der sie agiert.

Umgang mit dem Islam in Deutschland

Die evangelikale Bewegung betont in unzähligen Publikationen wiederholt ihr Eintreten für die Religionsfreiheit, das im Folgenden im Umgang mit anderen Religionen beleuchtet werden soll. Besonders wichtig ist für die Evangelische Allianz die Beschäftigung mit dem Islam. Ein ‚Arbeitskreis Islam' wurde gegründet, der bisher 19 Broschüren über den Umgang mit dem Islam herausgegeben hat. Der Arbeitskreis hat sich die Aufgabe gestellt „Christen und christliche Gemeinden zu ermutigen und zu befähigen, sich mit der Weltreligion Islam auseinander zu setzen und die missionarische Aufgabe unter Muslimen zu fördern, aber auch konkrete Beratungen für den Umgang mit der Weltreligion Islam und den Muslimen zu erteilen"[431]. Außerdem gibt es einen ‚Arbeitskreis für Migration und Integration' der Evangelischen Allianz, der sich mit dem Zusammenleben von Menschen aus anderen Nationen und Kulturen beschäftigt und sich somit auch mit der Integration muslimischer Menschen auseinandersetzt. Des Weiteren wurde das ‚Institut für Islamfragen' etabliert, dass von der deutschen, österreichischen und schweizerischen Evangelischen Allianz getragen wird und sich in Vorträgen, Publikationen und Pressemitteilungen mit dem Islam in Europa auseinandersetzt.[432]

Größtenteils wird dem Islam in diesen Publikationen mit Skepsis begegnet.[433] In der *Erklärung der Lausanner Bewegung Deutschland zu Christlichem Glaube und Islam* wird formuliert: „Er [der Islam; Anm. d. V.] hat das Ziel, eine weltumspannende Gemeinschaft unter Gottes Geboten (‚Theokratie') zu erschaffen."[434] Auch der Vorsitzende der Evangelischen Allianz formuliert im Interview: „[...D]er Islam ist schon eine Religion, die, in Teilen zumindest, es durch-

---

431 Deutsche Evangelische Allianz 2008, 13.
432 Vgl. http://www.islaminstitut.de [27.02.2012, 12:10].
433 Dies beobachtet auch der evangelikale Bundestagsabgeordnete Frank Heinrich und kritisiert es gleichzeitig: „[...E]s gibt auch in der evangelikalen Bewegung glaube ich immer noch ein gewisses Schutzbedürfnis vor dem Islam. Das kann ich überhaupt nicht nachvollziehen." Interview mit Frank Heinrich am 22.07.2010.
434 Deutsche Evangelische Allianz 2007b, 14.

4.1 Politische Einschätzungen der evangelikalen Bewegung

aus auf die Vorherrschaft der Welt abgesehen hat. Das ist einfach ein Grundbestandteil des Islam. Da darf man auch keine falschen romantischen Gefühle haben."[435] Das Problem des Islam sei demnach, dass dieser keine Unterscheidung zwischen Politik und Religion mache und daher nicht primär auf die Bekehrung einzelner aus sei. Vielmehr sei es das Ziel des Islam politische und gesellschaftliche Bereiche zu unterwandern.[436] Zusätzlich, so der häufige Tenor evangelikaler Publikationen, verfolge der Islam diese Ziele auf eine gewalttätige und kriegerische Art und Weise. So wird in der Publikation *Christ und Politik* dargelegt, dass es nicht richtig sei, dass Religion in der Politik automatisch zu Krieg führe, auch wenn dies im Islam so sei.[437] Ebenso betont Friedhelm Jung in seiner Schrift *Was ist evangelikal?* die Aggressivität des Islam: „Zum christlichen Glauben gehört wesenhaft die Freiheit, nicht zu glauben. [...] Im Unterschied zu anderen Religionen tolerieren sie aber zugleich jeden ‚Ungläubigen' und zwingen niemanden, den christlichen Glauben anzunehmen. Hier liegt ein fundamentaler Unterschied zwischen Christentum und Islam."[438] Dies zeigt, wie sehr der Ausbreitung des Islam in Deutschland mit Unbehagen begegnet wird. Eine differenzierte Sicht auf verschiedene islamische Strömungen findet nicht statt.[439] Dagegen wird vielmehr eine Gewalttätigkeit und Gefahr des Islam an sich identifiziert. Da die Evangelikalen die Religionsfreiheit, die für alle Religionen gilt, unterstützen, gilt auch für den Islam das Recht auf Mission. Aufgrund der allgemeinen Einschätzung des islamischen Vorgehens, wird dieser missionarischen Arbeit jedoch skeptisch begegnet:

> „In Europa bemühen sich Muslime nicht nur darum, die vorhandenen muslimischen Gemeinschaften zu festigen und neue Muslime zu gewinnen, sondern sind bestrebt, der europäischen Gesellschaft ein positives Bild vom Islam zu vermitteln, das in den europäischen Kontext passt. [...] Dabei bleibt verschwiegen, dass Mohammed selbst zur Ausbreitung des Islam zur Waffe gegriffen hat."[440]

---

435 Interview mit Jürgen Werth am 14.06.2010.
436 Vgl. Deutsche Evangelische Allianz 2007b, 15.
437 Vgl. Schirrmacher et. al. 2005, 61.
438 Jung 2007, 81.
439 Dies konstatiert auch der Präses des Evangelischen Gnadauer Gemeinschaftsverbandes und Vorsitzender der Evangelischen Allianz Michael Diener und plädiert für einen differenzierteren Umgang: „Die Rede von ‚dem Islam', den wir dann vor allem als fundamentalistisch, als gewaltbereit, als integrationsunwillig und gefährlich identifizieren, verstellt uns den Blick auf die Menschen muslimischen Glaubens, die unsere Nächsten sind." Diener 2012, 175.
440 Deutsche Evangelische Allianz 2007b, 16.

Demnach wird dem Islam eine immanente Gewalttätigkeit und Aggressivität unterstellt und damit auch gleichzeitig eine Inkompatibilität mit dem demokratischen deutschen Verfassungsstaat. „Wir stellen fest, dass viele Muslime zugeben, dass ‚Demokratie' (Herrschaft des Volkes) im westlichen Verständnis und Islam im Sinne von Unterwerfung aller Lebensbereiche unter eine göttliche Ordnung letztlich nicht vereinbar sind."[441] Oder anders:

> „Der verstärkte Zuzug von Muslimen könnte die Bildung einer muslimischen Parallelgesellschaft und damit langfristig soziale Spannungen bewirken. Eine wirkliche Integration einer großen Zahl von Muslimen in eine säkulare und pluralistische Gesellschaft ist kaum möglich, da die primäre Loyalität konservativer Muslime der islamischen Weltgemeinschaft (arab. umma) und nicht einem liberalen Staat gilt."[442]

In medialen und gesellschaftlichen Debatten wird auch oft bezweifelt, dass sich die evangelikale Bewegung in eine säkulare pluralistische Gesellschaft eingliedern kann und einen liberalen Staat befürwortet. Überspitzt formuliert könnte man sagen, dass hier Eigenschaften des Islam kritisiert werden, die ebenso auf die evangelikale Bewegung zutreffen könnten. Zuvor wurde schließlich auch Gott zum obersten Souverän ernannt und damit die Autorität demokratischer Regierungen untergraben. Dies könnte man weiterführen mit der Beobachtung, dass nicht nur der Islam gewalttätig verbreitet wurde, sondern vor allem auch das Christentum auf eine gewalttätige Geschichte der Missionierung zurückblickt. Diesen Gedanken weiterführend, liegt eine Einschätzung der evangelikalen Beurteilung des Islams nahe: Die Evangelikalen gehen davon aus, dass ebenso wie in ihrer Religionspraxis, im Islam eine wortgetreue Interpretation der Heiligen Schrift vorliegt. Wird der Koran also buchstabengetreu ausgelegt, ergeben sich Konfliktpunkte mit pluralistischen Demokratien. Eine Weiterentwicklung und Differenzierung islamischer Strömungen, die sich moderne Interpretationen der Ausübung ihrer Religion angeeignet haben, wird nicht wahrgenommen. Erneut pointiert formuliert, haben die Evangelikalen hierbei eventuell vor einem vermeintlichen Spiegelbild ihrerselbst Angst.

Die Inkompatibilität des Islam mit der Demokratie und seinem Anspruch der Vorherrschaft sehen die Evangelikalen auch in der Tatsache bestätigt, dass immer mehr muslimische Gemeinden in Deutschland große Moscheen mit hohen

---

441 Deutsche Evangelische Allianz 2007a.
442 Deutsche Evangelische Allianz 2007b, 24.

Minaretten bauen wollen und über einen Lautsprecher zum Gebet aufrufen. „Muslime neigen dazu, im Bau von Moscheen und Minaretten und im Gebetsruf per Lautsprecher einen Sieg des Islam in einem traditionell christlichen Land zu sehen."[443] Der Bau von Minaretten und Moscheen wird nicht unbedingt kategorisch abgelehnt, oft jedoch kritisiert, dass diese sehr dominant sind und sich insofern nicht in das architektonische Bild einer Stadt einfügen: „Ich bin nicht gegen den Minarettbau. Wenn ich in Deutschland ein Gesetz habe, das heißt, dass alle Religionsgemeinschaften gleich gestellt sind, dann kann ich nicht dagegen sein, dass ein Minarett gebaut wird. Die Frage ist nur, in welcher Art und Weise wird dieses Minarett dem Gesamtbauwesen angeglichen."[444]

Die evangelikale Bewegung gibt Empfehlungen heraus, wie Muslimen in Deutschland begegnet werden soll. Christen sollten schon deshalb mit Muslimen in Kontakt treten, da diese nur so das Christentum kennenlernen könnten und nicht die säkulare, freiheitliche Gesellschaft mit dem Christentum gleichsetzen, die schließlich auch die Evangelikalen kritisieren.

„Deshalb ist es wichtig, dass Muslime echte Christen aus der Nähe kennenlernen. Nur so, können sie entdecken, wer Jesus Christus und was christlicher Glaube wirklich sind. Wenn Christen Muslime achten, können diese vielleicht entdecken, dass die Liebe Jesu Christi auch ihnen gilt. Sie können Glieder in Gottes Familie werden."[445]

Gleichzeitig sollten Christen bei Begegnungen mit Muslimen und Moscheebesuchen gut vorbereitet sein und wiederum auch Muslimen ihren christlichen Glauben demonstrieren. Dadurch würden sie die Gelegenheit haben, missionarische Arbeit zu erlernen und auszuüben.[446] Was in diesen Ausführungen anklingt und immer wieder in Publikationen wiederholt wird, ist eine Scheu der Christen, ihren Glauben offensiv und selbstbewusst zu vertreten und zu leben. Dies bewirke, dass Muslime diesen Glauben nicht ernst nehmen würden, da sie ihrerseits ihren Glauben selbstbewusst vertreten und nach außen leben.

„Der ‚Zeitgeist' der säkularen, westlichen Gesellschaft fördert die Auffassung, dass der christliche Glaube nur eines von vielen gleichwertigen religiösen Phänomenen sei. Wo dieser Tendenz unter dem Vorwand religiöser Toleranz Raum gegeben wird,

---

443 Ebd., 26.
444 Interview mit Wolfgang Baake am 20.08.2010.
445 Deutsche Evangelische Allianz 2005a.
446 Vgl. Deutsche Evangelische Allianz 2008a, 9.

werden Christen in Europa im Blick auf die Einzigartigkeit des Evangeliums verunsichert und bleiben ihren Mitmenschen das Evangelium schuldig. Dies wird im Blick auf den Islam in Europa längerfristig fatale Folgen haben, da viele Muslime in Europa kein ‚gebrochenes Verhältnis' zu ihrer Verpflichtung haben, Menschen zur Annahme des Islam aufzufordern."[447]

Mission und Evangelisation

Das wichtigste Thema der evangelikalen Bewegung ist zweifellos das Anliegen der Mission und Evangelisation, wie es bereits im obigen Abschnitt angeschnitten wurde. Neben allen diakonischen Tätigkeiten im In- und Ausland und politischen Äußerungen zu verschiedensten Themenbereichen ist das Missionsanliegen das herausstechende und entscheidende Tätigkeitsfeld der evangelikalen Bewegung und steht daher zumeist als Motivation hinter durchgeführten Maßnahmen. In allem Handeln der Bewegung ist der Missionsgedanke inbegriffen. So wird auch im Epilog der Publikation *Suchet der Stadt Bestes*, in der sich die Evangelische Allianz politisch positioniert, darauf hingewiesen, dass „die Verkündigung des Evangeliums die erstrangige Aufgabe der Christen"[448] sei. Und Hartmut Steeb formuliert: „Es gibt keine Alternative zu einem missionarischen Christsein."[449] Es gibt unzählige Organisationen und Vereine, die sich diesem Anliegen verschrieben haben und in diesem Sinne aktiv sind. Sicherlich am herausragendsten ist dabei erneut die oft erwähnte ‚Koalition für Evangelisation – Lausanner Bewegung deutscher Zweig' mit ihren zwei Säulen: Zum einen die Deutsche Evangelische Allianz und zum anderen die Arbeitsgemeinschaft Missionarischer Dienste (AMD), in der über 90 Missionsgesellschaften zusammengeschlossen sind. Die international agierende Lausanner Bewegung ist ein Netzwerk, das sich weltweit für die Evangelisation einsetzt. Ziel ist eine Verbreitung der christlichen Botschaft, die Erarbeitung von Strategien zur weltweiten Mission und die Vernetzung der verschiedenen Aktivitäten. In Deutschland sind in der Koalition für Evangelisation landes- sowie freikirchlich engagierte Menschen vertreten.

---

447 Deutsche Evangelische Allianz 2007b, 14.
448 Deutsche Evangelische Allianz (a), 26.
449 Steeb 2010, 8.

4.1 Politische Einschätzungen der evangelikalen Bewegung

„Die Lausanner Bewegung Deutschland versteht sich als eine Plattform für Evangelisation in Deutschland und lädt deshalb Evangelisten und Leiter von evangelistischen Werken regelmäßig zu einem ‚Runden Tisch Evangelisation' ein. Ziel ist der Erfahrungsaustausch, die Teilhabe an internationalen Erfahrungen, eine evangelistische Ideenbörse und Entwickeln neuer evangelistischer Programme."[450]

Die Lausanner Bewegung kann als Dachorganisation für alle evangelistisch und missionarisch engagierten Institutionen und Personen gesehen werden. Mit Hilfe dieser Dachorganisation können Aktivitäten gebündelt und koordiniert werden. Der Missionsgedanke war Anstoß für die Gründung der Lausanner Bewegung und ist insofern selbstverständlich vorherrschend in der Lausanner Verpflichtung und auch im Manifest von Manila, das auf dem zweiten großen Kongress dieser Bewegung verabschiedet wurde. So heißt es schon in der Einleitung der Lausanner Verpflichtung:

„Die unvollendete Aufgabe der Evangelisation fordert uns heraus. Wir glauben, dass das Evangelium Gottes gute Nachricht für die ganze Welt ist. Durch Seine Gnade sind wir entschlossen, dem Auftrag Jesu Christi zu gehorchen, indem wir Sein Heil der ganzen Menschheit verkündigen, um alle Völker zu Jüngern zu machen."[451]

Schon vor der Lausanner Verpflichtung wurde von der Bekenntnisbewegung in der ‚Frankfurter Erklärung zur Grundlagenkrise der Mission' auf die Dringlichkeit dieses Anliegens aufmerksam gemacht und darauf hingewiesen, dass sich die Weltmission in einer Krise befinde und daher ein gemeinsames Arbeiten in dieser Frage erforderlich sei.[452] Auch für die Vereinigung Evangelischer Freikirchen ist das Missionsanliegen entscheidend. „Die in der Vereinigung Evangelischer Freikirchen (VEF) verbundenen Kirchen und Gemeindebünde sehen ihre Hauptaufgabe darin, das Evangelium von der Liebe Gottes zu allen Menschen in Wort und Tat zu verkündigen […]."[453] Dies ist auch in der Präambel der Vereinigung festgehalten, und betont den Stellenwert dieses Anliegens.

Die Aktivitäten der Evangelisation sind vielfältig und passen sich oft aktuellen Trends an. Es gibt Großveranstaltungen wie ‚ProChrist', die durch die Lausanner Bewegung ins Leben gerufen wurden und in unregelmäßigen Abständen mehrere Tausend Besucher anziehen. Daneben werden aber auch viele klei-

---

450 http://lausannerbewegung.de/index.php?node=62 [08.12.2010, 14:27].
451 Lausanner Bewegung Deutschland 2000.
452 Vgl. Bekenntnisbewegung 1970.
453 Vereinigung Evangelischer Freikirchen 2004, 150.

nere Aktionen veranstaltet. Die Zielgruppe reicht von Jung bis Alt, so dass sich auch hier die Aktivitäten stark unterscheiden können. Es existieren zahlreiche Organisationen und Vereine, die sich auf Missionierung im In- und Ausland spezialisiert haben und nur in diesem Bereich tätig sind. Beispielhaft zu erwähnen sind ‚Jugend mit einer Mission' und ‚Entschieden für Christus', die sich auf die Ausbildung Jugendlicher zu Missionaren spezialisiert haben; oder auch die ‚Vereinigte Deutsche Missionshilfe', ‚Wort des Lebens' und ‚Missio'.[454] Ausdrücklich werden in dieses missionarische Engagement auch andere Religionen mit einbezogen: „Mission an Moslems [...] findet in der Öffentlichkeit keine große Zustimmung. Wir können uns aber nicht damit abgeben, allen Leuten in unserem Land das Evangelium anzubieten, ausgerechnet aber den moslemischen Mitbürgern nicht."[455] Es gibt eigene Organisationen, die sich auf die Missionierung von Muslimen spezialisiert haben. Wenn es um die Missionierung von Menschen mit anderen Religionen im Ausland geht, bezieht sich dies oft auf Länder zwischen dem 10. und 40. Breitengrad. „Diese Region, die aufgrund ihrer geographischen Lage mehr und mehr als das 10/40-Fenster bezeichnet wird, beheimatet die Mehrzahl aller Moslems, Hindus und Buddhisten weltweit — Milliarden geistlich verarmter Menschen."[456] Aufgrund dieser ‚geistlichen Verarmung' sei es besonders dringlich, Missionare in diese Gegenden der Welt zu schicken. Auch in Deutschland wird unter Muslimen missioniert. Dabei wird allerdings betont, dass es sich hierbei nicht um eine aggressive, sondern im Gegenteil sehr kommunikative Art der Mission handele. So beschreibt beispielsweise Axel Nehlsen ein Forum der von ihm geleiteten evangelikalen Initiative ‚Gemeinsam für Berlin' wie folgt: „Es geht uns in unserem Forum Islam um einen Dialog, der das Profil des eigenen Glaubens mit einbringt. Unser Verständnis von Mission hat

---

454 Dies ist nur ein kleiner Ausschnitt der zahlreichen Organisationen. Es gibt auch sehr spezialisierte Vereine wie zum Beispiel das ‚Deutsche Institut für Ärztliche Mission' oder der Verein ‚Licht im Osten', der sich auf Mission in Osteuropa, Zentralasien und Russland konzentriert.
455 Lausanner Bewegung Deutschland 1990. Vgl. zur Konzeption evangelikaler Mission allgemein und im Speziellen unter Muslimen: Schirrmacher 2001.
456 http://www.mission-live.de/1040_fenster.html [26.09.2011, 16:09]. Organisationen, die sich auf die Mission von Muslimen spezialisiert haben, sind zum Beispiel: ‚Orientdienst e.V.' oder auch ‚ReachAcross', die früher ‚Missionsmannschaft Rotes Meer' hieß.

4.1 Politische Einschätzungen der evangelikalen Bewegung

daher sehr viel mit interkulturellem Dialog zu tun und baut nicht auf das Konfrontative."[457]

Die Missionierung unter Juden wird – unter Berücksichtigung der besonderen historisch begründeten Situation – ebenso thematisiert: „Einen grundsätzlichen Verzicht darauf, Juden zum Glauben an Jesus als ihren Messias einzuladen, kann es für Christen nicht geben. Im Verhältnis zu den Juden muß sich in besonderer Weise bewähren, dass der Missionsbefehl Jesu kein Herrschafts-, sondern ein Dienstauftrag ist."[458]

Auch im Zusammenhang mit Missionierung wird die bereits angesprochene Forderung nach einem ‚einfachen Lebensstil' betont, da durch diesen mehr Ressourcen für die Evangelisation und Missionierung frei würden.[459] Außerdem wird auch hier eine Verbindung in die Politik gezogen, indem es in der Publikation *Christ und Politik* heißt: „Der Missionsbefehl beabsichtigt die Durchdringung einer ganzen Gesellschaft mit der ganzen Bandbreite der biblischen Ethik. Ein christlicher Politiker ist immer auch ein Missionar, der einfühlsam den persönlichen Nöten seiner Mitmenschen begegnet."[460] Denn, so heißt es später, Mission und Politik seien keine Gegensätze: „Unser Auftrag beinhaltet immer beides: Evangelisation und Politik im Sinne von Dienst an unseren Mitmenschen. Wahrer Glaube zeigt sich an praktischen Werken der Nächstenliebe."[461] Die gleiche Publikation weist schließlich außerdem darauf hin, dass die internationale Mission zu vielen Fortschritten in verschiedenen Regionen der Welt beigetragen und somit einen großen Beitrag zur Durchsetzung der Menschenrechte geleistet habe.[462] Die im Zuge der Menschenrechte immer wieder betonte Religionsfreiheit wird schließlich auch ganz klar mit dem Missionierungsanliegen verbunden, indem betont wird, dass Religionsfreiheit auch immer als Missionsfreiheit zu verstehen sei.[463]

---

457 Interview mit Axel Nehlsen am 17.08.2010. Nehlsen ist Geschäftsführer der evangelikalen Initiative ‚Gemeinsam für Berlin' und Mitglied im Hauptvorstand der Deutschen Evangelischen Allianz.
458 Deutsche Evangelische Allianz 2005b.
459 Vgl. Lausanner Bewegung 2000.
460 Schirrmacher et. al. 2005, 31.
461 Ebd., 33.
462 Vgl. ebd., 37.
463 Vgl. Walldorf 2002, 202.

4.1.3 Bildungspolitik

Wie bereits weiter oben angesprochen, ist es aus evangelikaler Sicht wichtig, dass die primäre Erziehungsverantwortung für Kinder bei den Eltern liegt. Daher ist die weitverbreitete Ansicht der Evangelikalen, dass Kinderkrippen und damit die Fremdbetreuung von Kindern bereits in sehr frühem Alter keine erstrebenswerte Entwicklung darstellen.[464] Aus dieser Einschätzung entstehen eben jene Forderungen nach einer Anerkennung des Mutterseins als Beruf, die zuvor ausführlich dargelegt wurden.

Evangelikale Bildungseinrichtungen

In Deutschland ist in den letzten Jahren eine beachtliche Zahl von evangelikalen Schulen entstanden, die sich Bekenntnisschulen nennen, und so eine Abgrenzung zu anderen konfessionellen Schulen herstellen. Die meisten dieser Schulen sind im ‚Verband Evangelischer Bekenntnisschulen' zusammengefasst. Dieser Verband zählt 85 Bekenntnisschulen in verschiedenen deutschen Orten, mit insgesamt rund 30.000 Schülerinnen und Schülern. Alle Schulformen sind vertreten – von Grund-, über Haupt- und Realschule, bis zum Gymnasium.[465] Diese Schulen zeichnen sich dadurch aus, dass Unterricht von „bewussten Christen" durchgeführt wird, die „durch die Glaubwürdigkeit ihrer eigenen Jesusnachfolge überzeugen". Die Bildungsinhalte orientieren sich an staatlichen Lehrplänen, werden aber durch die „ganzheitliche Orientierung der Unterrichtsinhalte am Deutungsrahmen der Bibel" ergänzt. So soll den Kindern die „selbständige Auseinandersetzung mit anderen Deutungssystemen" und das „Kennenlernen des Evangeliums von Jesus Christus als Lebensorientierung und rettende Kraft"[466] ermöglicht werden. Interessant ist, dass diese Schulen inzwischen nach eigenen Aussagen bis zu 50 % von Kindern aus nichtchristlichen Familien besucht werden. Dies werten die Schulen als Möglichkeit, eine „große gesellschaftliche Wirkung zu

---

464 Auf einzelne Ausnahmen wurde bereits in Kapitel 4.1.1 hingewiesen.
465 Siehe für diese Zahlen: http://www.vebs-online.de/ziele_bekenntnisschulbewegung.html [19.11.2010, 12:34].
466 Siehe für alle Zitate: http://www.vebs-online.de/ziele_profil.html [19.11.2010, 12:34].

4.1 Politische Einschätzungen der evangelikalen Bewegung

entfalten"[467]. Die meisten dieser Schulen sind selbständig, allen ist jedoch eine Orientierung an der Bibel und die ganzheitliche Ausrichtung ihrer Inhalte gemein und viele bekennen sich zur Glaubensbasis der Evangelischen Allianz, was ihre Zugehörigkeit zur evangelikalen Bewegung unterstreicht.

Neben Bekenntnisschulen existieren evangelikale Hochschulen und Bibelseminare. Die Freie Theologische Hochschule Gießen ist inzwischen staatlich anerkannt und bietet einen Bachelor und Master in evangelikaler Theologie an. Die Hochschule beschreibt ihre Ausbildung als „bibeltreu, wissenschaftlich und praxisnah"[468]. Außerdem gibt es verschiedene Bibelschulen, Seminare und Studienzentren. Es bestehen also einige Institutionen, die eine bibeltreue und bekennende Bildung gewährleisten möchten. Mehr und mehr werden diese Einrichtungen staatlich anerkannt und damit teilweise auch staatlich gefördert.[469]

Viele Freikirchen und evangelikale Werke sind sehr aktiv in der Kinder- und Jugendarbeit und versuchen durch Freizeitangebote Möglichkeiten zu schaffen, Kinder einerseits zu fördern, andererseits mit dem Evangelium in Verbindung zu bringen. Mit solchen Themen befasst sich vor allem der ‚Arbeitskreis Kinder in Kirche und Gesellschaft' der Evangelischen Allianz. Die Vereinigung Evangelischer Freikirchen, beschreibt die Implikationen ihres Engagements wie folgt:

„Die freikirchliche Gemeindewirklichkeit stellt ein wertvolles soziales Lernfeld dar, das Mündigkeit und Verantwortungsbereitschaft fördert. Mit ihrer ausgeprägten

---

467 http://www.vebs-online.de/ziele_bekenntnisschulbewegung.html [19.11.2010, 12:34].
468 http://www.fthgiessen.de/Studium-M-A-/443/ [08.11.2011, 16:32].
469 Vgl. zu evangelikalen Ausbildungsstätten und deren Ansprüchen: Faix / Faix / Müller / Schmidt, 1998. Darin beschreibt der Dekan der Theologischen Hochschule Gießen Stephan Holthaus die Lage der evangelikalen Hochschulen in einer postmodernen, pluralen Umgebung: „Die Veränderungen unserer Lehrpläne und Grundausrichtung sollte daran ausgerichtet sein, sich den gefährlichen Tendenzen des Zeitgeistes zu widersetzen. [...] Die evangelikalen Gemeinden stehen heute in der Gefahr, unbewußt den schleichenden Einflüssen des Säkularismus Tür und Tor zu öffnen. [...] Wir dürfen uns nicht vom Zeitgeist die Programme diktieren lassen, sonst verlieren wir unsere Identität und unser Profil – und vielleicht auch unsere Gott gegebene Bestimmung. Andererseits müssen wir uns realistisch den Herausforderungen der (Post)Moderne stellen. Separatistischer Rückzug ist keine biblische Alternative." (Holthaus 1998, 100.) Zur Öffentlichkeitsarbeit dieser Hochschulen siehe Schmidt 1998, 153-165. Schmidt beschreibt darin einen Rückgang der Studierendenzahlen und wertet eine Umfrage zur Zufriedenheit der Studierenden und Stärken und Schwächen der evangelikalen Hochschulen aus.

Kinder- und Jugendarbeit leisten viele freikirchliche Organisationen einen wesentlichen Beitrag zur gesellschaftlichen Integration der jungen Generation."[470] Diese Aktivitäten reichen von Schularbeitenhilfe, über Einrichtungen für Kinder aus sozial schwachen Familien, Sport- und Freizeitaktivitäten etc. Außerdem haben beispielsweise die Evangelische Kirche Berlin-Brandenburg und die Vereinigung Evangelischer Freikirchen eine Vereinbarung unterzeichnet, die die uneingeschränkte Erteilung von Religionsunterricht im Auftrag der Landeskirche durch Mitarbeiter der Freikirche ermöglicht.[471]

Homeschooling und Kreationismus

Wenn es um evangelikale Bildungspolitik geht, werden in den Medien gerne zwei Schlagworte gebraucht, die die Ansichten der Evangelikalen wiedergeben sollen. Das ist zum Einen ‚Homeschooling' und zum Anderen ‚Kreationismus'. Der erste Begriff beschreibt die Weigerung von Eltern, ihre Kinder auf öffentliche oder private Schulen zu schicken und die Forderung, sie dagegen zu Hause zu unterrichten. Da dies in Deutschland aufgrund der Schulpflicht verboten ist, kommt es hierbei zu Konflikten. So sehr dieser Begriff in Zusammenhang mit Evangelikalen gebraucht wird, desto mehr bedient er doch ein klassisches Vorurteil. Es wird geschätzt, dass es in Deutschland einige Hundert Familien gibt, die ihre Kinder zu Hause unterrichten und einen Schulbesuch für sie ablehnen.[472] Diese kann man jedoch nicht alle zum evangelikalen Lager zählen und die Beweggründe für dieses Homeschooling sind sehr unterschiedlich. In evangelikaler Literatur wird dieses Thema fast nie angesprochen. Insofern ist es, entgegen der medialen Berichterstattung, kein Thema, dass für Evangelikale entscheidend ist. Viele lehnen Homeschooling ab, andere vertreten die Ansicht, dass man die Aufregung darum nicht verstehe und es durchaus wie in anderen europäischen Ländern auch erlaubt sein könne. Nur die allerwenigsten der Bewegung streben bei diesem Thema große Kontroversen an. Homeschooling ist für amerikanische Evangelikale ein wichtiges Anliegen, dort ist es jedoch auch erlaubt. Nach Deutschland hat diese Entwicklung dagegen weder auf persönlicher noch auf

---

470 Vereinigung Evangelischer Freikirchen 2004, 153.
471 Vgl. zu dieser Vereinbarung: Ebd., 156f.
472 Vgl. Schmidt 2009.

politischer Ebene gereicht, wie auch Erhard Berneburg feststellt: „Homeschooling ist für Evangelikale in Deutschland kein Thema."[473]
Kreationismus ist das andere Schlagwort im Bereich der Bildungspolitik. Auch hier gibt es keine einheitliche Ansicht.

> „Manche Evangelikale glauben, Gott habe die Welt vor rund 10.000 Jahren in sechs Tagen geschaffen, wie dies die ersten Blätter der Bibel nahe legen (,Kreationisten'). Andere interpretieren die sechs Schöpfungstage unter Verweis auf 2. Petrus 3,8 als lange Zeiträume, in denen der Schöpfer nach und nach das Leben sich habe entwickeln lassen. Doch beide evangelikale Gruppen sind sich einig, dass, wie die Bibel lehrt, Gott am Anfang stand und nicht ein blindes Schicksal, und das Gott am Ende stehen wird und nicht ein großes Chaos."[474]

Kreationismus erklärt die Entstehung der Welt, wie sie im 1. Buch Mose der Bibel beschrieben wird. Die Bibel wird wörtlich interpretiert und ein direktes Eingreifen Gottes angenommen. Kreationistische Bewegungen gab es bereits im 19. Jahrhundert. Heute wenden sie sich vor allem gegen eine naturwissenschaftliche Herangehensweise an die Entstehung der Welt. Es wird kritisiert, dass Vertreter der Evolutionstheorie diese als Fakt bezeichnen, was sie aber nicht sei. Man möchte wissenschaftlich argumentieren, was die Gegenseite aber nicht zulasse. „Dies zeigt, wie sehr die Evolutionstheorie – ähnlich wie einst der Kommunismus – zu einer Ideologie erstarrt ist, die nur um den Preis der Ächtung hinterfragt werden darf."[475] Die ‚Studiengemeinschaft Wort und Wissen' ist eine der evangelikalen Einrichtungen, die intensiv den Kreationismus vertritt und sich auf dessen Verbreitung spezialisiert hat. So hat diese Studiengemeinschaft beispielsweise *Evolution – Ein kritisches Lehrbuch*[476] herausgebracht, das eine „umfassende Kritik der biologischen Evolutionstheorie" und eine „Deutung naturwissenschaftlicher Daten im Rahmen von Schöpfungsmodellen"[477] vornimmt. Wort und Wissen sieht keine Möglichkeit, die Evolutionstheorie mit einer göttlichen Schöpfung zu verbinden. „Anhand der biblischen Lehre von Sünde, Tod und Erlösung kann jedoch gezeigt werden, dass wesentliche biblische Inhalte bei

---

473 Interview mit Erhard Berneburg am 06.07.2010. Berneburg ist Mitglied des Leitungskreises der Lausanner Bewegung, des Hauptvorstandes der Evangelischen Allianz und Generalsekretär der Arbeitsgemeinschaft Missionarischer Dienste. Seit November 2011 leitet Berneburg die Lausanner Bewegung.
474 Jung 2007, 79.
475 Ebd., 79.
476 Vgl. Junker / Scherer 1998.
477 http://www.wort-und-wissen.de/flyer/f01/f01.pdf [24.03.2011, 14:11].

konsequenter Akzeptanz der Evolutionslehre nicht aufrechterhalten werden können."[478] Die Sünde und der Sündenfall seien nicht mit der Evolutionstheorie zu vereinbaren, da dann alles was getan wurde, im Sinne der Höherentwicklung der Lebewesen auch notwendig gewesen wäre. Die Studiengemeinschaft ist Mitglied in der Konferenz Bibeltreuer Ausbildungsstätten e. V., die wiederum eine mit der Evangelischen Allianz verbundene Einrichtung ist. In den geführten Interviews wurde eine gleichrangige Behandlung der Evolutionstheorie und des Kreationismus in Schulen gefordert. So beispielsweise von dem CDU-Bundestagsabgeordneten Frank Heinrich: „Kreationismus – ich finde richtig, dass es unterrichtet wird, aber eben als eine Theorie, denn die Evolutionstheorie ist auch nur eine Theorie. Sobald nur das eine eingeführt wird, finde ich es nicht richtig. Und dafür dürfen wir Christen auch kämpfen, für das Nebeneinander dieser Lehren [...]."[479] Dass dieses Thema jedoch von Mitgliedern der Bewegung auch eher unaufgeregt betrachtet werden kann, zeigt das folgende Zitat aus dem Interview mit dem ‚Beauftragten der Evangelischen Allianz am Sitz der Bundesregierung' Wolfgang Baake:

> „Also für mich ist der biblische Schöpfungsbericht biblischer Schöpfungsbericht und für mich ist die Bibel Wort für Wort Gottes Wort und Wort für Wort Menschenwort. Ob nun die Schöpfung, der Schöpfungsbericht in einem Tag, in 1000 Jahren oder in 10.000 Jahren passiert ist, ist für mich nicht heilsentscheidend. Da verkämpfe ich mich nicht dran."[480]

Die evangelikale Bewegung, allen voran die Evangelische Allianz mit ihren nahestehenden Werken sowie die Freikirchen sind aktiv im bildungspolitischen Bereich tätig. Dies drückt sich vor allem in Aktivitäten wie Schulgründungen und außerschulischen Betreuungsangeboten aus. Aber auch eine Studiengemeinschaft wie Wort und Wissen ist aktiv und will langfristig einen Einfluss auf die Wissenschaftslandschaft ausüben.

---

478 http://www.wort-und-wissen.de/flyer/f02/f02.pdf [23.03.2011, 14:13].
479 Interview mit Frank Heinrich am 22.07.2010.
480 Interview mit Wolfgang Baake am 20.08.2010.

4.1.4 Außenpolitik

In 128 Ländern sind Evangelische Allianzen aktiv. Die Deutsche Allianz ist gleichzeitig in der Europäischen Evangelischen Allianz und in der Weltweiten Evangelischen Allianz vertreten. Durch diese Verknüpfungen und durch die Entsendung von Missionaren ins Ausland hat eine Internationalisierung stattgefunden und sich ein Blick für weltweite Probleme eingestellt.

Militärpolitische Themen

Ein prinzipielles Anliegen der Evangelischen Allianz sind Frieden und Gerechtigkeit auf der Welt.

„Umstritten ist unter ihnen der Weg, wie man zum globalen Frieden kommt. Die meisten Christen sind überzeugt, dass in einer gefallenen Schöpfung Gewaltanwendung als ultima ratio notwendig sein kann. Andere wiederum kommen aus einer pazifistischen Tradition der täuferischen Bewegung und lehnen jede Gewaltanwendung zur Durchsetzung politischer Ziele ab."[481]

So variiert beispielsweise die Einschätzung des Afghanistan-Einsatzes, der im Zuge der Terroranschläge vom 11. September 2001 begonnen wurde. „Unterschiedliche Meinungen gibt es auch in der Frage, ob man andere Völker von Unterdrückung befreien soll oder Kriege im Sinne der Prävention durchführen darf."[482] Im Allgemein kann festgestellt werden, dass es ein Anliegen der evangelikalen Bewegung ist, Konflikte möglichst gewaltfrei zu lösen, kriegerische Mittel nur in äußersten Notfällen anzuwenden und in diesem Falle genau auf die Einhaltung der Menschenrechte zu achten.

Die Deutsche Evangelische Allianz fordert dazu auf, Abrüstungsprozesse voranzutreiben, und zu einer friedlichen Welt gehöre auch die Förderung von weltweiter ökonomischer Gerechtigkeit. Friede sei nämlich nicht nur ein kriegsfreier Zustand, sondern „ein Zustand des ganzheitlichen Wohlseins des Menschen"[483]. Die Evangelische Allianz sieht sich durch ihre internationale Vernetzung als gut geeignet, eine wichtige Rolle bei der Lösung internationaler Kon-

---

481 Deutsche Evangelische Allianz (a), 13.
482 Ebd., 13.
483 Ebd., 14.

flikte zu spielen und sieht es gleichzeitig auch als Pflicht von Christen an, sich aktiv für Frieden auf dieser Welt einzusetzen.[484]

Dieser Einsatz für die Unterdrückten der Welt ist innerhalb der evangelikalen Bewegung nicht neu. „Es waren ja gerade Evangelikale, die voller Liebe zu Unterdrückten und Versklavten gegangen waren, oft unter Entbehrungen."[485] (Freilich waren Evangelikale immer mit einem Missionierungsauftrag ausgerüstet, wenn sie zu diesen Bevölkerungsgruppen gegangen sind.) Dies wird auch im Artikel 5 der Lausanner Verpflichtung deutlich, der die soziale Verantwortung der Christen betont und die Befreiung unterdrückter Menschen fordert.[486] Ebendies wird auch im Manifest von Manila wiederholt, wenn es heißt, dass mit der Verbreitung der christlichen Botschaft auch immer Forderungen nach Gerechtigkeit und Frieden verbunden sein müssen.[487] Etwas später heißt es: „In unserer Fürsorge für die Armen sind wir betrübt über die Schuldenlast in der Zweidrittelwelt. Wir sind auch empört über die unmenschlichen Bedingungen, unter denen Millionen leben, die wie wir Gottes Ebenbild tragen."[488]

Ein weiterer wichtiger Aspekt für die Evangelische Allianz und damit die evangelikale Bewegung ist die Thematik Soldaten. Dies wird daran deutlich, dass die Evangelische Allianz einen eigenen ‚Arbeitskreis Soldaten' eingerichtet hat, der sich folgende Aufgabe gegeben hat:

> „Im Arbeitskreis Soldaten haben sich aktive und ehemalige Soldaten sowie andere Christen zusammengeschlossen, die ihre Aufgabe darin sehen, die Frohe Botschaft von Jesus Christus ‚von Kamerad zu Kamerad' weiterzugeben. Das Gebet und die Fürbitte für Einzelne, aber auch für die Führung der Bundeswehr und deren Aufgaben, ist darüber hinaus wichtig für den Arbeitskreis."[489]

Dies wird von der Allianz damit begründet, dass immer mehr Soldaten und Soldatinnen in Auslandseinsätzen aktiv sind und dadurch mit Trennung von Familien, psychischen Erkrankungen, Verwundungen und Tod konfrontiert sind.[490] Der Arbeitskreis will durch seine Arbeit Militärseelsorger und -pfarrer vor Ort unterstützen. Auch die Vereinigung Evangelischer Freikirchen hat sich zu die-

---

484 Vgl. ebd., 13ff.
485 Lausanner Bewegung 1990.
486 Vgl. Lausanner Bewegung 2000, Artikel 5.
487 Vgl. Lausanne Movement 1989, II 4.
488 Ebd., II 4.
489 Deutsche Evangelische Allianz 2008, 18.
490 Vgl. Deutsche Evangelische Allianz 2008, 18.

sem Thema geäußert, setzt jedoch einen etwas anderen Fokus. Die Beschäftigung mit der Zivildienstproblematik ist für die Freikirchen wichtig, da diese in freikirchlicher Diakonie und in Sozialwerken eingebunden sind. Dieser staatliche Pflichtdienst soll unter den Gesichtspunkten des Evangeliums durchgeführt werden. „Aus diesen Sachverhalten ergibt sich für die evangelischen Freikirchen und ihre sozialen Werke die Verpflichtung, den Zivildienst als Ausdruck der Kriegsdienstverweigerung aus Gewissensgründen ernst zu nehmen und ihn als Sozialen Friedensdienst auszugestalten."[491]

Europäische Union

Den zunehmenden Einigungsprozess der Europäischen Union begrüßt die Evangelische Allianz, da er zu einem friedlichen Zusammenleben auf diesem Kontinent geführt hat und im Stande ist, dieses zu wahren. Gleichzeitig garantiert die Europäische Union eine europaweite Religionsfreiheit, die der Allianz besonders wichtig ist. Dennoch setzt die Allianz auch ganz klare Grenzen der Europäischen Integration: „Eine zunehmende Außerkraftsetzung der Souveränität der Einzelstaaten durch die Europäische Union sollte aber vermieden werden, insbesondere, wenn Fragen der kulturellen Geschichte, Identität und des Werteverständnisses einer Nation betroffen sind."[492] So wird in evangelikalen Kreisen oft der fehlende gemeinsame Wertehorizont der Europäischen Union beklagt, und bezweifelt, dass eine Union, die sich ausschließlich auf wirtschaftliche Gemeinsamkeiten beschränke, langfristig erfolgreich sein könne. Die evangelikale Bewegung würde sich daher eine christliche Grundlage wünschen, auf der die Europäische Union aufbaut und kritisiert den fehlenden Gottesbezug im Vertrag von Lissabon.[493] Hier scheint freilich eine Angst vor einer Abnahme des christlichen Einflusses und vor der Konkurrenzsituation mit dem Islam vorhanden zu sein. Axel Nehlsen betont diese Kritik im Interview, grenzt sich aber gleichzeitig von radikalen Gegnern der Europäischen Union ab:

---

491 Vereinigung Evangelischer Freikirchen 2004, 164. Mit der Aufhebung der Wehrpflicht 2011 hat sich die Situation in diesem Bereich natürlich stark verändert.
492 Deutsche Evangelische Allianz (a), 15.
493 Vgl. Deutsche Evangelische Allianz 2005, 7.

"Ich hätte es besser gefunden, die EU hätte in ihren Grundstatuten auch die Beziehung auf die christliche Tradition aufgenommen, was ja lange diskutiert wurde. Ich finde es schade, dass das nicht der Fall ist, aber es war offenbar nicht zu erreichen. Ich gehöre allerdings nicht zu den Untergangspropheten, die sagen, weil das da nicht drin steht, wird es mit der EU abwärts gehen."[494]

Auch Ulrich Parzany begrüßt die Entwicklung der Europäischen Union, sieht es aber ebenso als essentiell an, dass die EU mehr als nur eine Wirtschaftsgemeinschaft darstellt:

"Ein wunderbares Geschenk. [...] Am Anfang des 20. Jahrhunderts hätte sich das noch keiner vorstellen können. Damals redete man noch von Erbfeinden. [...] Ich glaube nicht an das christliche Abendland, aber ich glaube, dass wir als Christen durchaus helfen können, Europa eine Seele zu geben. Wenn es nicht mehr gibt als den Euro, werden die Menschen auf Dauer bitter enttäuscht sein, dass es nicht gelingt, Europa wirklich hoffnungsvoll zu entwickeln."[495]

Israelpolitik

Einen wichtigen Aspekt im Zusammenhang mit außenpolitischen Fragen stellt die Israelpolitik dar. „Nicht nur angesichts der deutschen Vergangenheit, sondern auch durch die geistliche Verbundenheit der Christen mit den Juden als dem alttestamentlichen Gottesvolk, sprechen wir uns gegen jede Form von Antisemitismus aus und treten für das Existenzrecht des Staates Israel ein."[496] So werden die Regierungen aufgerufen, sich für Frieden im Nahen Osten, unter dem Schutz der Existenz Israels einzusetzen und Versöhnung zwischen Israel und den arabischen Völkern zu fördern. „Die Gemeinde Jesus Christi steht zu den Juden in einer engeren Beziehung als zu irgendeinem anderen Volk."[497] Man sei aber durch die ‚aktive Verfolgung' von Juden und dem ‚passiven Desinteresse' an dieser Verfolgung in der nationalsozialistischen Zeit schuldig geworden. Umso mehr wende man sich daher heute gegen jede Art von Antisemitismus. Man sei für jede Begegnung dankbar, auch wenn man dabei nicht das christliche Zeugnis verschweige, jedoch: „Christliches Zeugnis Israel gegenüber kann nur in Liebe ge-

---

494 Interview mit Axel Nehlsen am 17.08.2010.
495 Interview mit Ulrich Parzany am 24.08.2010.
496 Deutsche Evangelische Allianz (a), 15.
497 Deutsche Evangelische Allianz 2005b.

4.1 Politische Einschätzungen der evangelikalen Bewegung 151

schehen."[498] Ein Kennzeichen der Behandlung Israels in der evangelikalen Bewegung ist oft eine überschwängliche – fast radikale – Verteidigung und Unterstützung Israels. So ist die Behandlung der politischen wie gesellschaftlichen Themen oft bedingungslos positiv und eine Ablehnung jeglicher Kritik geht damit einher. Dies wurde auch in den durchgeführten Experteninterviews deutlich. Jürgen Werth stellt beispielsweise fest: „Ja es gibt in unseren Reihen viele, die sehr begeistert und energisch und manchmal auch fanatisch Israel unterstützen."[499] Und auch Wolfgang Baake konstatiert zu der evangelikalen Einstellung gegenüber Israel: „Also es gibt [...] in evangelikalen Kreisen geradezu landsmannschaftliche Sympathien."[500]

Entwicklungspolitik

Ein weiterer sehr wichtiger Aspekt für die Evangelische Allianz und die evangelikale Bewegung ist die Entwicklungspolitik, die oft mit missionarischen Zielen verbunden ist. „Die Herausforderung von Armut und Ungerechtigkeit in globalem Maßstab rücken immer deutlicher ins Blickfeld evangelikaler Theologie und evangelikalen Engagements."[501] Das herausragende Beispiel für das Engagement im entwicklungspolitischen Bereich ist die ‚Micha-Initiative'. Das internationale Netzwerk *Micah-Challenge* ruft zur weltweiten Bekämpfung von Armut auf. Die Micha-Initiative hat sich zum Ziel gesetzt, die Erfüllung der Milleniumsentwicklungsziele[502], die sich die 189 Staaten der Vereinten Nationen im Jahre 2000 gesetzt haben, nachhaltig einzufordern. Sie ist eine Initiative der Weltweiten Evangelischen Allianz, hat aber ein breites Netzwerk aus Entwicklungshilfeorganisationen, Missionswerken und Freikirchen hinter sich. Sie arbeitet national sowie

---

498   Ebd.
499   Interview mit Jürgen Werth am 14.06.2010.
500   Interview mit Wolfgang Baake am 20.08.2010.
501   Interview mit Erhard Berneburg am 06.07.2010.
502   Acht Ziele wurden von einer Arbeitsgruppe aus Vertretern der Vereinten Nationen, der OECD, Weltbank und NGOs formuliert, die bis 2015 umgesetzt werden sollen und als Millenium-Entwicklungsziele bezeichnet wurden. Dazu gehört beispielsweise die Beseitigung von Hunger und extremer Armut, die Sicherstellung von primärer Schulbildung für alle Kinder und die Senkung der Kindersterblichkeit. Vgl. http://www.un.org/millenniumgoals [11.11.2011, 10:31].

international und möchte auf verschiedenen Wegen das Erreichen der Milleniumsentwicklungsziele der Vereinten Nationen vorantreiben.[503]

> „Vor allem sollen Christen ermutigt werden, ihren Beitrag gegen Armut und für Gerechtigkeit einzubringen. Dazu gehört das Gebet für Verantwortungsträger, das Einüben eines bescheidenen Lebensstils, der öffentliche Einsatz für Gerechtigkeit und gegen Armut und die Verbreitung von Informationen über die weltweite Armutssituation."[504]

Regierungen werden aufgerufen effektive Entwicklungshilfe auszuweiten, wobei diese Hilfe immer Hilfe zur Selbsthilfe sein solle, da nur dies eine langfristige Perspektive eröffne.[505]

> „Im internationalen Bereich fordern wir, schädliche Regelungen, die auf Kosten armer Länder gehen, abzubauen, Protektionismus einzudämmen und die Bekämpfung der weltweiten Armut zu einem zentralen Anliegen der internationalen Wirtschaftspolitik zu machen. Die Regierung sollte Organisationen, die extreme Armut, mangelnde Gesundheitsfürsorge, HIV/AIDS-Epidemien, Sklaven- und Menschenhandel und Korruption bekämpfen, aktiv unterstützen und begünstigen."[506]

4.1.5 Wirtschaftspolitik

Prinzipiell kann zunächst festgestellt werden, dass die Evangelische Allianz die soziale Marktwirtschaft, so wie sie in Deutschland existiert, unterstützt und befürwortet. „Sie hat sich als eine tragfähige, soziale und wirtschaftliche Aspekte gleichermaßen berücksichtigende Wirtschaftsform erwiesen, die Deutschland Wohlstand und Stabilität gebracht hat. Sie fußt auf dem christlichen Menschen- und Weltbild."[507] Eben jenes Weltbild sei, so heißt es in der Publikation weiter, ausschlaggebend für den sozialen Aspekt dieser Marktwirtschaft und damit auch entscheidend für das in Deutschland vorherrschende System.

> „Entscheidend für das Gelingen der sozialen Marktwirtschaft sind eine sittliche Grundlage und eine gesicherte Rechtsordnung. Auch die soziale Marktwirtschaft

---

503 Vgl. dazu und für weiterführende Informationen: http://www.micha-initiative.de/ [26.09.2011, 16:18].
504 Deutsche Evangelische Allianz 2008, 14.
505 Vgl. Deutsche Evangelische Allianz (a), 22.
506 Ebd., 22.
507 Ebd., 20.

ruht auf einem ethisch-moralischen Konsens, der weltanschaulich bedingt ist. In unserem Fall ist dieser Konsens durch christliche Werte geprägt. Der Verlust dieser moralischen Grundlagen in der neoliberalen Marktwirtschaft führt zu Entartungen wie Habgier und Maßlosigkeit."[508]

Die Evangelische Allianz spricht sich gegen ein zu starkes Eingreifen des Staates in wirtschaftliche Prozesse aus und betont die Bedeutung des Schutzes des Privateigentums. Da dies nach biblischem Ethos gegeben sei, dürfe die Besteuerung der Bürger nicht übermäßig sein und auch eine ausufernde Umverteilung von Gütern solle vermieden werden. So spreche die Bibel zwar sehr wohl von Chancengleichheit für alle, nicht aber von einer wirtschaftlichen Gleichheit aller Menschen. Außerdem solle eine hohe Staatsverschuldung verhindert werden. Der Staat müsse verantwortungsvoll mit dem Geld der Bürger umgehen und vor allem auch im Hinblick auf nachkommende Generationen sparsam leben. „Als Christen haben wir ein hohes Arbeitsethos und stehen zu Werten wie Leistungsbereitschaft, Fleiß, Disziplin und Loyalität im Arbeitsprozess."[509] Für das Selbstbewusstsein und die Würde der Menschen sei es wichtig, einen Arbeitsplatz zu haben und außerdem sei eine angemessene Bezahlung, die die allgemeine wirtschaftliche Lage berücksichtige, zu fordern. Arbeitslosigkeit sei unter allen Umständen zu bekämpfen und alles für eine möglichst hohe Beschäftigungsrate zu tun.[510] Gleichzeitig wird immer wieder betont, dass ein Sozialstaat wichtig ist, dieser aber auch Forderungen stellen und nicht nur Hilfe verteilen sollte: „Ich denke, dass wir einen starken Sozialstaat brauchen. Gleichzeitig müssen wir aber schauen, wie wir die Menschen animieren können, eigene Verantwortung wahrzunehmen. Fordern und fördern finde ich richtig."[511]

Neben diesen Aufgaben für die Politik sieht die Evangelische Allianz eine Notwendigkeit der Veränderungen bei den Bürgern: „Vom Staat wird ganz selbstverständlich gefordert, dass er die Arbeitslosigkeit wirksam bekämpft. Aber die typischen Einstellungen und Verhaltensweisen in der deutschen Bevölkerung machen es dem Staat schwer, dieser Forderung nachzukommen."[512] Die Bürger seien der Ansicht, dass der Staat viele Aufgaben habe und viele Probleme

---

508 Ebd., 20.
509 Ebd., 21.
510 Vgl. ebd., 20-23.
511 Interview mit Birgit Winterhoff am 18.08.2010.
512 Deutsche Evangelische Allianz (c),14.

beseitigen müsse, dies aber ohne die finanzielle Beteiligung der Bürger geschehen solle.

> „Man kann der Politik der vergangenen Jahrzehnte vorwerfen, dass sie nicht für eine konsequente Vereinfachung des Steuerrechts und nicht für eine deutliche Angleichung von Brutto- und Nettoverdiensten gesorgt hat. Doch sollte man nicht übersehen, dass viele der bestehenden Regelungen als Antwort auf entsprechende Forderungen der Bevölkerung zustande gekommen sind. Was beklagt wird, hat man zum großen Teil selbst verursacht."[513]

So sei es wichtig, dass eine neue Wahrhaftigkeit im Verhältnis der Deutschen zu ihrem Staat entstehe. Darin liege auch die Aufgabe der Christen:

> „Wozu Christen herausgefordert sind, das ist nicht in erster Linie eine Diskussion politischer Einzelmaßnahmen. Die wichtigste Herausforderung besteht vielmehr darin, zu einer Änderung von Einstellungen, Mentalitäten, Erwartungen und Verhaltensweisen beizutragen. Das hilft nicht nur dem arbeitslosen Menschen, seine Probleme besser zu meistern. Das trägt auch dazu bei, den Handlungsspielraum für eine sachgerechte Politik zu erweitern."[514]

Die Gesellschaft sei geprägt von einer Mentalität nach dem Motto ‚Der Ehrliche ist der Dumme' und die Bürger versuchten, jeden Weg zu nutzen, um den Staat ‚auszutricksen'. Dieses sei ein Grundübel der Gesellschaft, das einer Gegensteuerung bedarf. Außerdem müssten die Bürger flexibler werden und sich nicht auf eingespielten Strukturen ausruhen. Zu all dem könnten Christen beitragen, indem sie zur Wahrhaftigkeit motivieren. Einerseits müssen also staatliche Strukturen und andererseits auch bürgerliche Verhaltensweisen verändert werden. „Notwendig sind beherzte Reformschritte, die zu ‚weniger Staat' und mehr Eigenverantwortung führen und die eingebettet sind in ein überzeugendes Gesamtprogramm."[515] Es wird deutlich, dass wirtschaftspolitische Themen oft mit einem Tugenddiskurs in Beziehung gestellt werden.

Schließlich sei, so eine weitere Forderung der Evangelischen Allianz, der Schutz des Sonntages beizubehalten und dem zunehmenden Trend zu verkaufsoffenen Sonntagen entgegenzusteuern. Wirtschaftliche Interessen sollten dabei in

---

513 Ebd., 15.
514 Ebd., 16.
515 Ebd., 25. Vgl. auch Deutsche Evangelische Allianz (c). Hier erkennt man erneut deutlich die Ähnlichkeiten mit den Forderungen des compassionate conservatism. Nach wie vor sei aber darauf hingewiesen, dass die deutschen Evangelikalen nicht so starke Forderungen nach einer Zurückdrängung des Staates und einer Übernahme durch religiöse Strukturen erheben, wie die Vertreter des compassionate conservatism.

den Hintergrund treten, und der Sonntag als Tag Gottes erhalten werden. Dieser fördere die Gesundheit der Menschen und die soziale Gemeinschaft.[516]

4.1.6 Umweltpolitik

Umweltschutz ist aus evangelikaler Sicht wichtig, weil Gott der Schöpfer der Erde sei und die Menschen nur als Verwalter dieser eingesetzt habe. Gottes Schöpfung müsse beschützt werden und insbesondere mit Blick auf spätere Generationen nachhaltig mit der Umwelt umgegangen werden. Nachhaltigkeit muss daher ein leitendes Prinzip politischer Entscheidungen sein und die evangelikale Bewegung fordert die Regierung zu entsprechendem Engagement in Fragen des Umweltschutzes auf.[517] Verstärkt hat sich dies durch den fortschreitenden Klimawandel. Eine Verknüpfung des Umweltschutzes mit der Forderung nach einem ‚einfachen Lebensstil'[518] bewirkt die Freisetzung weiterer Kapazitäten. So könne durch die freigesetzten Mittel – neben dem Schutz der Umwelt – außerdem noch Bedürftigen geholfen und das Evangelium verbreitet werden.

„Ein einfacher Lebensstil (,Konsumverzicht') werde so einerseits der biblischen Anweisung, die Schöpfung zu bewahren, Rechnung tragen, andererseits aber auch Mittel freisetzen, mit denen bedürftigen Menschen geholfen werden könne. Es impliziere also die Erkenntnis, Haushalter des Eigentums eines anderen, nämlich Gottes, zu sein, sowohl einen bedachtsam-bescheidenen Umgang mit diesem Eigentum als auch die großmütige Fürsorge im Blick auf den Bedürftigen."[519]

Neben dem gestiegenen Engagement für den Schutz der Umwelt formuliert die Evangelische Allianz in ihrer Publikation *Suchet der Stadt Bestes* eine Grenze des Umweltschutzes. Diese sei da erreicht, wo wirtschaftliche Effektivität betroffen sei und Belange der Wirtschaft übergangen werden.[520] Neben dem Aufruf an Regierungen im Sinne eines nachhaltigen Umweltschutzes zu agieren, formuliert Fritz Laubach auch Forderungen an die Kirche:

---

516 Vgl. Deutsche Evangelische Allianz (a), 23. Dass der Schutz des Sonntages auch im Grundgesetz verankert ist, wurde bereits in Kapitel 2.3.2 deutlich gemacht.
517 Vgl. ebd., 24.
518 Diese Forderung wurde bereits an anderen Stellen erwähnt und stammt aus der Lausanner Verpflichtung.
519 Jung 2001, 205.
520 Vgl. Deutsche Evangelische Allianz (a), 25.

„Entwickelt eine Theologie der Erde, ein Verwalteramt für die ganze Schöpfung. Übernehmt die Führung in der Errettung der Umwelt vor mutwilliger, verantwortungsloser Zerstörung – durch den Hinweis auf Gottes Gaben in der Schöpfung; durch verantwortungsvolle Handlungsweise, durch Zusammenarbeit mit zuständigen Behörden, durch Unterstützung der zuständigen Gesetzgebung in der Regierung."[521]

Dass der Umweltschutz jedoch noch keine herausragende Stellung innerhalb der evangelikalen Bewegung eingenommen hat, bringt der evangelikale Bundestagsabgeordnete Frank Heinrich sehr anschaulich auf den Punkt: „Es ist manchmal ein Stiefkind, aber es ist wenigstens schon ein Teil der Familie."[522]

4.1.7 Zwischenfazit

Die dargestellten politischen Einstellungen der Evangelikalen können mit Hilfe verschiedener Kategorien systematisch geordnet werden. So kann einerseits gefragt werden, ob die evangelikale Bewegung eine dezidierte Einstellung in einem Politikfeld oder zu einem spezifischen politischen Thema vertritt, oder ob politische Regelungen in diesem Bereich keine größere Rolle für die Bewegung spielen. Zum Anderen ist zu betrachten, mit welchen Argumenten diese Positionen vertreten werden. Wird theologisch/religiös oder politisch/gesellschaftlich argumentiert. Schließlich ist es für das Agieren der Bewegung von Bedeutung, an wen sich die Forderungen in politischen Bereichen richten. Wird der Staat im Sinne von politischen Parteien als Akteur ins Visier genommen, oder das Augenmerk auf kirchliche und religiöse Akteure oder allgemeiner betrachtet auf Christen als handelnde Akteure gelegt? Die Einstellungen der Evangelikalen in unterschiedlichen Politikfeldern sollen also in drei Kategorien eingeteilt werden, die nach der Positionierung, der Begründung für diese Positionierung und dem Adressat dieser Positionierung fragen.

In den überwiegenden hier behandelten Politikfeldern hat die evangelikale Bewegung klare *Positionierungen* vorgenommen und vertritt diese wiederholt in unterschiedlichen Kontexten. Deutlich werden dezidierte und klare Vorstellungen in den Themenfeldern, deren Umsetzung für die evangelikale Bewegung von immenser Bedeutung ist. Dies betrifft Aspekte, die aus Sicht der Bewegung

---

521 Laubach 1972, 113.
522 Interview mit Frank Heinrich am 22.07.2010.

maßgeblichen Einfluss auf Gesellschaft und Politik ausüben. Daneben gibt es Bereiche, die zwar angesprochen werden, bei denen aber gleichzeitig eine gewisse Bedeutungslosigkeit dieser Themen für die evangelikale Bewegung impliziert wird, weil sie nur vereinzelt und am Rande behandelt werden. Es werden zwar Standpunkte formuliert, deren Verwirklichung jedoch keinerlei Priorität hat, so dass sie nebensächlich erscheinen. Dennoch wird auch in diesen Bereichen eine Begründung geliefert und ein Akteur adressiert. Themenfelder in denen keinerlei Äußerungen vorgenommen werden, sind in der Analyse nicht berücksichtigt, da davon ausgegangen wird, dass sie keine entscheidende Bedeutung für die evangelikale Bewegung haben. In diesen Feldern finden keine Positionierungen statt, keine Begründung wird geliefert und auch niemand adressiert.

Zwei *Begründungsmuster* können grundsätzlich in der Argumentation der evangelikalen Bewegung unterschieden werden. Einerseits wird der Standpunkt mit politischen, sozialen oder gesellschaftlichen Aspekten erläutert, indem die Implikationen der Forderung mit Maßnahmen oder Folgen in diesen Bereichen plausibel gemacht werden. Die andere Form der Argumentation findet auf einer religiösen Ebene statt. In diesen Fällen werden die Standpunkte mit Hilfe biblischer Vorgaben oder theologischer Begründungsmuster untermauert.

Schließlich kann nach dem *Adressat* der Positionierungen differenziert werden. Diese Kategorie kann in zwei Gruppierungen eingeteilt werden. Zum Einen die kirchlichen oder religiösen Akteure und allgemein gesprochen als die Gemeinschaft der Christen bezeichnete Gruppe. Letzteres bedeutet eine Art Verhaltenskodex oder Handlungsanleitung, die im Sinne der evangelikalen Bewegung für Christen gelten sollte. Zum Anderen können sich Forderungen an staatliche Akteure richten, da jene politische Entscheidungsprozesse massiv bestimmen und insofern im Sinne der Bewegung Entscheidungen treffen und Diskussionen anstoßen sollen.

Will man die drei Kategorien in einem Schema verkürzt und vereinfacht grafisch darstellen, so kann das beispielsweise in folgender tabellarischer Auflistung erfolgen. Es werden hier nur die Politikfelder beachtet, in denen sich im Laufe dieser Analyse einheitliche Positionierungen aufdecken ließen:

Position	dezidiert		nebensächlich	
Begründung	religiös	politisch	religiös	politisch
Adressat				
kirchliche / religiöse Akteure, Christen	• Gleichstellung Ehe • Familie • Trennung Kirche-Staat • Mission • Israel • Bildung • Islam • pol. Engagement • Akzeptanz staatl. Ordnung	• Islam • Gleichstellung Ehe		
staatliche / politische Akteure	• Ehe / Familie schützen • Erziehung durch Eltern • Gender Mainstreaming • Trennung Kirche-Staat • Abtreibung • Sterbehilfe • Biomedizin • Schutz von Sonntagen	• Gleichstellung Ehe • Israel • Christenverfolgung • Wertebasis der EU • Islam	• soziale Marktwirtschaft • Chancengleichheit • Umweltpolitik	• Wirtschaftspolitik • Homeschooling • Europäische Union

Abbildung 1: Schematische Darstellung der behandelten Politikfelder

Natürlich stellt die Tabelle eine sehr schematische Darstellung der behandelten Politikfelder, der Positionierung der Evangelikalen, der Begründungsmuster und der Adressaten dar. Gleichwohl ist die Abbildung hilfreich, um einen Überblick über das politische Agieren der evangelikalen Bewegung zu erhalten. Es lässt sich anhand dieser Darstellung zeigen, in welchen Bereichen deutliche Positionen bezogen werden und welche Bereiche weniger entscheidend sind. Gleichzeitig wird deutlich, dass die evangelikale Bewegung die überwiegende Anzahl ihrer Forderungen an staatliche oder politische Akteure richtet. Die politischen Forderungen werden insgesamt häufiger mit religiösen Argumentationsmustern begründet. Forderungen mit politischen Begründungsmustern werden selten an kirchliche oder religiöse Akteure gerichtet. Diese werden außerdem nur dann adressiert, wenn dezidierte Positionen vorherrschen.

Religiöse Begründungsmuster werden vor allem in Fragen des Schutzes von Ehe und Familie herangezogen, da diese als schöpfungssgemäße und gottgewollte Formen des menschlichen Zusammenlebens verstanden werden (S. 115)[523]. Die evangelikale Bewegung vertritt in diesen Bereichen dezidierte Positionen, die häufig wiederholt und nachdrücklich betont werden. Forderungen richten sich an kirchliche Akteure, die ihre Maßnahmen zur Unterstützung der Familien verstärken und weitertreiben sollen. Auch die Gemeinschaft der Christen wird angerufen, sich entsprechend dieser von Gott so gewollten Lebensweise zu verhalten. Daneben wird politischen Maßnahmen eine hohe Aufmerksamkeit geschenkt, die entscheidend zur Erhaltung dieser Strukturen beitragen können. Dementsprechend wird in vielen Publikationen an politische Parteien appelliert, eine so genannte ‚echte' Familienpolitik zu betreiben (S. 116). Diese Forderung wird mit einem Thema, das für die Evangelikalen eng mit den familienpolitischen Maßnahmen verknüpft ist, verbunden. Die Gleichstellung gleichgeschlechtlicher Partnerschaften wird als Bedrohung ‚klassischer' Familienstrukturen angesehen und daher strikt abgelehnt. Das Begründungsmuster kann eher als politisch oder gesellschaftlich bezeichnet werden, da an die Notwendigkeit des Fortbestandes der Gesellschaft appelliert wird, der durch die „Homosexualisierung" (S. 121) der Gesellschaft gefährdet sei (S. 120). Die Argumentation verläuft wie folgt: Wenn gleichgeschlechtliche Partnerschaften anerkannt würden, hätte dies eine Abwertung der Familien und der Leistung der Familien zur Folge. Dies würde gleichzeitig auch familienpolitische Maßnahmen betreffen, so dass ein angemessenes Wachstum der Gesellschaft gefährdet wäre. Zusätzlich wird das Argument religiös unterlegt, indem homosexuelle Lebensformen als schöpfungswidrig und sündhaft bezeichnet werden (S. 121). Der Adressat dieser Thematik ist nicht ganz einheitlich. Zwar werden Kirchen aufgerufen, die Segnung gleichgeschlechtlicher Paare abzulehnen, da dies theologischen Traditionen entgegen laufen würde (S. 120). In Bezug auf politische Akteure werden dagegen Differenzierungen deutlich. Es gibt einerseits Äußerungen, die die staatliche Anerkennung dieser Partnerschaften ablehnen (S. 120). Andererseits gibt es auch Stimmen, die dem staatlichen Handeln gelassen gegenübertreten, da eher der kirchliche Umgang mit dieser Thematik von Bedeutung sei (S. 121).

In Fragen der Abtreibungsthematik, der Sterbehilfe und biomedizinischer Forschung wird in ähnlicher Weise dezidiert Stellung bezogen, religiös argumen-

---

523 Die hierfür herangezogenen Aussagen wurden bereits in den Kapiteln, die die Politikfelder ausführlich beschreiben, dargestellt. Hier werden daher nur die entsprechenden Seitenzahlen der Aussagen innerhalb dieser Arbeit angegeben.

tiert und es werden Handlungsforderungen an staatliche Akteure gerichtet (S. 122). Die Trennung von Staat und Kirche wird mit göttlicher Aufgabenverteilung an Staat und Kirche begründet, die insofern bereits eine Differenzierung dieser Institutionen vorsieht (S. 112). Diese Feststellung richtet sich gleichermaßen an kirchliche und politische Akteure, die ihren jeweiligen Handlungsspielraum und den der Gegenseite beachten sollen. Das sehr wichtige Thema des Umgangs mit Israel wird auf mehreren Ebenen behandelt. So wird einerseits die historische Verantwortung Deutschlands betont, die es aufgrund seiner Geschichte und der Verbrechen des Nationalsozialismus gegenüber Israel innehabe. Dazu kommt außerdem eine religiöse Begründung, die mit der Geschichte der Juden und Christen in der Bibel erläutert wird. Adressaten sind religiöse und politische Akteure gleichermaßen (S. 150). Die Gemeinschaft der Christen steht als Adressat im Blickfeld, wenn wiederholt politisches Engagement gefordert wird, für das sie im Besonderen geeignet sei (S. 108). In diesem Zusammenhang wird zur Akzeptanz der bestehenden staatlichen Ordnung aufgerufen, da diese gottgewollt sei (S. 109).

Bildungspolitische Fragen werden insbesondere an kirchliche Akteure als Bildungsträger gerichtet und es wird auf eine biblische Ausbildung in diesen Einrichtungen Wert gelegt. An staatliche Stellen richten sich dagegen die Forderungen im Bereich der Kleinkinderbetreuung, die die primäre Aufgabe der Eltern sei, wie anhand von religiösen Begründungen gezeigt wird (S. 116). Im Umgang mit dem Islam in Deutschland werden verschiedene Argumentationsmuster herangezogen, die auf religiöser und politischer Ebene anzusetzen sind. Handlungsempfehlungen werden insbesondere kirchlichen Akteuren und Christen gegeben, die sich auf den Umgang mit und die Missionierung von Muslimen richten (S. 137). Staatliche Akteure werden wiederholt angesprochen, wenn es um die Bekämpfung der Christenverfolgung in anderen Ländern geht (S. 132). In diesem Zusammenhang werden Empfehlungen in Bezug auf den Umgang mit islamischen Strömungen gegeben.

Eher weniger Bedeutung haben wirtschaftspolitische Themen. Zwar werden diese Themen angesprochen und politisches Handeln kommentiert, jedoch in sehr geringem Maße und ohne Nachdruck. Eine Ausnahme bildet die Forderung nach dem Schutz des Sonntages, die wiederholt an staatliche Stellen gerichtet wird (S. 154). Damit verbundene Themen wie soziale Marktwirtschaft und wirtschaftliche Chancengleichheit aller Menschen werden zwar religiös begründet, jedoch nicht näher ausgeführt (S. 152). Ebenso verhält es sich mit der generellen Einschätzung der Europäischen Union, die zwar politisch legitimiert, aber ohne großes Engagement betrachtet wird. Eine Ausnahme ist der Aspekt der religiösen Basis der EU, die als erforderlich angesehen und als unabdingbar für deren Zukunft eingeschätzt wird (S. 149). Interessanterweise ist der medial häufig mit den Evangelikalen verbundene Aspekt des Heimunterrichts kein Thema für die evangelikale Bewegung, die diesen zwar nicht ablehnen, aber auch nicht für die Einführung kämpfen (S. 144). Umweltpolitische Maßnahmen haben bisher keine herausgehobene Stellung. Gleichwohl werden Maßnahmen, die von staatlicher Seite unternommen werden sollten, mit der Wahrung der göttlichen Schöpfung legitimiert (S. 155).

Anhand dieser verkürzten Zusammenfassung kann ein Profil des politischen Agierens der evangelikalen Bewegung erstellt werden. Für die Positionierungen der Evangelikalen stehen zwei Arten von Begründungen zur Verfügung, die je nach Themenfeld angewendet werden. Die Umsetzung politischer Appelle wird nicht nur von staatlichen Akteuren, sondern auch von kirchlichen Akteuren und dem individuell agierenden Christen gefordert. Neben den dargestellten Politikfeldern gibt es weitere Bereiche, zu denen man sich jedoch in unterschiedlicher Weise äußert. Zu diesen Aspekten gehören außenpolitische Bereiche (S. 147) oder auch Einzelthemen wie beispielsweise Kreationismus (S. 145). Diese Felder werden in der Darstellung nicht berücksichtigt, da keine einheitlichen Stellungnahmen existieren und daher ein heterogenes Bild vorhanden ist, das keine Aussagekraft besitzt.

Deutlich wird an dieser schematischen Darstellung die Schwerpunktsetzung der evangelikalen Bewegung innerhalb der Kategorien. In überwiegendem Maße werden religiöse Begründungsmuster für ihre Forderungen herangezogen. Nur vereinzelt trifft man auf explizite politische oder gesellschaftliche Aspekte, die für das Plausibilisieren einer Position verwendet werden. Des Weiteren werden die Appelle zumeist an staatliche Akteure gerichtet, da diesen vermutlich die größeren Gestaltungsmöglichkeiten zugetraut werden. In den untersuchten Politikfeldern fanden sich wenige Bereiche, in denen die Evangelikalen keine dezidierte Meinung vertreten haben. Es gibt einige wenige Bereiche, wo eine gewisse Gelassenheit im Umgang mit staatlichem Handeln beobachtet werden kann. Dies wurde hier mit einer Zweitrangigkeit der Themen überschrieben, könnte vermutlich auch als eine liberale Einstellung in diesen Politikfeldern gedeutet werden.

Auffällig ist, dass Themen, die der evangelikalen Bewegung besonders wichtig sind, auf unterschiedlichen Ebenen begründet und an mehrere Akteure gerichtet werden. Beispiele sind der Umgang mit Israel und dem Islam und die Anerkennung gleichgeschlechtlicher Partnerschaften. Diese Themen werden sowohl religiös als auch politisch begründet und an staatliche, sowie an kirchliche Akteure gerichtet. Neben der Häufigkeit der Äußerungen und der Hartnäckigkeit der Appelle zu diesen Themen, ist dies ein Indiz für die Bedeutung der Positionen innerhalb der evangelikalen Bewegung. Die eingangs angenommene Prioritätensetzung der Politikfelder wird hier bestätigt. So finden sich insbesondere im weitesten Sinne familien- und religionspolitische Themen auf allen Ebenen dieser Kategorien wieder. Auch bildungspolitische und ethische Themen sind in diesen Feldern anzutreffen, weniger dagegen außenpolitische, wirtschaftspolitische und umweltpolitische Fragen.

Zusammenfassend kann das politische Agieren der evangelikalen Bewegung mit Hilfe der Kategorien ‚Position', ‚Begründung' und ‚Adressat' systematisiert werden. Politikfelder, in denen sich einheitliche Positionierungen unter den Evangelikalen finden lassen, können in diese Kategorien eingeordnet werden. Besonders wichtige Themen lassen sich auf mehreren Ebenen dieser Kategorisierung finden.

4.2 Kontakte in die Politik

Deutlich wurde, dass innerhalb der evangelikalen Bewegung eine Politisierung stattgefunden hat. Insofern erscheint es nur folgerichtig, zu untersuchen, ob – und wenn ja, welche – Kontakte direkt in politische Strukturen hinein bestehen. Ausdrücklich betont die Evangelische Allianz, dass sie keine Wahlempfehlungen herausgibt. So legt sie sich nicht auf eine Partei fest, nennt dagegen Aspekte, die ausschlaggebend für die Entscheidung an der Wahlurne sein sollten. Dennoch ist es offensichtlich, dass die meisten Gemeinsamkeiten und Kontakte zur CDU / CSU bestehen. Dies mag aufgrund des ‚C' im Namen naheliegen. Eine offizielle Festlegung auf diese Partei findet aber nicht statt. Allerdings gibt es in einigen Bereichen Kooperationen, die diese Nähe deutlich machen. Beispielsweise findet einmal jährlich ein Treffen ‚Christ und Politik' statt, das die Evangelische Allianz in Zusammenarbeit mit der CDU-nahen Konrad-Adenauer Stiftung veranstaltet. Zu diesen Treffen werden Politiker verschiedener Parteien eingeladen und immer ein Vertreter der CDU oder CSU. Mit Frank Heinrich und Johannes Selle sind zwei Mitglieder der Evangelischen Allianz im Bundestag vertreten. Beide gehören der CDU-Fraktion an. Johannes Selle war bereits in der Legislaturperiode von 1994 bis 1998 im Bundestag vertreten und gehört ihm nun wieder seit 2009 an. Er ist Mitglied des Arbeitskreises Politik der Evangelischen Allianz. Frank Heinrich trat 2002 als freier Kandidat für die Partei Bibeltreuer Christen zur Wahl zum Deutschen Bundestag an, bis er 2007 in die CDU eintrat und 2009 für diese in den Bundestag gewählt wurde. Er ist Mitglied des Hauptvorstandes der Evangelischen Allianz. Vor allem Heinrich ist sehr aktiv im Bereich der Allianz und Lausanner Bewegung, ist regelmäßig auf innerdeutschen Kongressen der evangelikalen Bewegung und war Teil der deutschen Delegation auf dem 3. Weltkongress der Lausanner Bewegung 2010 in Kapstadt.

Enge Kontakte werden von der Allianz auch zu einzelnen Politikern gehalten. Besonders hervorzuheben sind dabei zur Zeit der Generalsekretär der CDU Hermann Gröhe und der Fraktionsvorsitzende der Unionsparteien im Bundestag Volker Kauder. Beide sind auf vielen Veranstaltungen der Evangelikalen anzutreffen. Mit einer Delegation um Volker Kauder ist der ‚Beauftragte der Deutschen Evangelischen Allianz am Sitz des Bundestages' im Jahre 2010 in die Türkei gefahren, um sich dort dem Schicksal verfolgter Christen zuzuwenden. Volker Kauder hat 2010 für sein Engagement für verfolgte Christen den Preis der christlichen Medienakademie ‚Goldener Kompass' verliehen bekommen und auf einer Festveranstaltung im September 2010 entgegengenommen. Zuletzt hat er auf dem von idea veranstalteten ‚Kongress christlicher Führungskräfte' im Februar 2011 eine emotionale Rede gehalten, die alle wichtigen Themen der evangelikalen Bewegung in ihrem Sinne thematisierte.

Die folgende Aufzählung macht deutlich, dass weitere hochrangige CDU / CSU Politiker eine Verbindung zur evangelikalen Bewegung aufweisen. Bis zu seiner Wahl zum Bundespräsidenten war Christian Wulff Mitglied des Kuratoriums der evangelikalen Großveranstaltung ‚ProChrist'.[524] Christine Lieberknecht, Ministerpräsidentin Thüringens, und die beiden ehemaligen Ministerpräsidenten Erwin Teufel und Günther Beckstein sind nach wie vor Mitglieder dieses Kura-

---

524 Im Zuge seiner Kandidatur für das Amt des Bundespräsidenten, gab es einige kritische Pressestimmen zu dieser Mitgliedschaft. Siehe dazu beispielsweise den Artikel von Claudia Keller im Tagesspiegel am 25.06.2010.

torium. Auch Wolfgang Baake beschreibt diese Nähe der evangelikalen Bewegung zu den Unionsparteien.[525] Auch wenn sicherlich regionale Unterschiede bestehen, scheint es prinzipiell eine Affinität zur CDU / CSU Fraktion zu geben. Dies wird unter anderem an solchen Zitaten aus einer Publikation der Evangelischen Allianz von 1998 deutlich: „Wenn es in wenigen Tagen zu einer ersten rot-grünen Bundesregierung in Deutschland kommt, dann besteht die reale Gefahr, daß unsere Wertordnung weiter verfällt."[526] Auch wenn der Regierungsantritt der ersten rot-grünen Bundesregierung nun schon über ein Jahrzehnt her ist, kristallisiert sich hier eine Skepsis gegenüber den Parteien der Bündnis Grünen und der SPD heraus. Wenn die Allianz in zurückliegenden Legislaturperioden Kritik an politischen Entscheidungen einer Partei oder Koalition geäußert hat, so ging mit dieser Kritik dennoch nicht die Empfehlung für eine andere Partei einher.[527] Ein Grund für die Vermeidung der Festlegung auf eine Partei mag in der Tatsache zu finden sein, dass die evangelikale Bewegung lieber inhaltliche Bündnisse mit verschiedenen Partnern als dauerhafte Partnerschaften mit einer Partei eingeht. So agiert die evangelikale Bewegung auch hier sehr pragmatisch. Bündnisse werden auch mit Partnern eingegangen, mit denen man in anderen Themenfeldern überhaupt nicht übereinstimmt, um in eben jenem gemeinsamen Feld Erfolg zu haben. Zugespitzt wird dies von dem evangelikalen Publizist Jürgen Wüst in einem Interview geäußert, dass Michael Hausin im Rahmen seiner Dissertation geführt hat: „Warum kann es in der Pornografiedebatte keinen Zusammenschluss zwischen Alice Schwarzer und den Evangelikalen geben? Der Kampf gegen Pornografie kann doch unabhängig davon geführt werden, ob Frau Schwarzer für die Freigabe der Abtreibung ist."[528] Hier ist der dargestellte und analysierte *undogmatische Pragmatismus* erkennbar, der auf den ersten Blick ungewöhnliche Kooperationen entstehen lässt. Für die Evangelikalen stehen die Ziele ihres Agierens im Fokus und die Wege sind zweitrangig. Dies ist umso interessanter,

---

525 Interview mit Wolfgang Baake am 20.08.2010: „Ich würde sagen prozentual eine größere Affinität zur CDU, aber man kann nicht sagen, die Evangelikalen wählen geschlossen CDU oder CSU."
526 Deutsche Evangelische Allianz 1998,16.
527 Vgl. Hausin 1999, 104: Gut zu erkennen, ist dies an folgender Beschreibung Hausins: „Die Reformkonzepte der neuen SPD / FDP-Koalition verursachten eine Reihe von Manifesten [der Evangelikalen; Anm. d. V.], die Forderungen an die Politik enthielten, ohne sich dabei konkret für die Opposition auszusprechen."
528 Zitiert in einer Fußnote in: Ebd., 115.

da gerade das Thema Abtreibung in der evangelikalen Bewegung emotional diskutiert und als existentiell für die Gesellschaft angesehen wird.[529] So werden also im gesellschaftlichen und politischen Bereich strategische Bündnisse eingegangen, um Ziele zu erreichen. Ebendies verhindert die Festlegung auf eine Partei.

Interessant sind auch informelle Zirkel der politischen Kontaktpflege, wie beispielsweise der ‚Salon in Mitte'. Dieser ist eine private Initiative des Politik- und Unternehmensberaters Dieter Boy, der etwa einmal im Monat in seine Berliner Wohnung zu Gesprächen über ‚Gott und die Welt' einlädt. Viele Mitglieder der evangelikalen Bewegung, Politiker, Vertreter der Wirtschaft und Medien kommen an diesen Abenden zusammen. Einige Minister haben dort bereits vorgetragen und manche Bundestagsabgeordnete, wie beispielsweise Frank Heinrich, sind Stammgäste. Moderiert wird der Abend zumeist von dem Korrespondenten des ARD-Hauptstadtstudios Markus Spieker, der seinerseits eng mit der evangelikalen Bewegung verbunden ist.[530] An diesen Beschreibungen erkennt man den bereits in Kapitel 3.3.3 erläuterten Netzwerkcharakter der Bewegung. Es werden viele Kontakte in politische und gesellschaftliche Bereiche geknüpft, diese in informellen und formellen Bereichen ausgebaut und so die Möglichkeit der Einflussnahme geschaffen.

Der Beauftragte der Deutschen Evangelischen Allianz am Sitz der Bundesregierung ist seit 1999 Wolfgang Baake. Nach zehnjähriger Tätigkeit als Industriekaufmann studierte er evangelische Theologie und ist seit 1987 Leiter der Christlichen Medienakademie und Geschäftsführer des Christlichen Medienverbundes KEP. Außerdem ist er Mitglied des Gesamtvorstandes der Deutschen Evangelischen Allianz. Baake agiert als Stellvertreter der Evangelischen Allianz im Bundestag und bei der Bundesregierung und spricht für die Allianz – ab 2014 wird er diese Aufgabe hauptamtlich wahrnehmen. Er baut Kontakte auf, formuliert Stellungnahmen der Evangelischen Allianz und berichtet in dieser über politische Entwicklungen. Wie bereits erwähnt, war er Mitglied einer Delegation um Volker Kauder bei einem Besuch in der Türkei. Die Evangelische Allianz ist registrierter Verband beim Deutschen Bundestag, was wiederum den Aufbau solcher Kontakte ermöglicht. Beispielsweise erlaubt dies die Teilnahme an öf-

---

529 Vgl. Kapitel 4.1.1.
530 Vgl. hierzu: http://www.salon-in-mitte.de [19.04.2010, 14:41]. Die Verfasserin hat an einem dieser Abende teilgenommen.

fentlichen Anhörungen der Bundestagsausschüsse.[531] Auch die Vereinigung Evangelischer Freikirchen (VEF) hat, wie bereits erwähnt, seit dem Jahre 2000 einen Beauftragten am Sitz der Bundesregierung. Peter Jörgensen soll am Ort der politischen Entscheidungen die Interessen der Freikirchen vertreten. Begründet wird die Einrichtung dieses Beauftragten wie folgt: „Die wachsenden Herausforderungen und Aufgabenstellungen drängen zu einer Fortentwicklung und einem Ausbau von bestehenden VEF-Arbeitsstrukturen, um den Freikirchen eine größere Handlungsfähigkeit zu geben."[532] Die Beauftragung wird nicht als Lobbyarbeit gesehen, sondern als Missionierung im Sinne des Evangeliums. So solle an historische Wurzeln der Freikirchen angeknüpft werden, die das Evangelium kritisch-solidarisch an das Volk und die Regierenden ausgerichtet haben. Diese Beauftragung gehe einen neuen und mutigen Weg. „Sie nimmt im Namen ihrer Mitgliedskirchen Verantwortung wahr in einem Bereich, der in der Vergangenheit mit dem eleganten Hinweis auf die Trennung von Kirche und Staat nur allzu schnell abgewiesen worden war."[533] Es ist somit sehr deutlich, dass innerhalb der evangelikalen Bewegung und parallel an verschiedenen Stellen in dieser eine Institutionalisierung des politischen Engagements stattgefunden hat. Ganz bewusst hat man diese geplant, da man souveräner im politischen Geschehen mitwirken wollte. „Um das erforderliche Maß an politischer Professionalität zu erlangen, sollen darüber hinaus ‚Personen ausgebildet werden, die mit den politischen Entscheidungsprozessen vertraut sind und ihre fachliche Kompetenz an den entscheidenden Stellen zur Verfügung stellen können'."[534]

Christliche Kleinstparteien – Partei Bibeltreuer Christen

Ein weiteres Phänomen sollte angesprochen werden, wenn es um evangelikale Kontakte in die Politik geht: Christliche Kleinstparteien. Die Partei Bibeltreuer Christen (PBC) ist dem evangelikalen Lager zuzurechnen. Neben dieser gibt es noch weitere kleine christliche Parteien. Die Christliche Partei Deutschlands

---

531 Auch die Arbeitsgemeinschaft Evangelikaler Mission e.V. ist beispielsweise ein registrierter Verein beim Bundestag.
532 Vereinigung Evangelische Freikirchen 2004, 15.
533 Ebd., 243ff. Vgl. außerdem Ebd., 242f.
534 Hausin 1999, 117.

(CPD) war im evangelikalen Spektrum anzusiedeln, bis sie 2003 in der überkonfessionellen – ursprünglich eher katholischen – Zentrumspartei aufging. Auch die Partei Christliche Mitte (CM) ist eher eine katholische Partei. Im Jahr 2008 gründete sich außerdem die AUF-Partei, die in einigen Bereichen mit der PBC zusammenarbeitet und zum evangelikalen Lager gezählt werden kann. Im Folgenden soll der Blick ausschließlich auf die PBC gelegt werden, da diese die einzige evangelikale Partei ist, die an Bundestagswahlen teilgenommen hat.[535]

Die Partei Bibeltreuer Christen wurde 1989 von dem pfingstlichen Seelsorger Gerhard Heinzmann gegründet und nimmt seit 1990 regelmäßig an Wahlen teil.[536] Bundesweit spielen ihre Wahlergebnisse keine Rolle, 2005 erhielt sie 0,2 % der Stimmen, 2009 0,1 %.[537] Als Antrieb für die Gründung der Partei wird das Versagen der etablierten Parteien, biblische Maßstäbe zu vertreten, angeführt. Die PBC sieht ihre Parteigründung als von Gott geplant und in den 49 Gründungspersonen die biblische Zahl von 7 mal 7 hervortreten.[538] Inhaltlich äußert sich die PBC in ihrem Grundsatzprogramm zu allen politischen Bereichen. Sie bekennt sich zum deutschen Rechtsstaat und Grundgesetz, stellt aber die Bibel als das Fundament allen Handelns in den Vordergrund. Als Ziel ihrer Politik wird formuliert: „Der Gott der Bibel soll der Gott Deutschlands werden."[539] Eindeutig zu erkennen ist, dass diese Forderung zu Schwierigkeiten in einer religiös-pluralistischen Gesellschaft führt. Was heißt es für Bürger, anderer Religionen oder gar keiner Religion, wenn der Gott der Bibel der Gott Deutschlands wird? Dies stellt auch das Eintreten für die Religionsfreiheit und die Trennung von Kirche und Staat in Frage.

Das Grundsatzprogramm der PBC soll in kurzen Ausführungen dargestellt werden, um zu zeigen, dass eine Nähe zu evangelikalen Positionen erkennbar ist. Einen entscheidenden Punkt der Politik der PBC macht das Verhältnis zu Israel aus. Israel wird ausnahmslos unterstützt, die Gründung eines palästinensischen

---

535 Für weiterführende Analysen zu verschiedenen christlichen Kleinstparteien siehe beispielsweise: Daiber 1996, 105-123 und Schmidt 1998.
536 Vgl. zu dem Konflikt mit pfingstlerischen Gruppierungen innerhalb der evangelikalen Bewegung Kapitel 3.3.1.
537 Vgl. zu diesen Zahlen: Deutscher Bundestag, Bundestagswahl 2009: http://www.bundestag.de/btg_wahl/wahlinfos/startseite/index.jsp [16.02.2011, 13:45].
538 Vgl. Hoyer 2001, 50ff.
539 Grundsatzprogramm der Partei Bibeltreuer Christen: http://ww.pbc.de/fileadmin/pbc-de/editors/print/pbc-gp.pdf [16.02.2011, 12:56].

Staates abgelehnt und das Wohlergehen des deutschen Staates von der Politik gegenüber Israel abhängig gemacht. Daneben sind weitere Ziele zu identifizieren. Eine Abgabe von staatlicher Souveränität an europäische Institutionen wird abgelehnt. Familien seien zu fördern und schützen, da kaputte Familien zu kaputten Strukturen des Staates führen würden. Ehen gleichgeschlechtlicher Partner sollen verboten und Ehescheidungen erschwert werden. In Schulen sollten die Lehrpläne unter Berücksichtigung der Bibel gestaltet und die Schöpfungslehre in diese Pläne aufgenommen werden. Außerdem sollte Heimunterricht gesetzlich erlaubt sein. Die soziale Marktwirtschaft wird befürwortet und vor allem zur Förderung mittelständischer Unternehmen aufgerufen. In der Gesundheitspolitik wird eher auf Vorsorge, als auf Nachsorge gesetzt, denn eine „Lebensführung nach göttlichen Maßstäben, wie sie uns in der Bibel gezeigt werden, ist die beste Gesundheitsvorsorge"[540]. Die Umwelt solle als Schöpfung Gottes bewahrt werden und in öffentlichen Medien mehr biblische Programme Einzug halten.[541]

Wie der Name der Partei bereits ausdrückt, wird an die wörtliche Erfüllung der Prophezeiungen aus der Bibel geglaubt und die Bibel buchstabengetreu ausgelegt. Im Grundsatzprogramm wie auch auf allen Wahlplakaten der Partei werden stetig Bibelzitate zur Untermauerung ihrer Forderungen herangezogen. So sind viele Forderungen auch mit der Auslegung entsprechender Bibelstellen und der theologischen Ausrichtung der Partei zu erklären, wie Guido Hoyer an einem Beispiel deutlich macht: „Die Israel-Politik der Partei Bibeltreuer Christen ist nur verständlich, vergegenwärtigt man sich die chiliastische Orientierung der Partei. Sie will dazu beitragen, den Heilsplan Gottes zu verwirklichen und die Wiederkunft Jesu Christi vorzubereiten."[542] Nach der inhaltlichen und strukturellen Analyse der Partei stellt Hoyer die Frage, ob die PBC christlich-fundamentalistische Züge trage. Als Kriterien für die Identifizierung von fundamentalistischen Tendenzen benennt er: Antimodernismus, in Form von Ablehnung moderner Bibelwissenschaft; Intransigenz; Diskursunfähigkeit oder -unwillen; starrer Dualismus; Reduktionismus und ein starkes Wir-Gefühl.[543] Nach seiner Analyse zieht er folgenden Schluss: „Insgesamt gesehen ist die PBC als unzweifelhaft protestantisch-fundamentalistische Gruppierung anzuspre-

---

540 Ebd.
541 Vgl. für diese Zusammenfassung der Positionen der PBC: ebd.
542 Hoyer 2001, 61.
543 Vgl. ebd., 118ff.

4.2 Kontakte in die Politik

chen."[544] So zeichne sich die PBC durch einen biblizistischen Antimodernismus aus, vertrete „mit Apokalyptik und Schöpfungslehre die beiden Eckpunkte protestantisch-fundamentalistischer Bibellehre"[545], besitze ein deutlich dualistisches Weltbild, das zwischen Gut und Böse aufteile, was wiederum zu Reduktionismus führe. Das Selbstbild als ein ‚Werkzeug Gottes' zu handeln, mache außerdem das übersteigerte Selbstverständnis deutlich.[546] So zieht Hoyer folgendes eindeutiges Fazit:

> „Die protestantisch-fundamentalistische Partei Bibeltreuer Christen trägt mit ihrer Israel-Politik unverwechselbare Züge. Auch fällt die betont eschatologische Politik auf. Wenn die PBC in Erwartung der Endzeit zur Umkehr zu Jesus ruft, wird ihr ausgesprochenes Sendungsbewußtsein deutlich. Die PBC scheut sich nicht, ihr Tun als heiliges Werk zu bezeichnen."[547]

Die Partei habe sich außerdem bewusst den Namen ‚bibeltreu' gegeben, um ihre Kritik an der etablierten christlichen Partei deutlich zu machen: „'Treu dem Wort Gottes' ist auch eine Schutzfunktion vor einer Unterwanderung, wie wir sie heute in der CDU durch Atheisten, Buddhisten und nicht zuletzt durch 11.000 Muslime beobachten."[548] Auch hier wird wieder die Gründungsmotivation der Partei deutlich, die vor allem in der Unzufriedenheit mit den bestehenden christlichen Parteien zu finden ist. So verwundert es nicht, wenn sich die PBC als die ‚einzig wahre christliche Partei' bezeichnet.[549] Deutlich zu Tage tritt, dass die Partei Bibeltreuer Christen ganz bewusst auf religiöse Begründungsmuster ihrer politi-

---

544 Ebd., 128.
545 Ebd., 127.
546 Vgl. ebd., 126ff.
547 Ebd., 131ff. Des Weiteren sieht Hoyer die Gefahr einer Nähe zum Rechtsextremismus, die jedoch ambivalent ist: „Auf der einen Seite wendet sich die PBC gegen Antisemitismus und Geschichtsrevisionismus, auf der anderen Seite wird auf einem Landesparteitag der antifreimauerrisch-antisemitische Verschwörungsmythos vertreten." Ebd., 132. Dieser Vorwurf konnte hier nicht verifiziert werden. Hoyer berichtet aus einem unveröffentlichten Redemanuskript eines PBC Landesvorsitzenden. Auch Hausin sieht die Partei im rechten Spektrum der Parteienlandschaft angesiedelt. Vgl. Hausin 1999, 108. Hartmut Steeb reagiert in einem Vortrag auf die Anschuldigung, dass die evangelikale Bewegung im Ganzen eher ins rechte Spektrum gehört mit dem Gegenargument, dass sie sich nicht durch Ablehnung gegen etwas definiere, sondern durch Kämpfen für ‚die gute Sache': „Wer uns in die rechtsradikale und verfassungsfeindliche Ecke stellen will, hat noch nicht begriffen, dass auch unser gesellschaftliches Engagement vom Pro geleitet ist." In: Steeb 2010, 9.
548 Zitiert aus einem Interview, dass Michael Hausin mit Jürgen Künzel am 06.08.1997 geführt hat. Siehe dazu Fußnote 103 in: Hausin 1999, 108.
549 Vgl. ebd., 108.

schen Arbeit verweist und insofern eine enge Verflechtung von weltlichen Zielen und religiösen Begründungsmustern angestrebt wird. Eindrücklich hervorgetreten ist außerdem, dass dies mit einer religiösen Pluralität in modernen Gesellschaften nicht vereinbar ist.

Die PBC verfügt nicht über großen Rückhalt in der evangelikalen Bewegung: „Innerhalb der Evangelikalen Bewegung hat die PBC einmal gegen die Vorbehalte zu kämpfen, sie sei eine von Pfingstlern getragene Partei. Ebenso vehement kommt die Kritik von den der CDU verpflichtenden Personen."[550] Diese Kritik tritt dabei in vielen Bereichen der Bewegung zu tage. Gemein ist all diesen Kritikern, dass sie es für äußerst wichtig halten, politisch zu handeln. Hintergrund der Kritik ist dann nämlich, dass die Stimmen an die PBC ‚verschenkt' seien, da diese Partei nie die Möglichkeit haben wird, sich aktiv in politische Entscheidungen einzubringen. „Wir haben eine 5 %-Klausel und ich würde nicht empfehlen Stimmen Parteien zu geben, die keine Chance haben, darüber zu kommen. Politik gestalten heißt, dass man irgendwie mitmischen muss."[551] So sei es sinnvoller, sich in etablierten Parteien zu engagieren oder diese zu wählen, da nur so die Möglichkeit besteht, Einfluss auszuüben.[552] Auch hier kann wieder der inzwischen typische *undogmatische Pragmatismus* der evangelikalen Bewegung festgestellt werden. Sind die Evangelikalen inhaltlich eng mit der PBC verbunden, reicht ihnen die Möglichkeit der Einflussnahme für ein Engagement nicht aus. Zusätzlich wird nicht nur die Erfolgschance der PBC gering eingeschätzt, sondern auch ganz konkret Kritik an der Vorgehensweise der Partei geübt. „Er [Christian Zörb, damaliger Redationsleiter von ‚Pro', Anm. d. V.] wirft der PBC Unredlichkeit und Perfidie in Werbung und Aktion vor."[553] So sei es unredlich, Bibelsprüche mit dem Logo der PBC zu versehen und so ‚perfide Parteiwerbung' zu betreiben. Auch in den im Rahmen dieser Arbeit durchgeführten Interviews wurde von allen Experten kritisiert und bemängelt, dass das Plakatieren von Bibelsprüchen keine Parteipolitik ausmache. „Aus meiner Sicht und ich glaube, da stehe ich nicht allein, ist alles das, was in diesen Kleinstparteien zu sehen ist sektiererisch. Also ich kann nicht Wahlkampf machen, mit einem Pla-

---

550 Ebd., 109.
551 Interview mit Ulrich Parzany am 24.08.2010.
552 Vgl. dazu zum Beispiel Hausin 1999, 109ff.
553 Ebd., 110. ‚PRO' ist eine evangelikale Zeitschrift, die vom Christlichen Medienverbund KEP herausgegeben wird. Auf diesen Verbund wird im folgenden Kapitel näher eingegangen.

4.2 Kontakte in die Politik

kat auf dem ein Bibelspruch steht. Das hilft nicht dem christlichen Glauben, das schadet dem christlichen Glauben."[554] Ebenso sieht dies Frank Heinrich, der in der Vergangenheit als freier Kandidat für die PBC angetreten ist: „Allerdings wo die Politik der Partei dahin kommt, dass man eigentlich nur Bibelsprüche plakatieren will – ich mach das jetzt auch etwas plakativ, habe es aber fast wörtlich so von einzelnen Vertretern gehört – da werden Politik und diese Gelder missbraucht, es geht ja um Programme, nicht um Bekenntnisse."[555] Hier wird die Aussage unterstrichen, dass es eben keine christliche Politik per se gebe, sondern nur Politik nach christlichen Vorstellungen. Eben diese Unterscheidung werde innerhalb der PBC nicht gemacht. Aufgrund dieser zahlreichen Kritik und der Unscheinbarkeit der Partei im deutschen politischen Parteienspektrum erfährt die PBC nur in ganz geringem Maße Unterstützung innerhalb der evangelikalen Bewegung. So konstatiert auch Hausin: „Es fällt auf, daß die Kleinparteien in den Evangelikalen Reihen mehr auf Kritik stoßen denn auf Akzeptanz."[556] Diese Kritik richtet sich gegen die Vorgehensweise der Partei und die Empfehlung diese Partei nicht zu wählen begründet sich auf ihrer geringen Einflussmöglichkeit. Inhaltlich ist eine große Nähe zu den in Kapitel 4.1 dargestellten politischen Positionen der evangelikalen Bewegung und dem Grundsatzprogramm der PBC dagegen sehr wohl zu erkennen. Die evangelikale Bewegung sieht keine Erfolgsaussichten im Agieren der Kleinstpartei, wodurch sie im Sinne ihrer rigorosen Zielverfolgung das Wählen etablierter Parteien präferiert.

---

554 Interview mit Wolfgang Baake am 20.08.2010.
555 Interview mit Frank Heinrich am 22.07.2010. Ebenso sieht dies Birgit Winterhoff: „Für mich sind Parteien wie die PBC nicht wählbar. Splittergruppen können nichts bewirken." Interview am 18.08.2010. Auch Ulrich Parzany stellt fest: „In der Politik geht es grundsätzlich nicht um Glaubenskämpfe. Also deshalb lieb ich es nicht, wenn Bibelworte im Wahlkampf verwandt werden, sondern da müssen Sachargumente her. 98 % oder 99 % der politischen Fragen sind Ermessensfragen, wo es scharfe, treffende Analysen und überzeugende Lösungsvorschläge geben muss. Ich glaube nicht an christliche Politik, ich glaube nicht, dass es christliche Politik gibt, ich hoffe aber, dass es Christen in der Politik gibt. Und die gibt es in allen Parteien." Interview am 24.08.2010.
556 Hausin 1999, 110.

4.3 Evangelikale und Medien

Evangelikale und ihr Verhältnis zu Medien ist ein wichtiges, spannungsgeladenes und widersprüchliches Thema. Zunächst sei auf die evangelikale Medienwelt selbst eingegangen. Eine der ersten Maßnahmen, mit der die evangelikale Bewegung – auch wenn sie damals noch nicht so genannt wurde – 1959 aktiv in die Medienwelt eintrat, war die Gründung des Evangeliumsrundfunks (ERF). Dieser wurde als ein Ableger der internationalen Radiomissionsgesellschaft *Trans World Radio* gegründet. Der ERF arbeitet auf der Basis der Evangelischen Allianz, wurde aber nicht von dieser selbst ins Leben gerufen. „Zielgruppen sind sowohl die Christen der unterschiedlichsten Denominationen und Altersstufen als auch der biblischen Botschaft entfremdete Menschen, die mit evangelistischen Programmen erreicht werden sollen."[557] Der ERF konzentrierte sich dabei zunächst auf Hörfunkprogramme und weitete erst später sein Einsatzgebiet aus. „Die neuen Medien wurden auch vom ERF [...] als Gelegenheit erkannt, das Wort Gottes noch wirkungsvoller zu verbreiten."[558] Der ERF ist, wie die Evangelische Allianz, eine Kooperation von Christen aus Landes- und Freikirchen, weshalb Friedhelm Jung diesen auch als ein „Bewährungsfeld für die Evangelikalen"[559] bezeichnet, da hier über Differenzen hinweg zusammen gearbeitet wird. Der ERF wird zur Zeit von dem ehemaligen Vorsitzenden der Evangelischen Allianz Jürgen Werth geleitet und hat seinen Sitz in Wetzlar. Der Evangeliumsrundfunk nennt sich heute nur noch ERF Medien e.V., hat verschiedene Radiokanäle, produziert für seinen eigenen Fernsehkanal Sendungen und hat ein umfangreiches Internetangebot. Auf seiner Homepage beschreibt sich der Verein wie folgt: „Der ERF ist das Medienunternehmen, das durch einzigartige Inhalte in Radio, Fernsehen und Internet Menschen hilft, den Glauben an Jesus Christus zu entdecken und in Gemeinde und Gesellschaft zu leben."[560] Diese Programminhalte sind durch Meldungen und Berichte aus dem evangelikalen Spektrum geprägt. Er agiert im Sinne der Verbreitung der christlichen Botschaft und ist insofern missionarisch tätig.

---

557 Jung 2001, 58.
558 Ebd., 59.
559 Ebd., 60.
560 http://erf.de/4210-Ueber_den_ERF.html?reset=1 [18.02.2011, 15:52].

4.3 Evangelikale und Medien

Das Interesse der evangelikalen Bewegung auch medial in Erscheinung zu treten, war keinesfalls durch die Gründung des ERF gestillt. 1975 wurde daher die ‚Konferenz evangelikaler Publizisten' (kep) gegründet. Diese wird seit 1987 von Wolfgang Baake geleitet.[561] Die Konferenz Evangelikaler Publizisten handelt im Auftrag der Deutschen Evangelischen Allianz und „ist bestrebt, deren medienpolitische Anliegen zu fördern"[562]. Aktuelle Themen aus politischen, gesellschaftlichen und religiösen Bereichen werden kommentiert, die Weitergabe der christlichen Botschaft erstrebt und Journalisten und Publizisten vernetzt. Ziel der kep ist vor allem Evangelisation – mit Hilfe medialer Mittel sollen möglichst viele Nicht-Christen erreicht werden. Besonders betont wird daher, dass der Einsatz der neuen Medien erforderlich ist, wie es bereits der ERF vorgemacht hat. Die kep gründete im Laufe der Jahre Arbeitskreise, die die Arbeit effizienter machen sollten. Außerdem wurde 1985 die ‚Christliche Medienakademie' (cma) gegründet, deren Aufgabe es seither ist, „Massenmedien zu beobachten, christliche Aktivitäten im Medienbereich zu koordinieren sowie in Seminaren und Schulungskursen Journalisten Orientierung, Fortbildung und seelsorgerische Betreuung anzubieten"[563]. Inzwischen ist es die Hauptaufgabe der Medienakademie, junge Christen in Journalismus und Publizistik aus- und weiterzubilden.[564] Die Konferenz hat sich 1999 in Christlicher Medienverbund KEP e.V. umbenannt und hat ihren Sitz ebenso wie ERF Medien in Wetzlar. Sechsmal im Jahr wird ‚PRO-Christliches Medienmagazin' herausgegeben, wöchentlich ein Newsletter zu aktuellen gesellschaftlichen, politischen und religiösen Themen verschickt und verschiedene Veranstaltungen organisiert, wie beispielsweise die bereits angesprochene Verleihung des Goldenen Kompasses. Des Weiteren übernimmt der Christliche Medienverbund die Öffentlichkeitsarbeit zahlreicher evangelikaler Veranstaltungen, wie beispielsweise ProChrist, Willow Creek und Christival. Zusammen mit dem Christlichen Medienmagazin PRO erscheint außerdem der Israelreport. Der Christliche Medienverbund hat einen eigenen Redakteur in Israel, der diesen Report erarbeitet und über aktuelle Themen berich-

---

561 Ende 2013 wird Wolfgang Baake dieses Amt aufgeben, um hauptamtlich Beauftragter der Evangelischen Allianz am Sitz des Bundestages zu sein.
562 Jung 2001, 81.
563 Ebd., 85.
564 Vgl. https://www.kep.de/home/ueber-uns/ziele/ [18.02.2011, 15:15].

tet. Israel stellt somit einen Themenschwerpunkt des Christlichen Medienverbundes dar. KEP finanziert sich ebenso wie ERF Medien aus Spenden.[565]

Neben zahlreichen Veranstaltungen und dem Engagement im Funk- und Fernsehbereich, tritt die evangelikale Bewegung vor allem mit Printmedien in Erscheinung. Es werden unzählige Zeitschriften und Magazine, darunter auch viele Jugendzeitschriften, herausgegeben. Außerdem existieren einige evangelikale Verlage wie beispielsweise der Brockhaus-, Brunnen-, Oncken- oder auch Hänsslerverlag. „Buch und Zeitschrift sind überhaupt die von den Evangelikalen am intensivsten benutzten Medien. Seit Entstehung der EB [evangelikalen Bewegung; Anm. d. V.] Mitte der sechziger Jahre stieg der Anteil evangelikaler Bücher am evangelischen Literaturmarkt innerhalb von zwölf Jahren von 20 auf 60 Prozent an."[566] Die im Vergleich zur Evangelischen Kirche Deutschlands viel kleinere evangelikale Bewegung dominiert diesen Markt deutlich. Zusammengefasst sind viele dieser Verlage und Organisationen in der ‚Stiftung Christliche Medien', die als evangelikale Verlagsgruppe auf der Grundlage der Basis der Evangelischen Allianz die publizistischen Tätigkeiten der evangelikalen Bewegung bündelt. Vorstandsvorsitzender ist der Vizepräsident des Bundesverbandes der Deutschen Industrie und Unternehmer Friedhelm Loh.[567]

Eine besonders interessante Position im evangelikalen Mediengeschäft nimmt der Nachrichtendienst idea ein. Ursprünglich stand idea für ‚Informationsdienst der deutschen Evangelischen Allianz'. Inzwischen ist idea unabhängig, spricht nicht mehr für die Allianz, hat aber seinen Namen in Form der Abkürzung beibehalten. Als Motivation für die Arbeit der Nachrichtenagentur wird formuliert: „idea möchte dazu beitragen, der christlichen Botschaft in den Medien einen größeren Stellenwert einzuräumen. Dies geschieht dadurch, dass idea Presse, Funk und Fernsehen vor allem aus der protestantischen Christenheit anbietet, die sie sonst nicht oder nicht so ausführlich bekämen."[568] Idea wurde 1970 von dem damaligen Direktor des Evangeliums-Rundfunks Horst Marquardt gegründet und hat seinen Sitz ebenfalls in Wetzlar.[569] Seitdem ist idea ein Nachrichtendienst, der inzwischen ein großes Onlineangebot bietet, täglich Newsletter

---

565 Vgl. https://www.kep.de [13.09.2011, 10:55].
566 Jung 2001, 82ff.
567 Vgl. www.stiftung-christliche-medien.de [29.02.2012, 17:03].
568 http://www.idea.de/ueber-uns.html [18.02.2011, 16:06].
569 Vgl. Jung 2001, 71.

verschickt, idea-Fernsehen in Zusammenarbeit mit Bibel-TV produziert, wöchentlich die Zeitschrift idea-Spektrum herausgibt und den Kongress christlicher Führungskräfte veranstaltet. Idea finanziert sich aus Mitteln der EKD, Spenden, Abonnement- und Anzeigeneinnahmen.[570]

Die Beurteilung von idea innerhalb der evangelikalen Bewegung ist schwierig. Für viele ist idea problematisch, da Randthemen und -gruppierungen zu viel Platz gegeben wird und daher die Berichterstattung sehr einseitig erscheint. Einerseits wird es begrüßt, dass idea jene Themen anspricht, die sonst außen vor gelassen werden – insbesondere auch vom Nachrichtendienst der Evangelischen Kirche Deutschlands epd.[571] So werden in Publikationen von idea evangelikale Initiativen und Themen besprochen, die sonst keine Öffentlichkeit bekommen. Andererseits herrscht innerhalb der evangelikalen Bewegung oft der Eindruck, dass idea aufgrund seiner Art und Weise dem Bild der Evangelikalen in der Öffentlichkeit eher schade. So gebe idea Vereinen und Organisationen sehr viel Raum, die an den Rändern der evangelikalen Bewegung agieren und weniger beispielsweise im Sinne der Evangelischen Allianz. Dies bestätige in der Öffentlichkeit den Fundamentalismusverdacht gegenüber den Evangelikalen. Andererseits stelle auch der Nachrichtendienst epd keine Alternative dar, da er zu wenig über kirchliche und evangelikale Themen berichte und daher wenig zur Verbreitung dieser Themen beitrage. Axel Nehlsen bringt diesen Konflikt auf den Punkt:

„Hier bin ich in einem gewissen Dilemma: Wenn es idea nicht gäbe, müsste man es erfinden, weil es über den ganzen Bereich evangelikalen Christentums in Deutschland sonst keine Medienöffentlichkeit geben würde. [...] Was ich an idea kritisiere ist, dass es eine oft konfrontative und journalistisch aufbauschende Tendenz hat. Ich weiß, dass auch die Deutsche Evangelische Allianz sich immer wieder schwer tut mit dieser Tendenz von idea. [...] Ich schätze das Polarisierende und Konfrontative nicht, sage manchmal, das ist ein bisschen wie die evangelikale Bildzeitung. Was ich aber schätze, ist die solide Berichterstattung über Bereiche, die sonst nicht in die Medienöffentlichkeit kämen."[572]

Umgangssprachlich könnte man wohl sagen, dass die evangelikale Bewegung nicht mit und nicht ohne idea kann. Dieses ambivalente Verhältnis, was sich gegenüber idea gezeigt hat, ist symptomatisch für die evangelikale Bewegung und Medien. Interessant ist, dass die Evangelikalen selbst, aufgrund seiner konfronta-

---

570 Vgl. www.idea.de [24.11.2011, 09:55].
571 Siehe für einen Vergleich der beiden Nachrichtendienste: Dettmar 1994.
572 Interview mit Axel Nehlsen am 17.08.2010.

tiven Tendenz, ein gespaltenes Verhältnis zu diesem evangelikalen Nachrichtendienst haben, er sich aber wiederum auch aus Mitteln der EKD finanziert.

Die Entwicklung in den Medien und die Dominanz von Medien wird von der evangelikalen Bewegung oft kritisch gesehen. So wird beispielsweise im Manifest von Manila der Lausanner Bewegung formuliert: „Die Massenmedien haben zu einer Entwertung von Wahrheit und Autorität beigetragen, indem sie das Wort durch das Bild ersetzt haben."[573] Außerdem wird oft der Inhalt und die Prioritätensetzung der Medien kritisiert, da diese viel zu selten christliche Werte vertreten würden und falsche Ansichten propagieren. Daher fragt die Evangelische Allianz in ihrer Publikation *Christen wählen Werte* die Politik: „Sind Sie bereit, die Propagierung familienzerstörender Elemente in den Medien gegebenenfalls auch durch gesetzliche Schutzmaßnahmen zu vermindern bzw. zu verhindern?"[574] Wie wichtig dieses Thema für die evangelikale Bewegung ist, sieht man auch daran, dass es in der 2011 erschienenen Verpflichtung von Kapstadt einen eigenen Punkt gibt, der sich mit der globalisierten Medienlandschaft beschäftigt. Darin heißt es: „Medien können neutral und manchmal evangeliumsfreundlich sein. Doch sie werden auch benutzt für Pornografie, Gewalt und Gier. Wir ermutigen Pastoren und Gemeinden, diese Themen offen anzusprechen und Gläubigen Anleitungen zu geben, wie sie diesem Druck und den Versuchungen widerstehen können."[575] Es wird also einerseits der Inhalt der Medien kritisiert und andererseits auch die Dominanz der Massenmedien, die einen hohen Einfluss auf gesellschaftliche Prozesse ausüben. Dies ist jedoch nicht die einzige Schwierigkeit, die die evangelikale Bewegung mit den Medien hat.

Die deutsche evangelikale Bewegung hat oft das Gefühl, von medialer Seite ungerecht und voreingenommen behandelt und dargestellt zu werden. So nennt Hartmut Steeb, Generalsekretär der Evangelischen Allianz, dieses Problem wie folgt beim Namen: „Wir werden seit einigen Jahren so dargestellt und so wahrgenommen, als ob wir nicht in diese Gesellschaft passen würden, als ob wir gegen die moderne zeitgemäße Gesellschaft sind."[576] Er nennt weiter verschiedene Beispiele[577], woraufhin folgendes Bild der Bewegung entstehe: „Sie wird so dar-

---

573 Lausanne Movement 1989, C10.
574 Deutsche Evangelische Allianz 2005, 13.
575 Lausanne Movement 2011, Part II 4.A.
576 Steeb 2010, 2.
577 Einige dieser Beispiele werden auf den folgenden Seiten angesprochen.

4.3 Evangelikale und Medien

gestellt, dass sie im Grunde ihres Anliegens gegen die freiheitliche Verfassung, gegen Demokratie, gegen die sexuelle Selbstbestimmung, gegen die Freiheit der Frau eingestellt sei."[578] Das dies nicht so sei, versucht er im Anschluss vor allem dadurch deutlich zu machen, dass die Bewegung sich eben nicht durch die Punkte auszeichne, gegen die sie sei, sondern sich vielmehr über die Felder definieren wolle, für die sie kämpfe. Daher sei sie eine gesellschaftliche ‚Pro-Bewegung'. So würden den Evangelikalen medial Themen aufgezwungen. In Interviews würden von den Evangelikalen wiederholt andere Themen in den Vordergrund gestellt, „aber die Macht des Schneidens haben dann andere"[579]. Auch Friedhelm Jung bestätigt das Bild, das die Medien als voreingenommen und evangelikalenfeindlich darstellt. „Medien und Kultur, Politik und Wirtschaft weisen in Deutschland bestenfalls noch christliche Restbestände auf; vielfach sind sie – man denke etwa an die linksliberalen Medien – geradezu antichristlich eingestellt."[580] Und auch in den durchgeführten Experteninterviews wird diese Skepsis gegenüber medialer Berichterstattung deutlich, wenn es beispielsweise um die Benutzung des Begriffes evangelikal geht: „Es ist erschreckend, mit welchem Tempo der Begriff in den Medien zum Stigma verkommt. […] Fakt ist aber, der Begriff evangelikal fällt eigentlich nur noch in negativem Zusammenhang in den säkularen Medien."[581]

Harmut Steeb zählt in einem Vortrag im Jahre 2010 verschiedene Beispiele auf, in denen die evangelikale Bewegung seiner Meinung nach falsch dargestellt wurde. Verschiedene Ereignisse sorgten dabei für Aufregung. Am meisten wahrgenommen wurde in den letzten Jahren sicherlich der Protest gegen eine Veröffentlichung der Zeitschrift ‚Q-rage' durch die Bundeszentrale für politische Bildung, in der Evangelikale mit islamischem Fundamentalismus verglichen wurden. Im Zuge des evangelikalen Protestes distanzierte sich der Leiter der Bundeszentrale schließlich von diesen Aussagen. Die jugendlichen Autoren des entsprechenden Artikels wurden im Internet von Mitgliedern der evangelikalen Bewegung scharf attackiert und bedroht.[582] Das Buch *Mission Gottesreich*, das ein

---

578 Steeb 2010, 3.
579 Ebd., 3.
580 Jung 2007, 83.
581 Interview mit Wolfgang Baake am 20.08.2010.
582 Vgl. hierzu: Fuchs 2009; daraus ein Auszug, der dies verdeutlicht: „‚Die Schüler haben Morddrohungen bekommen.' Wolfgang Baake, Deutsche Evangelische Allianz: ‚Davon weiß ich nichts.' Doch Hannes bekam anonyme Anrufe und E-Mails wie diese: ‚Der Tag wird

Bild der evangelikalen Bewegung zeichnen will, wurde scharf als einseitig und falsch kritisiert und auch hier massiv gegen die Journalisten vorgegangen. Auch im Zusammenhang mit dem evangelikalen Jugendfestival ‚Christival' gab es ein breites Medienecho. Es wurde vor allem Kritik an einzelnen Seminaren geübt, und in diesem Zusammenhang kam es zu Konflikten mit politischen Akteuren.[583] In Bremen fanden Demonstrationen gegen das Christival statt, bei denen es zu Rangeleien mit der Polizei kam.

Die evangelikale Bewegung erfährt ohne Frage zunehmend Aufmerksamkeit in den Medien, was auch der Tatsache geschuldet ist, dass sie durch ihre eigenen Medien und Institutionen selbst mehr in die Öffentlichkeit drängt.[584] Prinzipiell wird eine Thematisierung ihrer Aktionen und Vereine von ihnen befürwortet, allerdings oft als einseitig und falsch empfunden. Es sollen im Folgenden nur einige Zitate aus unterschiedlichen Quellen wiedergegeben werden, um einen Eindruck der Berichterstattung zu vermitteln und zu zeigen, dass auch hier vor allem eine Politisierung der Bewegung festgestellt wird. *Spiegel Online* schreibt am 01. Juli 2010 zur Affäre um die Publikation der Bundeszentrale für politische Bildung:

> „Die Evangelische Allianz ringt um öffentliches Gehör und mehr politischen Einfluss; 2008 ging sie mit harten Bandagen auf zwei 18-jährige Schülerzeitungs-Mitarbeiter los, die den Frömmel-Kongress ‚Christival' kritisiert hatten – am Ende mit Erfolg. [...] Was bleibt ist der ungute Eindruck, dass sich hier religiöse Fundamentalisten durchgesetzt haben."[585]

Die linksgerichtete *die tageszeitung* schreibt:

> „Immer lauter mischen sich die Evangelikalen in Debatten und Wahlkämpfe ein, bombardieren Politiker mit Briefen und Fragen. [...] Die Evangelikalen stemmen

---

        kommen, an dem ihr alle hängen werdet, ihr Hochverräter.'"

583 Vor allem der Grünen Politiker Volker Beck kritisierte das Christival und machte es zum Thema im Deutschen Bundestag. Siehe hierzu z.B. Deutscher Bundestag, Drucksache 16/8022: http://dip21.bundestag.de/dip21/btd/16/080/1608022.pdf [22.02.2011, 11:49]. Viele Zeitungen berichteten über diese Kontroverse, hierzu exemplarisch ein Artikel des Tagesspiegels vom 10.01.2008: http://www.tagesspiegel.de/politik/deutschland/christen-wollen-schwule-nicht-mehr-heilen/1138782.html [22.02.2011, 11:50].

584 Mit Peter Hahne ist ein Evangelikaler selbst aktiv in den Medien tätig. Der ehemalige Sprecher der Nachrichten des ZDF, hat eine eigene Talkshow beim gleichen Sender und bereits einige evangelikale Bücher herausgegeben. Vgl. exemplarisch: Hahne 2004. Der evangelikale Journalist des ARD-Hauptstadtstudios Markus Spieker bezeichnet Hahne als „Hardcore-Frommen". Spieker 2005, 12.

585 Titz 2010.

sich gegen Emanzipation und Evolutionslehrer, Pornografie, Homosexualität und den Islam."[586]

Und auch *DIE ZEIT* befasst sich wiederholt mit den Evangelikalen wie beispielsweise 2005:

„Diskret ist das evangelikale Christentum nicht. Es gefällt nicht jedem. Nicht nur Liberale, auch Traditionalisten dürften ihre Schwierigkeiten damit haben. Die Geringschätzung kirchlicher und philosophischer Traditionen bringt unweigerlich eine gewisse Verarmung des Denkens mit sich. Ernst zu nehmen sind sie trotzdem."[587]

Auch eher konservative Zeitungen beschäftigen sich kritisch mit den Evangelikalen, wie beispielsweise die *Frankfurter Allgemeine Sonntagszeitung*:

„Nach amerikanischem Vorbild sucht die evangelikale Bewegung in Deutschland auch politischen Einfluß. Zwar verstehen sich die einzelnen Gemeinden als unpolitisch. Doch ihre Dachorganisation, die ‚Deutsche Evangelische Allianz' (DEA), ist es nicht."[588]

Dies ist eine kleine Auswahl der Behandlung der evangelikalen Bewegung in den deutschen Tages- und Wochenzeitungen. Auch Fernsehbeiträge setzen sich mit dieser Bewegung auseinander.[589] Beispielhaft mag die Berichterstattung über das Zentrum ‚Jugend mit einer Mission' in Herrnhut genannt sein. Ein Fernsehteam der ARD-Sendung *Panorama* filmte verdeckt und berichtete über die Ausbildung junger Menschen für die Missionierung im Ausland. Auch das löste scharfe Kritik innerhalb der evangelikalen Bewegung aus.[590]

---

586 Schmidt 2009.
587 Oppermann 2005, 10.
588 Rasche 2005, 6.
589 Siehe beispielsweise den Film aus dem Jahre 2007 ‚Hardliner des Herrn – Christliche Fundamentalisten in Deutschland' von Tilman Jens, der im Hessischen Rundfunk ausgestrahlt wurde und von Evangelikalen scharf kritisiert wurde; oder auch ‚Jesus junge Garde – die christliche Rechte in Deutschland' von Jobst Knigge und Britta Mischer (2006, Kobalt Productions), der in der ARD gezeigt wurde. Auch die ZDF-Sendung Frontal 21 berichtete des Öfteren über die evangelikale Bewegung – beispielsweise am 04.08.2009 im Bericht ‚Sterben für Jesus' von Arndt Ginzel, Martin Kraushaar und Ulrich Stoll. Peter Moers und Frank Papenbroock haben 2009 für die WDR-Sendung tag 7 einen Bericht über evangelikale Bekenntnisschulen und den Verband evangelischer Bekenntnisschulen in Nordrhein-Westfalen gedreht. Einen Bericht über drei christliche Familien in Deutschland, die sich weigern, ihre Kinder in staatliche Schulen zu schicken und sie dagegen zu Hause unterrichten, hat Rita Knobel-Ulrich für die ARD-Sendung ARD-exklusiv gedreht.
590 Siehe den Bericht von Mayr / Orth / Ockenfels am 08.10.2009 in der ARD-Sendung Panorama.

Sicherlich gibt es auch Berichte, die die evangelikale Bewegung relativ neutral oder positiv darstellen.[591] Es soll an dieser Stelle nicht darüber diskutiert werden, ob die Berichte richtig sind, oder tatsächlich des Öfteren Vorurteile und Vorverurteilungen wiedergeben. Gezeigt werden sollte lediglich, dass sich die Medien diesem Thema vermehrt widmen und nach Ansicht der Evangelikalen allzu schnell die so genannte ‚Fundamentalismuskeule' schwingen.[592] Interessant ist aber auch hier eine vermeintliche Widersprüchlichkeit: In dieser oft negativen Berichterstattung erkennen die Evangelikalen demnach die Chance den Bekanntheitsgrad ihrer Bewegung zu erhöhen. „Kritik in den Medien bedeutet oft Werbung. Viele Leser und Zuschauer werden dadurch erst neugierig."[593] Wiederum ein Beispiel für den *Pragmatismus* der Bewegung.

Das Verhältnis der evangelikalen Bewegung zu den Medien ist höchst ambivalent. Sie fühlt sich oft falsch dargestellt und verleumdet, drängt aber vermehrt in die Öffentlichkeit und will zunehmend von anderen Medien als ihren eigenen thematisiert werden. Sie kritisieren die Medien scharf für falsche Inhalte und Prioritätensetzung und den dadurch vorangetriebenen Werteverlust. Der Zeitgeist, der in den Medien dominiere, wird als bedrohlich und gefährlich wahrgenommen. Andererseits aber nutzt die Bewegung eben jene Medien sehr professionell. Die evangelikale Bewegung nutzt alle Möglichkeiten des Medienzeitalters, ist in sozialen Netzwerken wie Facebook vertreten, schreibt Blogs, und bietet den täglichen Bibelspruch per SMS aufs Handy an. Insofern geht sie hier mit dem so oft kritisierten und als gefährlich wahrgenommenen Zeitgeist Hand in Hand. Die Möglichkeiten des Medienzeitalters sollen ausgeschöpft werden, um die Verbreitung der christlichen Botschaft effektiver und weitreichender umzusetzen. „Neben der akademischen Arbeit versuchen wir bewusst, auch populäre Medien zu nutzen, um für christliche Werte einzutreten."[594] Dies wird getan, da die Massenmedien das sind, was früher der „Marktplatz der Städte" war und

---

591 Siehe beispielsweise den Artikel von Janna Degener (2009), der die innovativen Methoden und deren Erfolg der Evangelikalen beschreibt.
592 Es darf dennoch vermutet werden, dass diese Berichte Momentaufnahmen und Ausschnitte der evangelikalen Bewegung abbilden, die kein Gesamtbild zeichnen. Dies liegt auch an der mangelnden wissenschaftlichen Beschäftigung mit dieser Bewegung.
593 Parzany 2005, 70. Weiter heißt es dort: „Wir Christen sollten von den Journalisten nicht erwarten, dass sie für uns Propaganda machen. Der Evangelisation schadet, wenn die Medien schweigen und dadurch verhindern, dass das Evangelium über die öffentliche Wahrnehmung in die persönlichen Gespräche kommt."
594 Institut für Ethik und Werte 2010a.

4.3 Evangelikale und Medien

somit „der Platz öffentlicher Kommunikation"[595]. Daher sei es eben auch die Aufgabe der Christen, in die Öffentlichkeit zu gehen, um so die Möglichkeiten für Evangelisation zu schaffen. „Öffentlichkeitsarbeit ist zwar nicht Evangelisation, aber sie ist eine wichtige Vorarbeit und Unterstützung."[596] So ist die Nutzung der neuen Medien auch nicht neu. Bereits seit 1950 werden Gottesdienste von Kirchen der Vereinigung Evangelischer Freikirchen in den öffentlich-rechtlichen Rundfunkanstalten gesendet.[597] 1970 fand eine so genannte Tele-Evangelisation in Dortmund statt, wobei deutschlandweit und ins europäische Ausland Direktübertragungen von Gottesdiensten stattfanden.[598] Auch bei heutigen Veranstaltungen, wie beispielsweise ‚ProChrist', werden die Veranstaltungen in Gemeinden übertragen, so dass möglichst viele Menschen, die nicht vor Ort sind, erreicht werden können. Und auch der 3. Weltkongress der Lausanner Bewegung in Kapstadt 2010 wurde live in die ganze Welt gesendet. So ist es auch nicht verwunderlich, dass es in der Kapstadt Verpflichtung heißt: „Wir verpflichten uns zu einer neuen kritischen und kreativen Verbindlichkeit gegenüber den Medien und der Technologie, als Teil unseres Einsatzes für die Wahrheit Christi in unseren Medienkulturen. Wir tun dies als Gottes Botschafter der Wahrheit, Gnade, Liebe, des Friedens und der Gerechtigkeit."[599] Hier ist ersichtlich, wie die Evangelikalen die Errungenschaften der Moderne für sich nutzen und gleichzeitig, wie bereits in Kapitel 2 dargestellt, ihrerseits zu einer Quelle von Modernisierung werden können.

---

595 Parzany 2005, 70.
596 Ebd., 70.
597 Vgl. Vereinigung Evangelischer Freikirchen 2004, 19.
598 Vgl. hierzu und zu weiteren Ausführungen: Jung, 2001, 69f.
599 Lausanne Movement 2011, Part II, 4.

5 Religiöse Akteure und Politik

Die bisherigen Ergebnisse über die Wurzeln, das heutige Erscheinungsbild, die Organisationsstruktur und die politischen Ansichten der evangelikalen Bewegung sollen im Folgenden in einen größeren Zusammenhang gestellt werden und dabei gleichzeitig die Entwicklungen der Modernisierung und Säkularisierung, wie sie in Kapitel 2 ausführlich dargestellt wurden, einbezogen werden. Das Agieren der deutschen Evangelikalen wird systematisch analysiert, sowie das bereits angesprochene Spannungsfeld der evangelikalen Bewegung und fundamentalistischer Strömungen erneut aufgegriffen. Mit Hilfe der Erkenntnisse des vorherigen Kapitels wird zu untersuchen sein, ob die Evangelikalen eine fundamentalistische Bewegung darstellen. Die evangelikale Bewegung ist eine kleine, sehr heterogene Religionsgemeinschaft, deren politische Aktivitäten bisher nicht systematisch untersucht wurden. Die im folgenden Kapitel vorgenommene Analyse des Agierens der Bewegung liefert Einsichten über das Handeln religiöser Akteure in religiös pluralistischen Gesellschaften mit politisch säkularen Institutionen.

5.1 Das politische Agieren der evangelikalen Bewegung: Undogmatischer Pragmatismus und ‚Gag Rules'

Im politischen Handeln der evangelikalen Bewegung, ihrem Verhältnis zu Medien und den Kontakten in die Politik wurden in dieser Untersuchung immer wieder Ambivalenzen und scheinbar paradoxe Verhaltensweisen aufgedeckt. Dies kann beispielsweise an dem Verhältnis der Bewegung zur Moderne bzw. zu Modernisierungserscheinungen beobachtet werden. In vielen Aspekten richten sich die Evangelikalen gegen Modernisierungserscheinungen der Gesellschaft, wenden sich immer wieder gegen einen vorherrschenden Zeitgeist, der die Gesellschaft in eine falsche Richtung dränge, falsche Vorstellungen verbreite und gegen die, für sie dafür verantwortlich gemachte, fortschreitende Säkularisierung der Gesellschaft. Andererseits nutzen sie – wie dargestellt – sehr häufig moderne Massenmedien. Man kann dieses Phänomen in Anlehnung an Bassam Tibi mit dem Begriff der ‚selektiven Modernisierung' beschreiben. Einige Wege der Modernisierung werden mitgegangen, obwohl diese selbst sehr kritisch gesehen wird. An anderen Stellen werden Entwicklungen vor allem unter dem Aspekt der Säkularisierung der Gesellschaft vehement kritisiert. Man kann einerseits sagen, dass die Bewegung nur schwer allen Modernisierungserscheinungen aus dem Weg gehen kann, andererseits nutzt sie bestimmte Erscheinungen in einem Ausmaß, das keine Notwendigkeit erkennen lässt. Ganz im Gegenteil werden diese ganz bewusst gebraucht, da man sich daraus einen Nutzen verspricht. So sind junge Menschen besonders über die Nutzung neuer Medien und Kommunikationsmittel zu erreichen, auch wenn die Evangelikalen diese Medien oft eher mit Unbehagen betrachten.[600] Diese Instrumentalisierung von modernen Errungenschaften hat Tibi am Beispiel des islamischen Fundamentalismus und dessen ‚Traum von der halben Moderne' beschrieben: „Das bedeutet, daß sie die moderne westliche Technologie instrumentell erwerben wollen, aber gleichzeitig die kartesianische rationale Weltsicht, welche die Grundlage des modernen Wissens bildet, zurückweisen."[601] Daher werde in diesem Falle die Modernisierung nicht zu einem „Entwicklungsziel, sondern vielmehr zu einem Instrument, um die bestehende Weltordnung zugunsten des Islam zu verändern"[602]. Durch diese selektive Modernisierung werde also versucht, die „institutionell-instrumentelle Moderne mit mittelalterlicher Theologie" zu verbinden und damit den „Traum von einer halben Moderne" zu verwirklichen.[603] Analog können diese Schilderungen, wie dargestellt, auch für die evangelikale Bewegung angewendet werden.

Diese Beschreibung passt zu einer Beobachtung, die an verschiedenen Stellen dieser Arbeit gemacht und hier mit *undogmatischem Pragmatismus* bezeichnet wurde. Evangelisation und Einflussnahme auf politische Entscheidungsprozesse sind die vorrangigen Ziele der evangelikalen Bewegung. Um diese Ziele zu erreichen, werden pragmatische Koalitionen eingegangen und auf theologische Dogmen und insbesondere Diskurse verzichtet.

---

600 Vgl. dazu ausführlich Kapitel 4.3.
601 Tibi 2003, 89.
602 Ebd., 87.
603 Alle Zitate: Ebd., 55.

5.1 Das politische Agieren der evangelikalen Bewegung

Die pragmatische Zielverfolgung erkennt man vor allem daran, dass die evangelikale Bewegung immer wieder Kooperationen mit Gruppierungen eingeht, die ihr in der Außenwirkung eher schaden. Ein Beispiel für solch eine Verbindung ist die Organisation ‚Jugend mit einer Mission'. Sie wirbt mit kriegerischen Videos und Dialogen für den Missionseinsatz junger Menschen im Ausland – abgeschlossen wurde solch ein Werbespot mit der rhetorischen Frage: ‚Isn't this worth dying for?'.[604] Dazu zählt aber auch der Nachrichtendienst idea, der nach außen den Anschein erweckt, für die Evangelische Allianz zu sprechen. Aufgrund einer einseitigen Darstellung von Randgruppierungen innerhalb der Bewegung sieht die Allianz die Berichterstattung skeptisch, distanziert sich jedoch auch nicht von idea. Ein weiteres Beispiel für diese Allianzen ist, dass einige Evangelikale für die rechtskonservative Wochenzeitung Junge Freiheit schreiben oder geschrieben haben, sich aber vehement dagegen wehren, in die Nähe rechter Politik gerückt zu werden.[605] Die Evangelikalen haben in einigen Aspekten gemeinsame Ansichten mit der Jungen Freiheit. Diese punktuellen Gemeinsamkeiten reichen aus, um themenbezogen miteinander zu kooperieren. So verbindet sie sicherlich die Skepsis – oder auch Ablehnung – gegenüber der Verbreitung des Islam in Deutschland und der Ruf nach vermehrter Förderung von (deutschen) Familien. Gleichzeitig lehnen sie aber auch viele Standpunkte der Jungen Freiheit ab, wie beispielsweise eine besondere Betonung der Stär-

---

604 Inzwischen wurde dieser Werbespot nach viel medialer Kritik von der Homepage der Organisation gelöscht. Für Informationen über ‚Jugend mit einer Mission' siehe: http://www.jmem.de/jmem09/ [13.09.2011, 11:18].
605 Vgl.: http://www.jungefreiheit.de/Autoren.52.0.html [13.09.2011, 11:24]. In der Autorenliste der Jungen Freiheit stehen u.a. der Generalsekretär der Evangelischen Allianz Hartmut Steeb und der ehemalige Beauftragte am Sitz der Bundesregierung der Vereinigung Evangelischer Freikirchen Dietmar Lütz. Insbesondere zwischen idea und der Jungen Freiheit bestehen Kontakte. 2009 wurde Helmut Matthies, Chefredakteur von idea und ebenso in der Autorenliste der Jungen Freiheit, der Gerhard-Löwenthal-Ehrenpreis der Jungen Freiheit verliehen. Die Evangelische Kirche in Mitteldeutschland (EKM) kritisierte die Annahme des Preises durch Matthies, da dies die „Tabugrenze im Graubereich zum Rechtsextremismus" weiter nach unten verschiebe. Vgl. Pressemitteilung 144 der EKM unter: http://www.ekmd.de/aktuellpresse/pm/tlk/2009/5069.html [21.02.2012, 12:32]. Vgl. beispielsweise für einen Beitrag über die Verbindung von idea und der Jungen Freiheit: Wamper 2007. Ein ähnliches Beispiel beschreibt Gisa Bauer in Bezug auf die fatalen Konsequenzen, die ein Anschluss an ultrakonservative Politik einzelner evangelikaler Gruppierungen für die ganze Bewegung haben kann – „ohne dass die daraus folgenden Implikationen bedacht würden". Bauer 2012, 91.

kung Deutschlands als selbstbewusste Nation.[606] Die Differenzen und die Gefahr als politisch rechts eingestuft zu werden, bedeuten für die evangelikale Bewegung jedoch nicht, dass eine themenbezogen Kooperation abgelehnt werden muss.

Diese Beispiele geben Hinweise darauf, wie Pragmatismus in diesem Zusammenhang zu verstehen ist und zeigen, dass das Erreichen bestimmter Ziele vor eine Abwägung der dabei einzugehenden Koalitionen gestellt wird. Das Ziel und nicht der Weg ist handlungsleitend. Was ist aber unter undogmatisch zu verstehen? Bei Kooperationen verschiedener Vereine oder Organisationen werden theologische Fragen, wie beispielsweise Abendmahl und Taufe, generell ausgespart, da man dabei verschiedene Vorstellungen vertritt.[607] Es kann sich beispielsweise nicht auf ein gemeinsames Taufverständnis geeinigt werden, da verschiedene Konzepte, wie ausschließliche Erwachsenentaufe oder die Taufe von Kleinkindern, gegeneinander stehen. Undogmatisch bezieht sich auf den Umgang mit theologischen Fragen innerhalb der Bewegung. Diese Themen werden ausgespart, da man vor allem das Erreichen der Ziele vor Augen hat. Theologische Diskurse werden nicht geführt und im Keim erstickt. Diese Beobachtung macht auch die Theologin Gisa Bauer in ihrer Habilitationsschrift, in der sie davon spricht, dass eine gründliche theologische Arbeit in der evangelikalen Bewegung nicht möglich ist, denn: „Für die Konstruktion der kollektiven Identität mussten der kleinste theologische Nenner und für die öffentlichkeitswirksamen Aktionen die größtmöglichen Handlungsfelder gefunden werden"[608]. Dies sei nur möglich, durch das Aussparen theologischer Konflikte. Bevor die Bewegung an diesen Kontroversen zerbricht, werden theologische Fragen lieber ruhen gelassen.

Schaut man sich die bereits in Kapitel 3.3.2 dargestellten Merkmale der Bewegung nach Hempelmann an – wie beispielsweise die Notwendigkeit per-

---

606 Vgl. hierzu das Leitbild der Jungen Freiheit unter : http://www.jungefreiheit.de/fileadmin /user_upload/dokumente/Leitbild_JF.pdf [17.11.2011, 11:45].
607 Birgit Winterhoff hat dies wie folgt beschrieben: „Ich habe jahrelang zusammen mit Verbänden und Werken der Freikirchen den Kongress für junge Menschen ‚Christival' organisiert. Es ist für ein solches Projekt wichtig die Gemeinsamkeiten der Mitwirkenden in den Mittelpunkt zu stellen. Daher haben wir kritische Punkte wie beispielsweise Abendmahl und Taufe in diesem Rahmen nie besprochen und außen vor gelassen." Interview mit Birgit Winterhoff am 18.08.2010.
608 Bauer 2012, 431.

sönlicher Glaubenserfahrung oder die hohe Bibelfrömmigkeit – so fällt auf, dass dies eher weiche Faktoren sind. Die Bewegung besitzt in diesem Sinne keine festen Dogmen, wie beispielsweise der Fundamentalismus zu Beginn des 20. Jahrhunderts mit seinen *five fundamentals*. Aufgrund dieser eher weichen Definition wird die Bewegung hier als undogmatisch bezeichnet. Interessant ist dieser theologische Undogmatismus gerade auch, weil sich die Evangelikalen oft als die ‚wahren' Christen beschreiben, theologische Fragen dann aber so radikal aussparen und lebhafte Diskurse über theologische Unstimmigkeiten ablehnen. Dies soll freilich nicht bedeuten, dass es keine theologischen Aspekte in dieser Bewegung gibt, aber doch, dass man sich schwer auf feste gemeinsame Standpunkte einigen kann, die klare Aussagen zu theologischen Fragen ermöglichen. Mission kann als theologischer Minimalkonsens der Bewegung beschrieben werden, der eine wichtige und handlungsleitende Position innehat und auf den sich alle Gruppierungen innerhalb der Bewegung festlegen können. Weitere unverrückbare theologische Festlegungen sind nicht zu finden.

Dieses Aussparen theologischer Diskussionen kann man mit Stephan Holmes als *gag rule* bezeichnen. Für Holmes bedeutet dies, dass es Gruppierungen oder Individuen gibt, die sich selbst ‚knebeln': „Communities, like individuals, can silence themselves about selected issues for what they see as their own good."[609] Bezogen auf die evangelikale Bewegung würde das bedeuten, dass sie sich selbst auferlegt hat, bestimmte Themen auszusparen und sich nicht auf diese Konflikte einzulassen, da kein Konsens erzielt werden kann. Es ist also im Interesse der Gruppenstruktur und der Arbeit der Bewegung, diesen Konflikt gänzlich zu umgehen. „Sometimes an issue appears ‚unspeakable' because open airing would mortally offend prominent individuals or subgroups and permanently injure the cooperative spirit of the organization."[610] Innerhalb der evangelikalen Bewegung würden die verschiedensten Gruppierungen gegeneinanderstehen, die sich unter dem Dach der Allianz oder der Koalition für Evangelisation zusammengeschlossen haben, um gemeinsam das Ziel der Verbreitung des Evangeliums zu verfolgen. Das Aussparen der Diskurse über spezifische Themen hat den positiven Effekt, dass trotz dieser Differenzen ein Zusammenschluss als Bewegung möglich wird. „By tying our tongues about a sensitive question, we can

---

609 Holmes 1988, 57.
610 Ebd., 19.

secure forms of cooperation and fellowship otherwise beyond reach."[611] Durch diese *gag rule* wird – so Holmes weiter – das Augenmerk auf die Gemeinsamkeiten und weg von den Unterschieden gelenkt, was sich wiederum positiv auf die Kooperationen innerhalb der Bewegung auswirkt.[612] Dieser Mechanismus wirkt nicht nur nach innen, sondern kann ebenso wirksam nach außen eingesetzt werden. „[...O]rganizations and collectivities can leave selected topics undiscussed for what they consider their own advantage. In order to present a united front, members of a political party may refrain from publicizing internal conflicts."[613] Holmes beschreibt dies vor allem am Vorgehen von Staaten und anhand von Demokratietheorien. Dennoch sind diese Überlegungen übertragbar auf Bewegungen wie sie hier betrachtet werden, denn auch in ihnen treffen unterschiedliche Parteien aufeinander und Aushandlungsprozesse müssen ausgetragen werden. So ist auch der folgende Gedanke über neu gegründete Regierungen auf die Führungsebenen von Bewegungen übertragbar: „A newborn government is especially unlikely to survive if forced to make controversial decisions about historically intractable problems."[614] Eine Abspaltung einzelner Gruppierungen und Vereine von der Evangelischen Allianz wäre unausweichlich, wenn ihnen ein Abendmahl- oder Taufverständnis aufgezwungen werden würde. Daher ist es also aus Sicht der Führungsebene der Allianz sinnvoll, diese Fragen offen zu lassen und es den einzelnen Gruppierungen selbst zu überlassen, wie sie diese spezifischen theologischen Fragen handhaben wollen. „Religious groups and individuals can freely express their views; the government, however, is debarred from providing aid which, because it benefits one religion at the expense of other sects and of nonbelievers, would significantly deepen sectarian animosities."[615] Überträgt man dies auf die evangelikale Bewegung und betrachtet die Führungsebene der Allianz als *government*, dann bedeutet es, dass sich die Allianz nicht auf die Seite einer Gruppierung innerhalb ihres Daches stellt, sondern alle gleichrangig behandelt, um nicht den Eindruck zu erwecken, doch Position zu beziehen. Vor allem die Führungsebene sollte sich also ‚knebeln'. Dennoch haben *gag rules* nicht unbedingt nur positive Effekte auf die Bewegung. So kann das ‚Tot-

---

611   Ebd., 19.
612   Vgl. ebd., 20.
613   Ebd., 22.
614   Ebd., 28.
615   Ebd., 49.

schweigen' von Konflikten dazu führen, dass sie in gewissem Sinne erst dadurch schwierig werden, da jedem, der diese Themen anspricht feindlich gegenübergetreten wird.[616] Und dies wiederum macht auch die Gruppierung als solche angreifbar: „If a group habitually gags itself on divisive issues, it will give individuals and subgroups a powerful incentive for bluffing."[617] Und schließlich würden sich diese *gag rules* auch auf den inneren Zustand dieser Bewegung auswirken: „Indeed, a policy of self-gagging may eventually produce a culture where the threat of violence or secession is a common political tactic."[618]

Es sollte also gut durchdacht sein, ob es sinnvoll ist, sich solche *gag rules* aufzuerlegen. In der evangelikalen Bewegung scheint es zu funktionieren und die Ablehnung einer Festlegung in theologischen Fragen bzw. die Diskursunfähigkeit bezüglich dieser Fragen die Zusammenarbeit zu ermöglichen. So ermöglicht der theologische Undogmatismus, der auf den ersten Blick gerade nicht zu der evangelikalen Bewegung passen will, eben gerade ihre Arbeit. Dieser theologische Undogmatismus verhindert die Herausbildung einer demokratischen Diskursfähigkeit innerhalb der Bewegung. Verbunden mit dem bereits beschriebenen Phänomen der pragmatischen Zusammenarbeit mit unterschiedlichsten Gruppierungen lässt sich das Vorgehen der deutschen evangelikalen Bewegung wie gezeigt beschreiben.

5.2 Konfliktpunkte im Agieren der evangelikalen Bewegung: Pluralismus und absolute Wahrheiten

Mit Rückgriff auf die Untersuchung in Kapitel 2.2.2 kann in Analogie zu Michael Walzers Untersuchung calvinistischer Politik in seinem Buch *Revolution of the Saints* beobachtet werden, dass die Moderne auch immer Antimodernisten hervorbringt. Dies sind vor allem zumeist *religiöse* Antimodernisten und es lassen sich wiederum Analogien zum Handeln der evangelikalen Bewegung aufzeigen. Die Antimodernisten wenden sich gegen die Errungenschaften der Zeit, die als feindlich wahrgenommen werden und daher bekämpft werden müssten. Sie sehen sich als die Auserwählten, die die Welt retten müssen. Durch die religiö-

---

616 Vgl. ebd., 56.
617 Ebd., 56.
618 Ebd., 56.

sen Begründungsmuster und die Wortwahl dieser Gruppierungen werden die Ziele überhöht und sie selbst als die alleinigen Retter stilisiert. Diese *Revolution of the Saints* wird von *Strangers* der Gesellschaft begonnen, die eine neue Ordnung anstreben oder aber die sich im Gang befindlichen Veränderungen aufhalten wollen. Der Kampf gegen die Veränderungen der Zeit wird als Krieg wahrgenommen und die Gegenseite als Feind. Der Kampf ist total, da das Weltbild, das dahintersteht, total ist. Walzer betrachtet dies nicht als einen historischen Kampf, sondern durchaus in der heutigen Zeit sichtbar.[619]

Die *Anatomie des Antiliberalismus* von Stephen Holmes ist eine Untersuchung, die analog zu Walzers gelesen werden kann. Holmes beschreibt an der Herausbildung des Liberalismus die Entstehung von Antiliberalen. Dabei gebe es zwei Gruppen – zum einen die marxistischen und zum anderen die nichtmarxistischen Antiliberalen. Die nicht-marxistischen Antiliberalen sind mit den Antimodernisten Walzers vergleichbar. Sie wenden sich gegen die Säkularisierung, die sie als moralische Katastrophe betrachten. Feindbilder sind die aufstrebenden Naturwissenschaften und die materialistische Lebenseinstellung, die eine Atomisierung der Menschen bewirke. Dies führe zu einem Klima der Feindseligkeit in der Gesellschaft, da Zusammengehörigkeit und Verwurzelung abhanden gekommen seien. Ein weiteres Übel dieser Entwicklung sei die Abwendung vom Christentum, woran der säkulare Humanismus schuld sei. Die Rettung ist nur denen versprochen, so die Antiliberalen, die sich an ihrem Kampf gegen den Liberalismus und der mit diesem gleichgesetzten Moderne beteiligen. Ebenso wie Walzer, sieht auch Holmes dies keinesfalls als ein rein geschichtliches Phänomen, sondern hochaktuell und in verschiedenen Formen immer wieder auftretbar.[620]

Betrachtet man diese Analysen nebeneinander, so sind viele Gemeinsamkeiten zwischen den Antimodernisten Walzers und den Antiliberalen Holmes auszumachen. Es sind in beiden Fällen religiöse Akteure, die sich gegen Modernisierungs- und Liberalisierungserscheinungen der Zeit stellen, die dies mit einem Kampf gegen die Säkularisierung verbinden und einen religiösen ‚Krieg' gegen ihre Feinde führen. Ihnen allein obliegt die mögliche Rettung der Welt, was sie zu Auserwählten macht, diese Apokalypse zu verhindern.

---

619 Vgl. hierzu ausführlich Kapitel 2.2.2, 39-41.
620 Vgl. hierzu ausführlich Kapitel 2.2.2, 41-43.

5.2 Konfliktpunkte im Agieren der evangelikalen Bewegung 191

Viele von diesen Merkmalen der Antiliberalen und Antimodernisten treffen auf die deutschen Evangelikalen zu. So wenden sie sich oft gegen Modernisierungs- und Liberalisierungserscheinungen der Gesellschaft und kritisieren, dass sie die Gesellschaft in ihren Grundfesten erschüttern. Das Resultat sei eine zunehmende Individualisierung, die die Menschen zu egoistischen und vom Tempo der Veränderungen gehetzten Menschen mache. Sie plädieren für ein Festhalten an alten Traditionen und Wertvorstellungen, die auf christliche Wurzeln zurückzuführen sind. Auch sie sprechen immer wieder davon, dass die Welt von solchen Entwicklungen errettet werden müsste und natürlich verbinden sie ihre Argumente mit religiösen Begründungsmustern.[621] Zusätzlich wird auch immer wieder die Metaphorik des Krieges verwendet.[622] Insbesondere das bereits in Kapitel 2.2.2 erläuterte Zitat Walzers bekräftigt die Gemeinsamkeit in der Vorgehensweise der Antimodernisten Walzers und der hier betrachteten Evangelikalen: „The activity of the chosen band is purposive, programmatic, and progressive in the sense that it continually approaches or seeks to approach its goals."[623] Das, was Walzer beschreibt, wurde in dieser Arbeit mit Blick auf die Evangelikalen als die Handlungsmaxime des undogmatischen Pragmatismus beschrieben – die deutlich macht, dass das Erreichen der Ziele immer das Hauptaugenmerk des Agierens darstellt.

Was in der Beschreibung der Antimodernisten und Antiliberalen anklingt, hat Karsten Fischer das ‚Liberalitätsproblem der Religionen' genannt.

„Aufgrund des umfassenden Wahrheitsanspruches zumal monotheistischer Offenbarungsreligionen ist es für diese prinzipiell problematisch und also historisch voraussetzungsvoll, Vorrang und Eigenlogik demokratischer Politik zu akzeptieren, gründet doch demokratische Politik seit der *Entstehung des Politischen bei den Griechen*[624] auf einer politischen Selbstermächtigung des Menschen, der sich als freier

---

621 Vgl. dazu die ausführlichen Darstellungen der Argumentationsweise und Positionierung der evangelikalen Bewegung in Kapitel 4.1.7.
622 Vgl. hierzu beispielsweise Klenk 2005, 160. Klenk spricht davon, „jeden Meter Boden gegen die schleichenden Mächte der Zerstörung zu verteidigen. Wohl wissend, dass nicht die eigene Kraft, sondern die des Heiligen Geistes zu diesem Kampf befähigt." Auch Ulrich Eggers nutzt diese Metaphorik, wenn er die Evangelikalen als „strategische Streitkraft" bezeichnet. Siehe Eggers 2005, 230.
623 Walzer 1965, 318.
624 Meier 1983.

Bürger versteht, dessen Souveränität allein über Vergabe und Legitimität politischer Macht entscheidet."[625]

Für Religionen ist es schwierig, die Vormachtstellung anderer Deutungsinstanzen zu akzeptieren. Dies ist es, was Walzer meint, wenn er sagt, dass der Kampf dieser Gruppierungen total sei, da dies eben auch ihr Weltbild sei. Es betrifft alles alles und daher können auch die Veränderungen nicht akzeptiert und als ein von der Gesellschaft ausgehandelter Prozess betrachtet werden.

Eben dieses Liberalitätsproblem haben auch – wie in Kapitel 2.1 gezeigt – die Theoretiker des 16. Jahrhunderts erkannt, allen voran Thomas Hobbes. Aufgrund der konkurrierenden Wahrheitsansprüche, die politischen Einfluss ausüben wollen, müssen sie begrenzt werden. So schildert Herfried Münkler, wie sich die Wahrheit „aus einem Konflikt*schlichter* in einen Konflikt*schärfer*"[626] gewandelt habe. Thomas Hobbes ist Zeitzeuge konfessioneller Bürgerkriege gewesen, die seinen ‚Zwilling' Furcht begründet haben und eben daher hat er in der Postulierung der Wahrheit eine außergewöhnliche Gefahr gesehen.[627] Es muss also das Ziel sein, diesen Konfliktfaktor auszuschalten, was Hobbes mit seiner bereits dargelegten Unterscheidung von *faith* und *confessio* versucht hat.[628] „Man kann, wie Carl Schmitt es später getan hat, dies als einen Prozess der Neutralisierung von Wahrheitsansprüchen begreifen, und zwar durch eine Instanz, welche die zwingende Verbindlichkeit ihrer Entscheidung nicht durch den Rekurs auf Wahrheit, sondern auf Autorität herstellt."[629] Und so müsse also jede politische Ordnung um des Friedens und der Vermeidung von Bürgerkriegen willen zunächst damit beginnen, „die konfligierenden Wahrheitsansprüche der Parteien zu neutralisieren"[630].

Es reicht nicht, allein bei den politischen Ordnungen anzusetzen, das Augenmerk muss ebenso auf die verschiedenen Religionsgemeinschaften gerichtet werden. Denn es ist unabdingbar, dass die Religionen in modernen liberalen Verfassungsstaaten im Sinne Fischers ‚religiöse Liberalität' entwickeln, was bedeutet, „den Vorrang demokratischer politischer Entscheidungen gegenüber weltan-

---

625 Fischer 2009, 39ff.
626 Münkler 2006, 98.
627 Vgl. ebd., 98.
628 Vgl. Kapitel 2.1.2.
629 Münkler 2006, 98.
630 Ebd., 99.

schaulichen Geltungsansprüchen zu akzeptieren und konkurrierende religiöse Überzeugungen zu tolerieren"[631]. Nur so ist es möglich, die pluralistische religionspolitische Situation der modernen Staaten friedlich zu organisieren. Eine Voraussetzung für die Befriedung bzw. das friedliche Nebeneinander der konkurrierenden Wahrheitsansprüche ist also bei den Religionen selbst zu suchen. „Wo sie mit einer weiteren Ausbreitung durch Mission oder dem militanten Konzept einer Übernahme der Staatsspitze zwecks Durchsetzung des eigenen Bekenntnisses auftraten, war eine Politik der Pazifizierung von Glaubensüberzeugungen qua Privatisierung zum Scheitern verurteilt."[632] Sie wird dagegen nur dann möglich, wenn sich die Wahrheitsansprüche dem Mehrheitsprinzip unterwerfen. „Demokratie wird hier möglich, indem zwar nicht auf die Wahrheit selbst verzichtet wird, aber auf den Anspruch ihrer bedingungslosen Durchsetzung unter allen Umständen und mit allen Mitteln. Man könnte dies als politische Relativierung der Wahrheitsverbindlichkeit bezeichnen."[633] Auch Rolf Schieder erkennt dieses Liberalitätsproblem der Religionen, und sieht es vor allem dann gegeben, wenn die Religionsgemeinschaften eine ungenügende Reflexion ihrer selbst aufweisen. „Ohne die Fähigkeit der Religionen und Weltanschauungen zur kritischen Selbstreflexion kann es unter pluralistischen Verhältnissen keinen Religionsfrieden geben."[634] Schieder lagert dabei den Wahrheitsbegriff ganz aus dem religiösen Feld aus. Es gehe in der Religion nie um Wahrheit, dies sei ein Begriff der Philosophie. „Wir stehen im Gebiet der Religion nicht auf dem festen Boden einer von uns erkannten Wahrheit, wir stehen mit beiden Beinen fest in der Luft und hoffen und vertrauen darauf, dass wir eines Tages erfahren werden, was es mit dieser Welt wirklich auf sich hat."[635] So sieht auch Schieder das Problem in der Notwendigkeit der Religionen zur Akzeptanz von Pluralität. „Wenn Religionen dem Dauerverdacht der Gefährlichkeit entkommen wollen, dann wird das nur gelingen, wenn sie zeigen können, dass ihnen selbst eine Fähigkeit zur Anerkennung des Andersseins der Anderen innewohnt."[636]

Das Problem sollte damit umrissen sein. Die von Walzer und Holmes so bezeichneten Antimodernisten und Antiliberalen drängen auf den von ihnen propa-

---

631 Fischer 2009, 39.
632 Münkler 2006, 100.
633 Ebd., 101.
634 Schieder 2008, 200.
635 Ebd., 201.
636 Ebd., 263ff.

gierten Wahrheitsanspruch und sind nicht gewillt, diesen in einen politischen Aushandlungsprozess zu stellen. In dieser Position sind sie nicht vereinbar mit pluralistischen und demokratischen Systemen. Gezeigt wurde, dass auch innerhalb der evangelikalen Bewegung Aspekte zu finden sind, die in Konflikt mit liberalen Verfassungsstaaten zu stehen scheinen.

5.3 Die Weggabelung

Wenn man die deutschen Evangelikalen nun als jene Antiliberale und Antimodernisten im Sinne Holmes und Walzers beschreibt, bleibt zu fragen, welche Handlungsmöglichkeiten sie in den pluralistischen demokratischen westlichen Gesellschaften haben, in denen sie hier betrachtet werden. Die entscheidende Frage scheint dabei zu sein, ob es der Bewegung möglich ist, jene religiöse Liberalität zu entwickeln, die für die friedliche Organisation pluralistischer Gesellschaften unabdingbar ist.

Der amerikanische Theologe Harvey Cox beschreibt in seinem Buch *Fire from Heaven* das Wachstum und die Entwicklung der Pfingstbewegung, die weltweit aktiv und netzwerkartig aufgebaut ist. Dabei entwickelt er zwei Handlungsoptionen, die der Pfingstbewegung aufgrund ihrer Struktur und Ausrichtung zur Verfügung stehen. So könne diese einerseits in den Fundamentalismus abdriften und andererseits den ‚Erlebnis- oder Erfahrungsaspekt' ihrer Religion stark machen – Cox nennt diese Alternativen *fundamentalism* und *experientialism*. Die Ausgangslage ist für ihn die aufgekommene Konkurrenzsituation verschiedener Wertesysteme. „For the past three centuries, two principal contenders – scientific modernity and traditional religion – have clashed over the privilege of being the ultimate source of meaning and value."[637] Für Cox können diese beiden Alternativen das Bedürfnis der Menschen nach spiritueller Erfahrung nicht mehr stillen und daher haben sich die genannten neuen Möglichkeiten stärker herausgebildet. „As both scientific modernity and conventional religion progressively lose their ability to provide a source of spiritual meaning, two new contenders are stepping forward – 'fundamentalism' and, for a lack of a more

---

637 Cox 1996, 299.

5.3 Die Weggabelung

precise word, 'experientialism'."[638] Der Grund wiederum, warum weder die Moderne noch die traditionellen Religionen diese Wertebindung mehr vermitteln können, sei vor allem in einer Veränderung der Ansprüche der Menschen zu finden. Sie berufen sich zwar nach wie vor auf den wissenschaftlichen Fortschritt, dieser kann jedoch nicht sinnstiftend wirken. Das Verlangen nach Religion dauert daher an, wird aber aus den konventionellen Kirchen ausgelagert. Sie wollen nicht mehr innerhalb festgeschriebener Strukturen agieren, sondern flexibel das suchen, was vor allem ihnen persönlich am meisten Ertrag einbringt. Schieder hat diese Entwicklung als ‚Entkirchlichung' bezeichnet, womit er beschreibt, dass im Zuge der Säkularisierung nicht die Religion, wohl aber die Kirchen an Bedeutung verlieren.[639] Cox beschreibt diese Veränderung in Blick auf die Gläubigen: „They want to pick and choose and are less willing to accept religions either as system of truth or as institutions."[640] Er beobachtet eine Notwendigkeit der Religionen, sich zu verändern und auf diese neuen Ansprüche einzugehen, wenn sie Anhänger gewinnen bzw. behalten wollen. Dies sei der Anknüpfungspunkt für *fundamentalism* und *experientialism*, die diese Lücke schließen und die neuen Ansprüche erfüllen könnten. Sie erreichen dies, mit dem Versuch, traditionelle Werte in die Gegenwart zu transportieren. „Both present themselves as authentic links to the sacred past. Both embody efforts to reclaim what is valuable from previous ages in order to apply it to the present and future."[641]

Den Fundamentalismus zeichnet, nach Cox, aus, dass er ein Produkt der Moderne ist, aber das Ziel hat die Errungenschaften der Moderne zu bekämpfen: „The fundamentalist voice speaks to us not of the wisdom of the past but of a desperate attempt to fend off modernity by using modernity's weapons."[642] Er vertritt das einzig wahre Glaubenssystem einer Religion, das nicht verhandelbar ist und somit stelle er die einzige authentische Religion dar. „The problem with such hermetic certainty, however, is that while it might work in an isolated ghetto where one religion predominates, it is very difficult to maintain when one is surrounded by other people who are also making absolute claims."[643] Auch hier wird wieder das Liberalitätsproblem von Religionen angesprochen, das sich auf

---

638 Ebd., 300.
639 Vgl. Schieder 2002, 25.
640 Cox 1996, 299.
641 Ebd., 300.
642 Ebd., 303.
643 Ebd., 303.

ihrem absoluten und nicht verhandelbaren Wahrheitsanspruch begründet. Jener Wahrheitsanspruch wird zu einer Gefahr, wenn er in pluralistischen Gesellschaften durchgesetzt werden soll, in denen verschiedene dieser Ansprüche existieren. Gleichzeitig macht dies den Fundamentalismus attraktiv, da er Orientierungen anbietet, die in individualisierten und heterogenen Gesellschaften nicht mehr allgemeingültig zur Verfügung gestellt werden können. Fundamentalistische Wahrheitsansprüche bieten Werte und Orientierungen an, die als Kontigenzbewältigungen fungieren. Es werden Lücken geschlossen und Zusammengehörigkeitsgefühle geschaffen, die von vielen Menschen dieser Gesellschaften gesucht werden.

Als Gegenspieler dieser fundamentalistischen Auslebung von Religion stellt Cox das Konzept des *experientialism*. Es beschreibt eine Herangehensweise an Religion, die insbesondere den Erfahrungs- oder Erlebnisaspekt der Religion betont und in ihre Mitte rückt. Auch der *experientialism* greift dabei auf traditionelle Werte- und Glaubensüberzeugungen zurück, transformiert diese aber so, dass sie in die heutige Zeit passen. Dabei – und das unterscheidet ihn existentiell vom Fundamentalismus – wird nicht der Versuch unternommen, dies als die alleinige Wahrheit und Herangehensweise darzustellen, sondern oft auch mit anderen Formen von Religiosität zusammengearbeitet. Diese Art der Religiosität erfüllt die neuen oben dargestellten Ansprüche der Gläubigen. Der Religion ist es in diesem Falle gelungen, sich selbst zu verändern und damit den Zugang zu Menschen auf einer anderen Ebene zu finden. Es geht weniger um die Institution, als um die Person. Die Religiosität in solch einer Gemeinschaft ist sehr viel persönlicher, da sich jeder Gläubige sein eigenes System ‚bauen' kann und nicht fest vorgegebene Strukturen vorfindet. So wird er aber gleichzeitig auch mehr eingebunden, da er mehr Verantwortung inne hat als in großen gefestigten Institutionen.

> „It is immediately evident, however, that this experiential spirituality places an enormous load of responsibility on the individual, and this in turn requires a different form of religious affiliation; so the new pattern of church is more network than hierarchy. The traditional authority of the clergy is displaced by a company of seekers who support each other and provide a setting in which they can mine and reassemble the religious tradition´s treasures."[644]

---

644 Ebd., 305.

Experientialism ist also als eine Form von Religiosität, die vermehrt auf die Individualität der Gläubigen eingeht, netzwerkartig und nicht hierarchisch aufgebaut ist und Personen in den Vordergrund stellt.

In *Fire from Heaven* beschreibt Cox die Entwicklung der Pfingstbewegung und beobachtet in ihr einen Kampf zwischen diesen beiden Handlungsmöglichkeiten religiöser Akteure. Gleichzeitig überträgt er dies auf ganz verschiedene auch nicht christliche Religionen, in denen dieser Kampf ebenfalls herrsche.

> „The contest between the fundamentalist and the experientialist impulses has barely begun. The question of which one will eventually supersede the spent and weary forces of scientific modernity and conventional religion as the principal source of coherence and value in tomorrow´s world is still undecided."[645]

Die Pfingstbewegung steht also vor der Wahl zwischen diesen beiden Alternativen, und es herrscht innerhalb der Bewegung ein Konflikt zwischen beiden kontroversen Flügeln. Dabei ist nicht deutlich auszumachen, wo genau die Grenzen dieser Flügel verlaufen.

> „Within the churches, denominations, associations, schools, and publications of the pentecostal movement a sharp clash is under way between those who would like to capture it for the fundamentalist party and for the religious-political right, and those who insist that its authentic purpose is to cut through creeds and canons and bring the Gospel of God´s justice and the Spirit´s nearness to everyone."[646]

Betrachtet man die Organisationsstruktur und die Arbeitsweise der Pfingstbewegung, fällt auf, dass diese sehr ähnlich zu der der evangelikalen Bewegung ist. Oft wird die Pfingstbewegung auch zu der ebenfalls weltweit agierenden evangelikalen Bewegung gezählt. In Deutschland sind die pfingstkirchlichen Verbände nahestehende Einrichtungen der Evangelischen Allianz.[647] Wie bei der Pfingstbewegung gibt es bei den Evangelikalen keine klaren Grenzen und Hierarchien. Es wird nicht auf große strukturierte Institutionen gesetzt, sondern eher ein loser Verbund unzähliger Vereine und Organisationen gepflegt. Die netzwerkartige Struktur ist das herausragende Merkmal der Bewegung, das ihre Arbeit maßgeblich beeinflusst. Es gibt zwar Führungspersönlichkeiten, aber dennoch hat das einzelne Mitglied der Bewegung die Möglichkeit sich einzubringen, Schwerpunkte zu setzen und Veränderungen anzustreben.

---

645 Ebd., 308.
646 Ebd., 310.
647 Vgl. Kapitel 3.3.1

Überträgt man aufgrund der zahlreichen Ähnlichkeiten die Beobachtungen Cox' auf die evangelikale Bewegung, bleibt zu fragen, ob auch sie an solch einer Weggabelung steht und sich zwischen dem *fundamentalism* auf der einen Seite und dem *experientialism* auf der anderen entscheiden muss. Oder anders formuliert: Ist innerhalb der evangelikalen Bewegung ein Kampf im Gange zwischen Parteien, die zur Herausbildung religiöser Liberalität in der Lage sind und Parteien, die dies bewusst ablehnen und auf der Durchsetzung ihrer absoluten Wahrheit beharren?

5.3.1 Fundamentalismus

In Kapitel 3.3.2 wurden bereits die Merkmale und Dimensionen des wissenschaftlich verwendeten Fundamentalismusbegriffs dargestellt. Nachdem ausführlich das politische Agieren der evangelikalen Bewegung analysiert wurde, können nun die verschiedenen Merkmale und die drei Dimensionen des Fundamentalismus von Fischer an die Bewegung angelegt werden. Zum Einen ist dies die herausgehobene Stellung von Modernisierungserscheinungen für die Entstehung fundamentalistischer Gruppierungen, zweitens die apokalyptische Aufladung ihrer religiösen Offenbarung und drittens die Gewaltbereitschaft dieser Gruppierungen.[648]

Betrachtet man die erste Dimension Fischers und legt sie an die deutsche evangelikale Bewegung an, ist festzustellen, dass die Evangelikalen als Gegenbewegung gegen modernisierende Tendenzen in der Gesellschaft entstanden sind und sich auch in der Gegenwart oft gegen diese auflehnen. Eine ihrer Gründungsmotivationen war der Kampf gegen die Aufklärung und die historisch-kritische Methode – die Modernisierungsprozesse waren also in der Tat von ‚konstitutiver Bedeutung' für die evangelikale Bewegung und sind es noch (S. 96). In der Beobachtung der Bewegung fällt auf, dass für Entwicklungen, die nicht gut geheißen werden, wiederholt das Wort Zeitgeist benutzt wird. Dieser Zeitgeist müsse bekämpft werden und es darf sich diesem nicht unterworfen

---

648 Vgl. Fischer 2009, 83f und die ausführlichen Ausführungen dazu in Kapitel 3.3.2. Im Folgenden werden die Ergebnisse insbesondere des 4. Kapitels dieser Arbeit an diese Dimensionen angelegt. Es wird nicht im Einzelnen wiederholt, welche Erkenntnisse über die evangelikale Bewegung gewonnen werden konnten, da dies ausführlich in Kapitel 4 erläutert wurde.

5.3 Die Weggabelung

werden, da er eine Demoralisierung der Gesellschaft bedeute. Ganz klar zählen zu diesem Zeitgeist Entwicklungen in der Politik, aber auch in der Wissenschaft und der gesamten sich verändernden Gesellschaft (S. 107). Gleichzeitig trifft aber auch die Beobachtung auf die evangelikale Bewegung zu, dass sie „modern und innovativ"[649] sei, wie beispielsweise in Kapitel 4.3 dargestellt wurde. So gilt die folgende Formulierung Hempelmanns ohne Abstriche auch für die evangelikale Bewegung: „Die Segnungen des Medienzeitalters werden vom Fundamentalismus ganz ungehemmt in Anspruch genommen, auch wenn das Weltbild, das er vermittelt, antimodern ausgerichtet ist."[650]

Auch die „Arbeit an der Apokalypse mittels fundamentalistischer Religionspolitik"[651] – die zweite Dimension Fischers – ist in der evangelikalen Bewegung immer wieder zu beobachten. Es wird vor allem in Bezug auf Abtreibung, biomedizinischen Fortschritt und Familienpolitik der Untergang der Welt erkannt. Ausführlich dargelegt wurde, wie die Abtreibungspolitik nicht ungestraft an der Gesellschaft vorbeigehen würde und die bioethischen Errungenschaften einem ‚Turmbau zu Babel' glichen (S. 124). Die Bewegung hat in allen Bereichen eine Politisierung vollzogen und drängt darauf, ihre Ansichten und Einschätzungen in die Politik einzubringen. Vor allem im politischen Engagement wird nach dem analysierten Muster des undogmatischen Pragmatismus vorgegangen. Die Kritik an der Partei Bibeltreuer Christen innerhalb der evangelikalen Bewegung ist beispielsweise vor allem so zu verstehen, dass sie nie so groß sein wird, um politischen Einfluss ausüben zu können und somit die pragmatische Empfehlung gegeben, sich vielmehr in etablierten Parteien zu engagieren (S. 170). Hier kann Karen Armstrong zugestimmt werden, wenn sie sagt, dass es eben keine „weltfremden Tagträumer"[652] sind, sondern rational agierende (politische) Akteure. Mit dem von Meyer beschriebenen Merkmal der Selbstbezeichnung als die „wahren Christen"[653], werden Aktivitäten zusätzlich legitimiert (S. 128). In Teilen der Bewegung wird außerdem die Unfehlbarkeit und Verbalinspiration der Bibel propagiert und die historisch-kritische Methode abgelehnt (S. 96). Darin lässt sich dann das ausführlich dargestellte Problem des Ab-

---

649 Armstrong 2004, 11.
650 Hempelmann 2009, 34.
651 Fischer 2009, 82.
652 Armstrong 2004, 11.
653 Meyer 1995, 9.

solutheitsanspruches monotheistischer Religionen wiedererkennen. So ist ein „Alternativ-Radikalismus"[654] zu beobachten, der nur eine Entscheidung zwischen Wahrheit oder Nicht-Wahrheit zulässt. Es gibt keinen Mittelweg, der beschreitbar wäre, da Kompromisse nicht gedacht werden können.

Betrachtet man Fischers dritte Dimension, zeigt sich, dass diese nicht auf die deutsche evangelikale Bewegung zutrifft. Sie ist nicht gewaltbereit und lehnt jegliche gewalttätige Mittel zur Erreichung ihrer Ziele ab (S. 111). In Deutschland sind beispielsweise keine Übergriffe auf Ärzte, die Abtreibungen durchführen, zu beobachten, wie dies von amerikanischen Evangelikalen bekannt ist. Die evangelikale Bewegung will politischen Einfluss, will die Gesellschaft verändern und christliche Grundlagen als Basis reetablieren, aber sie tut dies im Rahmen der in Deutschland möglichen gesetzlichen Strukturen und erstrebt keinen gewaltsamen Umbruch. Nur vereinzelt gibt es Gruppierungen, die beispielsweise im Hinblick auf Missionierung im Ausland davon sprechen, dass dies auch auf Kosten des eigenen Lebens geschehen kann und das Risiko für das Erreichen des Ziels eingegangen werden muss (S. 185). Dies sind allerdings Einzelfälle und bilden eher die Ausnahme als die Regel. Insofern ist es falsch, die Bewegung als Zusammenschluss gewaltbereiter Fanatiker zu charakterisieren, die Anschläge auf unchristliche Vereinigungen und Personen plant. So befürwortet die Bewegung auch die Trennung von Kirche und Staat, was nicht bedeutet, dass Religion gar keinen Platz in politischen Entscheidungen spielen sollte. Vielmehr sollen Politiker möglichst immer christliche Wert- und Moralvorstellungen an ihre Entscheidungen anlegen. Die Evangelikalen treten insofern als ständige Mahner dieser Vorstellungen auf, oder versuchen durch eigene politische Aktivitäten diese einzubringen (S. 111). Ebenso lassen sich bei der evangelikalen Bewegung nicht jene Konjunkturzyklen beobachten, wie sie von Karsten Fischer beschrieben wurden. Es gab zwar in den 1960er und 1970er Jahren einen so genannten Aufbruch der deutschen Evangelikalen, dennoch kann man die Entwicklung der Bewegung nicht in dieser Form in Latenz- und Virulenzphasen einteilen. Die Bewegung hat keine großen Wachstumsschübe beispielsweise im Zuge der deutschen Wiedervereinigung oder nach den Terroranschlägen auf die World-Trade-Center-Türme im Jahre 2001 erfahren. Dies unterscheidet sie beispielsweise auch von den christlichen Fundamentalisten in den USA an deren Beispiel Fischer

---

654 Salamun 2005, 37ff.

5.3 Die Weggabelung

diese Zyklen darstellt. Und schließlich unterscheidet sie von christlichen Fundamentalisten ihr theologischer Undogmatismus – der bereits dargestellte Umstand, dass die evangelikale Bewegung keine festen theologischen Dogmen hat, von denen sie nicht abrückt und die die gesamte Bewegung eint.

Können also zwei der Fundamentalismus-Dimensionen Fischers an der evangelikalen Bewegung beobachtet werden, so trifft die dritte nicht auf sie zu.

Interessant ist in diesem Zusammenhang eine Studie der Kulturwissenschaftlerin Marcia Pally, die die Religiöse Rechte in den USA mit einer neuen Entwicklung, den so genannten *New Evangelicals*, vergleicht. Der Unterschied von fundamentalistischen Gruppierungen und den eher progressiven neuen Evangelikalen beschreibt Pally wie folgt:

„Für die meisten Evangelikalen bestand der Aktivismus für das Schulgebet oder gegen Abtreibung aus den gewöhnlichen Aktivitäten von zivilgesellschaftlichen Akteuren: örtliche Protestkundgebungen, Lobbyarbeit und das Wählen von Menschen, denen sie vertrauten. Für die radikalen ‚Dominionisten' oder ‚Rekonstruktionisten' bedeutet er die Umformung des US-Rechts in mosaisches Recht."[655]

Dies sei das Unterscheidungskriterium der neuen Evangelikalen und der Religiösen Rechten. Letztere versuchten die Trennung von Kirche und Staat zu unterlaufen und binden sich gerade deshalb so eng an die Republikanische Partei. Sie tun dies aus dem Verständnis heraus, dass die USA eine „'christliche' Nation, die am besten nach christlichem Gesetz und in ihrer Interpretation regiert werden sollte"[656], sei. Um dies zu erreichen, verbinden sie sich eng mit der Politik und mit einer bestimmten Partei, was zu „der Verwendung staatlicher Gewalt, um ihre Sicht des Christentums durchzusetzen und der Verwendung des Christentums, um Gewalt zu rechtfertigen"[657] führt. Dies, so Pally, lehnen die neuen Evangelikalen ab. Sie würden dem Staat eben keine religiösen Ansichten aufzwingen und ihre eigenen Werte zwar für Kritik an politischen Entscheidungen einsetzen, aber dabei eben „genau so, wie auch andere Werte in der Zivilgesellschaft in Anspruch genommen werden"[658]. Schließlich sei der fundamentalistische Kern der Religiösen Rechten, dass sie „ihre eigene Vergangenheit und die vielfältigen Sichtweisen ihrer Glaubensgenossen" ignorieren würden, die neuen

---

655 Pally 2010, 66.
656 Ebd., 20.
657 Ebd., 163ff.
658 Ebd., 21.

Evangelikalen sich aber durch „die Fähigkeit zum Wandel, die es religiösen Denkern erlaubt hat, ein dynamisches religiösen Leben in liberaldemokratische politische Verhältnisse einzubringen", auszeichnen.[659]
Pally vergleicht hierbei zwei evangelikale Gruppierungen, die Religiöse Rechte und die sich bewusst von diesen abgrenzenden neuen Evangelikalen. Diese stellen im Coxschen Sinne eben jene zwei ‚Wege' dar – die neuen Evangelikalen sind den des *experientialism* gegangen, die Religiöse Rechte den fundamentalistischen. Setzt man dies in Bezug zu den deutschen Evangelikalen, so ist zu erkennen, dass sie die Trennung von Kirche und Staat begrüßen, aber dennoch sehr auf den Staat fokussiert sind. Die deutschen Evangelikalen halten sich an die deutsche Verfassung und agieren nach rechtsstaatlichen Prinzipien. Es gibt aber auch Situationen, wo sie mit Organisationen zusammenarbeiten, bei denen eine demokratische Ausrichtung sehr fraglich erscheint und sie proklamieren selbst, dass die Gebote Gottes vor staatlicher Autorität stehen. Haben sich die *New Evangelicals* von der Religiösen Rechten abgewendet, neue Akzente und vor allem neue Herangehensweisen an politische Probleme etabliert, so scheinen die deutschen Evangelikalen zwischen diesen beiden amerikanischen Gruppierungen und damit an jener Weggabelung zu stehen.

Es ist somit keine eindeutige Antwort auf die Frage möglich, ob die evangelikale Bewegung fundamentalistisch ist. Sie weist Merkmale von fundamentalistischen Bewegungen auf, unterscheidet sich jedoch in anderen Aspekten von diesen. Auch wenn der undogmatische Pragmatismus aufgrund seiner fehlenden theologischen Festlegungen kein Merkmal fundamentalistischer Gruppierungen ist, schiebt er die Bewegung dennoch eher in fundamentalistische Richtung. Es werden aufgrund dieser Vorgehensweise Allianzen mit Gruppierungen eingegangen, die weitere Aspekte in fundamentalistischer Hinsicht erfüllen und somit eher dazu drängen, dass die evangelikale Bewegung den fundamentalistischen Weg an der Weggabelung wählt. Die Diskursunfähigkeit der Bewegung führt zur Gefahr der dogmatischen Aufladung spezifischer Themen. Wenn wiederum der Begriff Fundamentalismus auch heute von Evangelikalen selbst zur Beschreibung ihrer Bewegung gebraucht wird, so wird er als jene historische Selbstbeschreibung benutzt, wie sie in Kapitel 3.3.2 dargestellt wurde. Diese Evangelikalen verharren quasi bei der ursprünglichen Bedeutung des Begriffes ohne deren

---

659 Beide Zitate dieses Satzes: Ebd., 308.

Weiterentwicklung in Gesellschaft und Wissenschaft zu berücksichtigen. Sagen sie also einerseits, dass sie im Sinne von fest auf einem Fundament stehend sehr wohl fundamentalistisch seien, wehren sie sich andererseits vehement gegen eine Darstellung ihrer Bewegung als radikal. Wenn hier davon die Rede ist, dass es sehr wohl fundamentalistische Tendenzen innerhalb der Bewegung gibt, so im Sinne der Weiterentwicklung des Begriffs und mit den beschriebenen Merkmalen und Dimensionen.

5.3.2 ‚Experientialism'

Es existieren jedoch auch Kräfte innerhalb der evangelikalen Bewegung, die eher für die Strecke des *experientialism* sprechen. Wenn Cox von *experientialism* spricht, meint er damit insbesondere eine bestimmte Form der Organisation von Religion. Nicht die Institution Kirche steht im Vordergrund und gibt vor, wie der Glaube zu organisieren ist. Es geht nicht um Hierarchien, sondern um Netzwerke. Das dies zur evangelikalen Bewegung passt, ist offensichtlich. Auch diese zeichnet sich vor allem durch ihren Netzwerkcharakter aus und durch die Integration möglichst vieler verschiedener Organisationen und Vereine in dieses Netzwerk. Dabei wird dem einzelnen Mitglied große Freiheit eingeräumt und die Möglichkeit eröffnet, sich seine Nische und seine individuellen Strukturen zu suchen, die auf ihn und sein Leben passen. Was hier beobachtet werden kann, ist jene Veränderung der Struktur der Religion, die Cox beschrieben hat. Die Gläubigen wollen nicht mehr nur eine vorgefundene Struktur annehmen, sondern innerhalb dieser Bewegung die für sie beste Mischung finden. Cox nennt das Ergebnis eine ‚Collage', die sich die Menschen zusammenstellen – „a more or less coherent set of values, beliefs, and practices that those young people will hold on to so long as it helps them along the way"[660]. Ulrich Beck hat diese Beobachtung mit der Herausbildung eines eigenen Gottes beschrieben. „Der Einzelne baut sich aus seinen religiösen Erfahrungen seine individuelle religiöse Überdachung, seinen ‚heiligen Baldachin'."[661] Diese eigene religiöse Überdachung bewirkt eine gesteigerte Verantwortung des Einzelnen. „Die Kommunika-

---

660 Cox 1996, 307ff.
661 Beck 2008, 31.

tion mit dem der kirchlichen Autorität entwichenen ‚eigenen Gott' radikalisiert also die subjektive Erfahrungsbasis, Aktivität und Selbstverantwortung."[662] Die Individuen wählen, ihren spirituellen Weg selbst und die „Authentizität ihrer persönlichen Suche ist ihnen wichtiger als die Übereinstimmung mit jenen ‚Wahrheiten', deren Hüter die Weltreligionen zu sein beanspruchen."[663] Für diesen religionssoziologischen Ansatz ist die evangelikale Bewegung ein aussichtsreiches Forschungsobjekt.

Eben jene Veränderungen in der Art und Weise Religion zu organisieren und auf Anhänger ein- und zuzugehen, bringt die in Kapitel 4.1.2 genannten Kontroversen mit den traditionellen Kirchen mit sich. Dies beschreibt auch Cox, wenn er sagt: „This new environment puts religious authorities in an uncomfortable position. The traditional clergy plays a much less privileged role. [...] Consequently it is not surprising that many religious functionaries staunchly oppose the experiential current."[664] So ist dies eben genau der Konflikt, den auch die Evangelikalen mit den Landeskirchen ausfechten mussten und zum Teil noch müssen. Die Landeskirchen fühlen sich durch diese ‚freie' Form der Religion bedroht, da sie aufgrund ihrer Struktur und Institutionalisierung nicht schnell darauf zu reagieren vermögen. Diese Form der Religion ist sehr auf den Gläubigen zugeschnitten, da er die Möglichkeit hat, sich sehr genau auszusuchen, welche Aspekte er für sich als hilfreich und sinnvoll erachtet. „There is something quite pragmatic about their religious search. Truths are not accepted because someone says they are true, no matter what leader´s religious authority may be, but because people find that they connect, they 'click' with their quotidian existence."[665] Wurde also weiter oben das Vorgehen der Führungsebene der evangelikalen Bewegung als pragmatisch beschrieben, so beschreibt Cox auch das Agieren der Anhänger als pragmatisch. Sie wollen sich nicht in feste Institutionen eingliedern, sondern Einfluss ausüben und die Gestaltung der eigenen Religion mitbestimmen. Durch diese Strukturierung von Religiosität wird der Einzelne vermehrt einbezogen und enger an die Bewegung gebunden. Es herrscht in diesen Bewegungen nicht nur organisatorische, sondern aufgrund ihrer Heterogenität ebenso inhaltliche Vielfalt.

---

662 Ebd., 166.
663 Ebd., 173.
664 Cox 1996, 306.
665 Ebd., 306.

Die Evangelikalen haben sich auf die beschriebenen Veränderungen der Herangehensweise der Gläubigen an Religion eingestellt. Sie schrecken nicht vor innovativen Maßnahmen zurück und brechen traditionelle Wege der kirchlichen Organisation auf. Sie organisieren ganz bewusst ein zielgruppenorientiertes Programm und variieren es konsequent. Es werden für junge Großstadtgläubige ‚hippe' Gottesdienste in Kinos veranstaltet, Festivals für junge Menschen organisiert und Seminare für Probleme jeden Alters und jeder Lebenssituation angeboten. Insbesondere wird viel getan, um junge Menschen für die evangelikalen Organisationen zu begeistern. Die Art und Weise der Religionsorganisation erinnert dabei an die von Luckmann beschriebene Veränderung der Religion. „Die Sozialform der Religion, die in modernen Industriegesellschaften entsteht, ist dadurch charakterisiert, daß potentielle Konsumenten einen direkten Zugang zum Sortiment der religiösen Repräsentation haben."[666] Dies bedeutet, dass „der Heilige Kosmos nicht durch primäre öffentliche Institutionen vermittelt wird und daß somit kein verpflichtendes Modell der Religion verfügbar ist"[667]. Religion muss keine feste Struktur mehr haben und nicht in Institutionen ankern, Menschen bauen sich dagegen aus der Fülle von verschiedenen Möglichkeiten ihre eigene Kollage.

Gelingt es der Religion selbstreflexiv zu sein und religiöse Liberalität zu entwickeln, dann ist sie ein wichtiger Bereich der Zivilgesellschaft auf die der Staat angewiesen ist. Im Zuge der von den Evangelikalen oft kritisierten Entwicklungen wie Globalisierung und Individualisierung, verstärkte sich auch die Debatte darüber, was eine Gesellschaft zusammenhält und wie die Zivilgesellschaft unter diesen Rahmenbedingungen geschützt werden kann. „Pointiert formuliert: unter dem Eindruck der neueren politischen, sozialen und ökonomischen Entwicklungen hat sich die Vorstellung herausgebildet, der Bürger im emphatischen Sinn könne zu einer aussterbenden Spezies in der Geschichte der Menschheit werden."[668] So sei der zunehmende Individualisierungsprozess und der Rückgang des bürgerschaftlichen Engagements Ausdruck für „ein[en] Wandel gesellschaftlicher Strukturen und Leitbilder, in dessen Verlauf herkömmliche Pflicht- und Akzeptanzwerte zunehmend durch Selbstentfaltungswerte ersetzt

---

666 Luckmann 1991, 146. Vgl. auch Kapitel 2.1.1.
667 Luckmann 1991, 146.
668 Münkler / Wassermann 2008, 6.

oder verdrängt worden sind"[669]. Ebendies hat sich auch in der Beschreibung über die veränderten religiösen Ansprüche der Menschen gezeigt. Der Aspekt der persönlichen Selbstentfaltung hat einen viel größeren Stellenwert eingenommen und äußert sich auch in dem Wunsch nach individuelleren Formen des Religiösen. Kirchen und Religionsgemeinschaften sind Teil der Zivilgesellschaft und können durch ihr Wirken und das Binden von Anhängern einen wichtigen Beitrag zu deren Funktionieren leisten. „Mögen die Kirchen in staatsrechtlicher Hinsicht in einem Nahverhältnis zum Staat stehen – in sozialwissenschaftlicher Perspektive gehören sie seit längerem schon zur Zivilgesellschaft, in deren Bereich sie einen der wichtigsten Akteure bilden."[670] Dies können aber neben den zwei großen Kirchen auch andere Religionsgemeinschaften übernehmen, und wie Schieder feststellt, sollten es auch: „Politik und Kirchen stehen in den kommenden Jahren vor der Frage, wie sie mit der zunehmenden religiösen Pluralisierung umgehen wollen. Auf Dauer wird es nicht mehr hinnehmbar sein, dass die beiden großen Konfessionen allein den zivilreligiösen Bedürfnissen der Bevölkerung Ausdruck verleihen."[671] Dabei liegt auch Verantwortung bei den kleineren Religionsgemeinschaften, die sich so organisieren müssen, dass sie als zivilgesellschaftliche Akteure agieren und als solche glaubhaft in Erscheinung treten können. Dies funktioniert nicht, wenn man auf unverhandelbaren Wahrheiten besteht, ohne deren Akzeptanz nicht zusammengearbeitet werden kann. Die zivilgesellschaftliche Kooperation von Staat und Religion besteht aus einer Gegenseitigkeit: „Sie [die Religionsgemeinschaften; Anm. d. V.] fordern als Teil der Zivilgesellschaft vom Staat Religionsfreiheit, sind dafür aber ihrerseits bereit, am gesellschaftlichen Gemeinwohl und der Entwicklung von Zivilität mitzuarbeiten."[672] Dieses Verhältnis ist also geprägt von einer Gegenseitigkeit, die für beide Seiten gewinnbringend sein kann. Zum Einen ist der Staat auf die zivilgesellschaftlichen Akteure angewiesen, da von diesen erwartet wird, „dass sie zur Regeneration und Erneuerung der soziomoralischen Infrastruktur der Gesellschaft beitragen"[673]. Zum Anderen bedeutet es aber auch für die Religionsgemeinschaften die Möglichkeit auf eben jene Infrastruktur Einfluss ausüben zu können und somit

---

669 Ebd., 7.
670 Münkler 2002, 127.
671 Schieder 2008, 270.
672 Ebd., 273.
673 Münkler 2002, 126.

5.3 Die Weggabelung

dieser auch eine gewisse Prägung zu geben. Da die „Kirche heute ein Akteur unter anderen"[674] dieser Zivilgesellschaft ist, steigt für sie das Interesse viele Bürger dieser Gesellschaft anzusprechen. Dass dabei auch wieder jene Konflikte zwischen traditionellen Kirchen und neuen Religionsgemeinschaften auftreten können, die bereits an verschiedenen Stellen angesprochen wurden, zeigt die folgende Beobachtung Münklers.

„Der Kulturprotestantismus glaubte sich darin auf den Staat angewiesen, dass dieser ihm auf Dauer das Monopol symbolpolitischer Sinnbewirtschaftung garantierte und den nachhaltigen Zugriff anderer Gruppen darauf unterband. Nur dann würde der Protestantismus auf Dauer eine hegemoniale Position innerhalb der deutschen Kultur wie auch im politischen Leben einnehmen können."[675]

In religiös pluralistischen Gesellschaften gerät diese Hegemonie nun in Gefahr – nicht nur durch andere Religionsgemeinschaften, sondern ebenso durch andere Wertesysteme der modernen Gesellschaften. Um Einfluss auch auf politische Prozesse auszuüben, ist es also entscheidend, sich als zivilgesellschaftlicher Akteur hervorzutun und dadurch Wertesysteme und Sinnstrukturen zu vermitteln. Daher stellt Schieder treffend fest: „Die Kirchen [und die Religionsgemeinschaften; Anm. d. V.] bemühen sich um eine verstärkte politische Präsenz als zivilgesellschaftliche Assoziationen."[676]

An diesem Diskurs wird deutlich, dass es im Verhältnis von Politik und Religion vor allem darauf ankommt, wie die Religionen als zivilgesellschaftliche Akteure in Erscheinung treten und so an gesellschaftlichen Prozessen partizipieren.

„Nicht die Verbindung von Religion und Politik als solche, sondern ein spezifischer *Modus* dieser Verbindung, nämlich der Modus der Unmittelbarkeit, stellt für die freiheitliche Demokratie in der Tat ein Problem dar. Denn der Anspruch, aus religiöser Offenbarung unmittelbar verbindliche Anweisungen für die Politik ableiten zu können, läuft implizit oder explizit auf die Negierung einer säkularen Rechtsordnung und einer relativ autonomen Ebene politischen Diskurses hinaus."[677]

Wird aber auf diese Unmittelbarkeit verzichtet und die Diskursebene verlagert, dann ist es gleichsam ein Aspekt von freiheitlichen Gesellschaften, dass sich Re-

---

674 Ebd., 126.
675 Ebd., 124.
676 Schieder 2008, 222.
677 Bielefeld / Heitmeyer 1998, 14ff.

ligionsgemeinschaften an politischen Aushandlungsprozessen beteiligen und ihr Anspruch auf Partizipation an gesellschaftlichen Prozessen und politischen Diskursen stellt vielmehr Normalität dar.[678] Entscheidend ist allein, dass sich die Religionsgemeinschaften von der bereits angesprochenen Unbedingtheit ihres Wahrheitsanspruches in politischem Agieren trennen. Denn, wie Schieder feststellt, ist die Religionspolitik eines religiös-weltanschaulich neutralen Staates nur dann möglich, „wenn die religionspolitischen Akteure auch und zuerst bei sich selbst zwischen ihrer Weltanschauung und ihrem politischen Handeln zu unterscheiden wissen"[679]. Dies ist ein wichtiger Prozess, da der Staat auf alle, und daher auch auf religiöse, zivilgesellschaftliche Akteure angewiesen ist.[680]

Die evangelikale Bewegung kann als einer dieser zivilgesellschaftlichen Akteure in Erscheinung treten und so ihre Anhänger auch an diese binden. Gelingen kann dies allerdings nur, wenn sie sich für den Weg des *experientialism* entscheidet und nicht für den Fundamentalismus. Aufgrund ihrer innovativen und modernen Organisationsstruktur kann sie Anhänger gewinnen und ihre Ressourcen bündeln. Gleichzeitig kann sie eine enge Bindung ihrer Anhänger an die Bewegung erreichen. Auf diese Weise wäre sie ein Akteur in einer pluralistischen Gesellschaft. Es ist evident, dass dieses Konzept nur gelingen kann, wenn sie sich als pluralismusfähiger und kooperationsbereiter Akteur darstellt. Dann kann sie als eben jener zivilgesellschaftlicher Akteur auch Einfluss auf politische Prozesse ausüben. In der evangelikalen Bewegung sind einige Bestrebungen in diese Richtung zu beobachten. Es wird oft der Kontakt zu anderen Akteuren der Zivilgesellschaft gesucht und sich in dieser engagiert. Sie ist in der Lage, den Menschen Sinnzusammenhänge zur Verfügung zu stellen, die ihnen helfen in der individualisierten Welt zurechtzukommen. So wäre sie in der Lage im Sinne der *New Evangelicals*, an den demokratischen Prozessen der Gesellschaft teilzuhaben. Diesem Engagement entgegen steht das Wirken einiger Teile der Bewegung in fundamentalistische Tendenzen abzurutschen.

---

678 Vgl. ebd., 13.
679 Schieder 2008, 237.
680 Vgl. ebd., 260.

5.4 Die Entscheidungsnotwendigkeit

Die Handlungskonstrukte des *fundamentalism* und *experientialism* stellen zwei Alternativen des Agierens von Religionen in pluralistischen Gesellschaften dar. Diese beiden Möglichkeiten – das sollte deutlich gesagt werden – sind in der Tat Alternativen, schließen sich also gegenseitig aus und sind nicht miteinander kompatibel. Dem *experientialism* inhärent ist eine Vielfalt an inhaltlichen und strukturellen Herangehensweisen. Er ist in diesem Sinne zu religiöser Liberalität fähig, da er keine festen Dogmen vertritt und auf die Durchsetzung eines absoluten Wahrheitsanspruches verzichtet. Vielmehr stellt er eine Form der Religiosität dar, die individuellen Vorstellungen viel Platz und Gestaltungsmöglichkeiten einräumt. Ebendies ist im Fundamentalismus nicht möglich. Ihn zeichnen dogmatische Vorstellungen aus, die als unverrückbar und unverhandelbar proklamiert werden. Diese Vorstellungen oder Werte und der absolute Wahrheitsanspruch steuern jegliche Handlungen und sind in allen gesellschaftlichen und politischen Bereichen gültig.

Die in der evangelikalen Bewegung vorherrschende Handlungsmaxime des undogmatischen Pragmatismus ist aufgrund ihrer inneren Vielfalt geradezu handlungsnotwendig. Sie stellt quasi ein Merkmal des *experientialism* dar, der basierend auf seiner Heterogenität nur so Handlungsfähigkeit entwickeln und bewahren kann. *Experientialism* schließt eine fundamentalistische Ausrichtung aus, da dadurch automatisch seine Vielfalt gefährdet würde. Dennoch ist die Form, wie diese Maxime innerhalb der evangelikalen Bewegung angewendet wird, ein Indiz dafür, dass fundamentalistische Tendenzen in die Bewegung integriert werden und in dieser zunehmend an Stärke gewinnen können. Das Fehlen jeglicher Grenzen dieser Vielfalt, macht die Bewegung aus ihren Rändern heraus angreifbar. Der theologische Minimalkonsens innerhalb der Bewegung, der einen Vorrang der Evangelisation vor allen anderen Zielen proklamiert, reicht für einen fundamentalistischen Dogmatismus nicht aus. Es besteht jedoch immer die Gefahr, dass Gruppierungen hervortreten, die diesen Konsens um weitere Dogmen zu erweitern und dadurch die Heterogenität zu erodieren versuchen. Die Ablehnung theologischer Diskurse innerhalb der Bewegung verstärkt die Gefahr eines fundamentalistischen Dogmatismus.

Experientialism darf insofern nicht mit Beliebigkeit verwechselt werden. Diese macht die Bewegung aus sich selbst heraus angreifbar, da das Fehlen jeglicher Schranken den Rändern der Bewegung überproportional viel Einflussmöglichkeiten bietet. Will eine Bewegung ihre Vielfalt erhalten, ist es entscheidend, ihr Begrenzungen aufzuzeigen. An diesen entscheidenden Stellen gefährden *gag rules* die Bewegung, da ein demokratischer Diskurs verhindert wird. Es bedarf klarer Aussagen, die die Ränder definieren und somit das Profil der Bewegung bestimmen. Alles andere würde zu einer orientierungs- und wertelosen Vereinigung führen, die dadurch einen idealen Nährboden für fundamentalistische Gruppierungen darstellt. Diese bieten dann jene Orientierungen an, die jede Bewegung als Legitimation ihres Bestehens und Agierens benötigt. Sie werden dann allerdings nicht in einen pluralistischen Aushandlungsprozess gestellt, sondern dogmatisch festgeschrieben. Dies führt zum Verlassen der *experientialism-Strecke* und zum Abbiegen auf einen fundamentalistischen Pfad.

Die deutsche evangelikale Bewegung steht an einer Weggabelung, wie sie Harvey Cox für die Pfingstbewegung beschrieben hat. Ihr Agieren kann weder eindeutig als *fundamentalism*, noch als *experientialism* beschrieben werden. Welchen Weg sie einschlagen wird, ist nicht klar vorhersehbar. An dieser Weggabelung wird auch entschieden, ob die Bewegung in der Lage ist, als zivilgesellschaftlicher Akteur Teil der demokratischen Gesellschaft zu sein. Dem Fundamentalismus gelingt es gerade nicht, religiöse Liberalität herauszubilden, da dieser auf seinem absoluten Wahrheitsanspruch beharrt und diesen mit allen Mitteln durchzusetzen versucht. Der Fundamentalismus, der sich gegen Modernisierungserscheinungen wendet, aber gleichzeitig nur in diesen möglich ist, muss dabei in postheroischen Gesellschaften besondere Anstrengung aufwenden. Ihm inhärent ist eine Opferbereitschaft seiner Anhänger für die zu kämpfende Sache. Diese Opferbereitschaft ist in jenen postheroischen Gesellschaften, wie sie hier betrachtet werden, nicht mehr vorhanden, gerade auch, weil „das Schwinden der religiösen Potentiale zum Verlust der Ressourcen führt, die für die heroische Aufladung einer Gesellschaft unverzichtbar sind"[681]. Nur durch Wiederbelebung der Ressourcen scheint ein Einsatz dieser Art wieder möglich, wobei zu fragen bleibt, in welchem Umfang Religionsgemeinschaften aufgrund der Konkurrenzsituation verschiedener Sinn- und Wertesysteme dazu im Stande sind. Denn die Bürger dieser postheroischen Gesellschaften sind „nicht (mehr) am Opfertod […] interessiert […], sondern nunmehr an dem in der amerikanischen Verfas-

---

681 Münkler 2006, 316.

5.4 Die Entscheidungsnotwendigkeit   211

sung beispielhaft verbrieften *individual pursuit of happiness*"[682]. Eben jenes Streben nach persönlichem Glück kann vielmehr auf dem Weg des *experientialism* erreicht werden. Dieser setzt auf die individuelle Entscheidungs- und Wahlmöglichkeit der einzelnen Gläubigen und ist so anschlussfähig an Entwicklungen moderner Gesellschaften. Vor allem aber ist der *experientialism* in der Lage, religiöse Liberalität auszubilden. Hier wird das ermöglicht, was bereits an der Beobachtung Münklers verdeutlicht wurde: Im *experientialism* wird nicht auf die Wahrheit verzichtet, sondern darauf, diese mit allen Mitteln und bedingungslos durchzusetzen.[683] Dadurch entwickelt die Religionsgemeinschaft die Fähigkeit, ein Teil der pluralistischen Gesellschaft zu sein und an der friedlichen Organisation der Gesellschaft mitzuwirken. Als ein solcher Akteur der Zivilgesellschaft ist es möglich, auf gesellschaftliche Entscheidungsprozesse Einfluss auszuüben und seinen Sinn- und Wertesystemen Nachdruck zu verleihen. Welchen Weg die evangelikale Bewegung einschlagen wird, wird davon abhängen, wie weit die Dachorganisationen ihr Dach in Zukunft verstehen und in welcher Intensität die Handlungsmaxime des undogmatischen Pragmatismus weiterverfolgt wird. Daran entscheidet sich, ob sie in der Lage ist, als zivilgesellschaftlicher Akteur mit dem Pluralismus der modernen Gesellschaften umzugehen und ihr politisches Agieren von religiöser Unmittelbarkeit zu befreien. Schafft es die Bewegung ihren Minimalkonsens – die Evangelisation – zu erhalten und dennoch durch das ‚Entknebeln' ihrer eigenen Führungspersonen Grenzen der Bewegung aufzuzeigen? Der Minimalkonsens ist wichtig, darf aber nicht in Beliebigkeit aller anderen Themen und Bereiche der Bewegung münden. Um es deutlich zu betonen: Die Bewegung benötigt keine Dogmen, sondern die Fähigkeit und den Willen zum Diskurs.

Der beschriebene Kampf innerhalb der evangelikalen Bewegung um die Entwicklung oder Ablehnung religiöser Liberalität, ist keineswegs eine regional begrenzte und einmalige Beobachtung, sondern wird auf lange Sicht viele Gesellschaften betreffen – wie Cox am Beispiel der Pfingstbewegung eindrücklich darstellt. Sie ist eine international agierende und vernetze Bewegung, die weiter wachsen wird, da sie auf Individualisierung und Globalisierung der Gesellschaften reagiert. Sie stellt insofern eine Avantgarde dar. Die entscheidende Frage

---

682 Fischer 2005, 170ff.
683 Siehe S. 193.

wird sein, welchen Einfluss sie auf die Individuen und Gesellschaften ausüben wird. Drängt sie ihre Anhänger in eine fundamentalistische, feindselige und abschottenden Richtung oder macht sie sich die ihr innewohnende Pluralität im Sinne religiöser Liberalisierungserscheinungen zu eigen.[684]

Eben diese Frage stellt sich in Bezug auf die evangelikale Bewegung. Sie hat eine Organisationsstruktur des Religiösen für sich gefunden, die innerhalb der Bewegung Pluralität und Individualität zulässt und spricht verschiedenste Bevölkerungsgruppen und -schichten an. Insbesondere bei jüngeren Menschen weckt die individuelle Gestaltungsmöglichkeit des religiösen Umfeldes großes Interesse. Gleichzeitig fördert sie durch ihre innere Pluralität fundamentalistische Tendenzen. Dieses Phänomen könnte als ‚Pluralitätsparadox' bezeichnet werden, da die innere Pluralität zunächst den Vorgaben des demokratischen Verfassungsstaates entspricht, Meinungsfreiheit innerhalb der Gruppierung zu gewährleisten. Dennoch sind die Konsequenzen bei der evangelikalen Bewegung nicht so eindeutig. Zum Einen ist der Beweggrund für die vielfältige Zusammenarbeit mit verschiedensten Gruppierungen nicht der Anspruch einer inneren Pluralität, sondern liegt in der erläuterten Handlungsmaxime des undogmatischen Pragmatismus verborgen. Aufgrund dieser pragmatischen Zielverfolgung werden jene Allianzen eingegangen, die die Bewegung in eine fundamentalistische Richtung zu drängen scheinen. Es könnte argumentiert werden, dass trotz eines anderen Beweggrundes, diese Pluralität dennoch ermöglicht wird und das Zulassen einzelner vermeintlich fundamentalistischer Vereinigungen nicht einen Fundamentalismus der gesamten Bewegung bewirkt. Diese Gefahr besteht jedoch, da die Bewegung, im Gegensatz zu beispielsweise politischen Parteien lockere, netzwerkartige Verbindungen aufweist. Das führt zu einer mangelnden Kontrolle der Handlungen und Äußerungen der einzelnen Gruppierungen. Es finden keine ‚Parteitage' statt, die den Kurs der Bewegung bestimmen und dazu führen, dass sich einzelne Meinungen dem demokratischen Mehrheitsprozess beugen müssen. Vielmehr wird der Kurs der Bewegung und die Wahrnehmung von außen maßgeblich durch das Agieren und die Stellungnahmen der Dachorganisationen bestimmt. Indem diese mit Gruppierungen zusammenarbeiten, von denen Konflikte mit liberal verfassten Gesellschaften zu erwarten sind, gewinnen sie überproportional an Bedeutung. Im Sinne der Zielerreichung werden Koalitionen gebildet,

---

684   Vgl. Cox 1996, 309ff.

die auf lange Sicht den Kurs der gesamten Bewegung mitbestimmen können. Man verliert gleichsam die Kontrolle über die Bewegung, da man ihre Ränder zu sehr in die Mitte integriert und keinerlei demokratische Regelungen besitzt, dies auszugleichen. Die Bewegung integriert die Gruppierungen aufgrund punktueller Zusammenarbeit, bindet sie damit aber möglicherweise ungewollt dauerhaft ein. Verstärkt wird diese Entwicklung durch die (evangelikale und säkulare) mediale Berichterstattung, die diesen Randgruppen besondere Aufmerksamkeit schenkt. Aufzudrängen scheint sich für die evangelikale Bewegung eine Abwägung der Mittel und ihrer Folgen. Ist das Erreichen punktueller Ziele so entscheidend, dass die Integration dieser Gruppierungen sinnvoll ist. Oder ist vielmehr die Gefahr, die von der Einbindung solcher Gruppierungen ausgeht, größer und steht nicht im Verhältnis zur Erreichung der Ziele?

Die vermeintliche innere Pluralität wird insbesondere auf der politischen Ebene der Bewegung ein Mittel zum Zweck. Um in einzelnen Politikfeldern verstärkt auf Positionen aufmerksam machen zu können, wird mit tendenziell fundamentalistischen Gruppierungen zusammengearbeitet. Mangelnde organisatorische und institutionelle Strukturen verhindern ein demokratisches Aushandeln von Positionen und dadurch eine Steuerung der inhaltlichen Entwicklung der Bewegung selbst. Der als innere Pluralität erscheinende Pragmatismus macht die Ausbildung solider demokratischer Aushandlungsprozesse und vor allem die Konsolidierung einer Pluralität nach außen unmöglich. Das Mittel zum Zweck wird so zur Gefahr für die gesamte Bewegung.

Welchen Weg die evangelikale Bewegung letztendlich einschlagen wird, ob sie auch nach außen Pluralität akzeptieren kann und wie sie ihr politisches Handeln organisieren wird, ist nicht entschieden. Deutlich ist dagegen, dass der Status Quo keine Alternative darstellt, da er eine implizite Entscheidung für den fundamentalistischen Weg bedeutet. Einen dieser beiden Wege geht die deutsche evangelikale Bewegung in jedem Fall.

6 Fazit

Das Verhältnis von Religion und Politik oder Kirche und Staat wurde auf unterschiedliche Weisen analysiert und untersucht. In einem langen historischen Prozess haben sich diese Sphären voneinander getrennt und ihre eigenen Arenen herausgebildet. Dennoch agieren sie auf verschiedenen Ebenen miteinander, wodurch immer wieder Aushandlungsprozesse ausgetragen werden müssen. Der deutsche Staat ist religiös und weltanschaulich neutral und agiert in einer religiös-pluralistischen Gesellschaft. In pluralistischen Gesellschaften sind religiöse Gruppierungen Teil der Zivilgesellschaft und haben Anteil am Funktionieren der Gesellschaft.

In dieser Arbeit wurde eine religiöse Bewegung betrachtet, die neben der evangelischen und der katholischen Kirche zum christlichen Spektrum der religiösen Landschaft gehört – die deutsche evangelikale Bewegung. Ziel dieser Arbeit war es, die evangelikale Bewegung in Hinblick auf ihr politisches Agieren und ihre politischen Einstellungen zu untersuchen. Für diese Analyse wurden Publikationen ausgewertet, Interviews geführt und Veranstaltungen der evangelikalen Bewegung besucht. Die deutsche evangelikale Bewegung ist kaum wissenschaftlich erfasst, so dass zunächst ein Bild der Bewegung gezeichnet werden musste, um das politische Auftreten entsprechend einordnen zu können. Darüber hinaus konnte anhand dieser Ergebnisse aufgezeigt werden, wie religiöse Gruppierungen in religiös-pluralistischen Gesellschaften mit säkularen politischen Institutionen politische Forderungen vorbringen und umzusetzen versuchen.

Zunächst wurde in Kapitel 2 die religionspolitische Situation in Deutschland ausführlich in ihrer historischen Entwicklung dargestellt. Dabei lag das Augenmerk insbesondere auf der Entwicklung des Verhältnisses von Kirche und Staat, da dies den Untersuchungsschwerpunkt dieser Arbeit über die evangelikale Bewegung darstellt. Detailliert wurden die Geschichte der Säkularisierung und die aktuellen Debatten um diese erläutert und auf Ambivalenzen der Säkularisierung hingewiesen. Dabei interessierte insbesondere die Entwicklungen der Moderne und die sich in diesem Zusammenhang herausbildenden Antimodernisten und Antiliberalen. Schließlich beschrieb die Darstellung des deutschen Verhältnisses von Staat und Kirche die Voraussetzungen, in denen die evangelikale Bewegung agiert und in denen sie auf politische Entscheidungsprozesse einwirken möchte.

Kapitel 3 und 4 betrachteten und analysierten die evangelikale Bewegung unter verschiedenen Aspekten. Es wurde dargestellt, wie sie sich entwickelt hat und was ihre historischen Wurzeln sind. Gezeigt werden konnte, dass die evangelikale Bewegung in ihrer heutigen Erscheinungsform eine pluralistische und heterogene Bewegung ist, in der verschiedenste Gruppierungen mit unterschiedlichen Schwerpunkten und Handlungsbereichen aufeinandertreffen. Ihre Organisationsstruktur wurde untersucht und die Beschreibung als Bewegung als sinnvoll und hilfreich befunden. Die Betonung lag dabei vor allem auf der netzwerkartigen Struktur der Bewegung, die auf allen Ebenen vorhanden ist und die Bewegung über Organisationsgrenzen hinweg miteinander verbindet. Das unscharfe Mitgliederprofil spricht dafür, eher von Anhängern als von Mitgliedern dieser Bewegung zu reden und erfasst damit die weit ausgelegte und dennoch integrierende Struktur der Bewegung. Verbindend wirkt nicht die Mitgliedschaft in einer bestimmten Organisation, sondern vielmehr die dahinter stehende Idee der gesamten Bewegung. Entscheidend ist die Weitergabe des Evangeliums, die auf ganz unterschiedliche Weisen vorangebracht werden kann. Neben der Betonung der Evangelisierungs- und Missionierungstätigkeit der Evangelikalen, hat diese Arbeit den Fokus insbesondere auf die politischen Aspekte der Bewegung gelegt. Dabei konnte festgestellt werden, dass die Bewegung politisch ist, sich politisch engagiert und politischen Einfluss anstrebt. Dies ist keineswegs selbstverständlich, wie man an den jahrelangen Debatten und Kämpfen innerhalb der Bewegung beobachten kann. So wurde das politische Engagement oft als Ablenkung von der eigentlichen Aufgabe der Evangelisation und damit als Bedrohung der Funktion der Bewegung betrachtet. Andere Sichtweisen erkannten darin jedoch keinen Widerspruch, sondern vielmehr zwei Seiten derselben Medaille. Diese Kontroverse hat zu Zerreißproben und erbitterten Kämpfen innerhalb der Bewegung geführt. Betrachtet man das heutige Erscheinungsbild der deutschen evangelikalen Bewegung, ist festzustellen, dass politisches und soziales Engagement einen festen Platz in der Bewegung eingenommen haben und aus dieser nicht mehr wegzudenken sind.

6 Fazit

Das Augenmerk der Untersuchung lag auf den Leitungsebenen der *Koalition für Evangelisation – Lausanner Bewegung deutscher Zweig* und der mit dieser eng verbundenen *Deutschen Evangelischen Allianz*. Diese Organisationen fungieren als Dachorganisationen der evangelikalen Bewegung, sprechen für die Bewegung und bündeln unter ihren Dächern die verschiedenen Richtungen der Evangelikalen. Da die Bewegung vor allem in ihren Führungsämtern und insbesondere innerhalb der Evangelischen Allianz politisch aktiv ist und weniger das ‚einfache' Gemeindemitglied selbst, erscheint diese Zuspitzung in Hinblick auf die Erfassung der politischen Aktivitäten sinnvoll.

Interessiert haben hier die konkreten politischen Einstellungen, wozu der Blick explizit auf Politikfelder gelenkt wurde. Die Bewegung fordert zunächst von allen Christen politisches Engagement, was sich sowohl in Gebeten, als auch der Beteiligung an Wahlen und der aktiven politischen Tätigkeit äußern kann. Prinzipiell wird gesagt, dass das deutsche Staatssystem befürwortet, der Rechtsstaat unterstützt und jegliche Bekämpfung des Staates mit gewalttätigen Mitteln abgelehnt wird. Gleichzeitig werden die Gebote Gottes als höchste Autorität für einen Christen betrachtet. Die evangelikale Bewegung versteht sich als ständiger Mahner einer Gesellschaft, die allzu oft die moralischen – für die Evangelikalen vor allem die christlichen – Grundlagen ihres Zusammenlebens vergesse. In allen politischen Entscheidungen sollen christliche Wertvorstellungen eine Rolle spielen und diese als Handlungsanweisung dienen. Ihr Engagement will diese Werte als Grundlage des Handelns in die Politik einbringen und dort sicherstellen. Die Trennung von Kirche und Staat wird als richtig angesehen, damit aber keine Verdrängung von Religion aus politischem Handeln verbunden. Das politische Vorgehen wird oft anhand von Bibelzitaten begründet und die Bibel als idealer Ratgeber für Politiker angesehen.

Die Bewegung bleibt in ihren Aussagen nicht bei allgemeinen Äußerungen, sondern artikuliert dezidierte Ansichten zu konkreten Politikfeldern. Eines der wichtigsten Felder auf denen sich die evangelikale Bewegung hervortut, ist das der Familien- und Sozialpolitik. Besonders in diesem Bereich sind wiederholt emotionale Äußerungen zu finden, die sich in verschiedensten Publikationen aber auch auf Veranstaltungen der Evangelikalen finden lassen. Prinzipiell sind sie der Ansicht, dass die deutsche Familienpolitik vieles falsch mache, da sie die Familien nicht in angemessener Weise unterstütze und fördere. Die Familienpolitik habe ins Zentrum der Anstrengungen zu rücken, da eben in dieser die Zukunft der Gesellschaft liege. Die Ablehnung einer Gleichstellung homosexueller Partnerschaften wird mit einer besonderen Leistung, die ‚klassische' Familien für die Gesellschaft erbringen würden, begründet. Diese könnten gleichgeschlechtliche Partnerschaften nicht leisten. Ebenso wird die Abtreibungspolitik kritisiert und weitreichende Fortschritte im Bereich der biomedizinischen Forschung zurückgewiesen.

Neben diesen familien- und sozialpolitischen Themen spielt vor allem Religionspolitik eine herausragende Rolle im politischen Agieren der evangelikalen Bewegung. So überrascht es nicht, dass ihr die freie Ausübung der Religion besonders wichtig ist, was auch ihr entschiedenes Eintreten für verfolgte Christen im Ausland erklärt. Die Religionsfreiheit gilt gleichermaßen für andere Religionen, wobei dem Islam mit großer Skepsis gegenüber getreten wird. Er sei eine gewaltbereite Religion, die keine Trennung von Kirche und Staat kenne. Mit seinen Handlungen strebe er die Weltherrschaft an, und es sei daher unklar, ob er mit dem deutschen politischen System in Einklang zu bringen ist. Mission unter Muslimen wiederum sei wichtig, und dazu wäre es zwingend notwendig, als entschiedener Christ aufzutreten. Das Verhältnis der evangelikalen Bewegung zu den evangelischen Landeskirchen ist ambivalent. Einerseits ist die Bewegung nie ganz von den Landeskirchen zu trennen, da personelle und strukturelle Verflechtungen bestehen. Andererseits hat es vor allem mit dem Erstarken der deutschen evangelikalen Bewegung in den 60er und 70er Jahren des 20. Jahrhunderts zahlreiche Kontroversen und Konflikte gegeben. Inzwischen finden Annäherungen statt, und vor allem nach außen werden Gemeinsamkeiten betont.

In den politischen Äußerungen der evangelikalen Bewegung spielt Bildungspolitik eine große Rolle. Dass ihr dieses Thema wichtig ist, sieht man insbesondere an der vermehrten Gründung evangelikaler Bildungseinrichtungen. Evangelikale Bekenntnisschulen und Universitäten sind entstanden, die zunehmend staatlich anerkannt und teilweise auch staatlich gefördert werden. Entgegen medialer Berichterstattung spielen Themen wie *Homeschooling* und *Kreationismus* eher eine untergeordnete Rolle. Wichtig ist der evangelikalen Bewegung dagegen vielmehr die Betonung, dass der primäre Erziehungsauftrag bei den Eltern und nicht beim Staat liege. Daher wird auch eine Kleinkinderbetreuung in Kinderkrippen und -gärten kritisch gesehen.

Eher nebensächliche Bedeutung haben Themen wie Wirtschafts-, Außen- und Umweltpolitik. Die vorherrschende soziale Marktwirtschaft wird befürwor-

6 Fazit

tet, dabei ein schwacher Staat gefordert, der nur bedingt eingreifen sollte. Sozial schwache Bürger sollen unterstützt werden, diese Hilfe jedoch immer auch an Forderungen gekoppelt werden. Außenpolitisch spielt vor allem der Umgang mit Israel eine große Rolle, was bisweilen zu höchst emotionalen Solidaritätsbekundungen führt. Andere Einschätzungen variieren innerhalb der Bewegung – beispielsweise auch die Beurteilung der zunehmenden europäischen Integration. Schließlich wird die Betonung einer nachhaltigen Umweltpolitik stärker, spielt aber (noch) keine herausragende und flächendeckende Rolle in der Bewegung.

In zahlreichen Publikationen, auf Veranstaltungen und in direktem Kontakt mit politischen Entscheidungsträgern werden politische Ansichten geäußert und so versucht, auf Politik Einfluss auszuüben. Es sind personelle und institutionelle Voraussetzungen geschaffen worden, um effektiv und kontinuierlich Einfluss auf politische Geschehnisse ausüben zu können. Es gibt Beauftragte am Sitz der Bundesregierung und stete Kontakte zu politischen Gruppierungen und einzelnen Politikern. Eine feste Bindung an eine Partei hat nicht stattgefunden, aber eine große Nähe zu den Unionsparteien ist erkennbar. So bestehen beispielsweise enge Verbindungen zu deren Funktionsträgern Volker Kauder und Hermann Gröhe, die oft auf evangelikalen Veranstaltungen auftreten. Außerdem sitzen mit Frank Heinrich und Johannes Selle zwei Mitglieder der Evangelischen Allianz für die CDU im Bundestag. Kontakte werden in alle etablierten Parteien hinein gehalten – insbesondere zu den Christen in diesen Parteien. Die Partei Bibeltreuer Christen wird in evangelikalen Kreisen eher kritisch gesehen, da ihr keine Chancen auf Einflussnahme eingeräumt und eine Wahl dieser als nicht sinnvoll angesehen wird.

Aufgezeigt wurde, dass die evangelikale Bewegung ein ambivalentes Verhältnis zu Medien aufweist. Einerseits begrüßt sie es, wenn über sie berichtet wird, andererseits fühlt sie sich in entsprechenden Berichten oft falsch dargestellt und verleumdet. Die Bewegung selbst nutzt modernste Kommunikationsmittel zur Verbreitung ihrer Ansichten, kritisiert jedoch oft die Macht dieser Kommunikationsmittel und vor allem deren vermeintlichen Missbrauch. Kritik richtet sich immer wieder gegen einen vorherrschenden Zeitgeist, der eine Individualisierung der Gesellschaft hervorrufe und egoistische, von christlichen Werten entfernte, Menschen erzeuge. Dieses schwierige Verhältnis zu Medien kann auch auf den evangelikalen Nachrichtendienst idea bezogen werden. Ursprünglich stand idea für ‚Informationsdienst der Evangelischen Allianz', gehörte also zur

Allianz und war ihr Sprachrohr. Inzwischen agiert idea unabhängig. Viele Führungspersönlichkeiten der Allianz sehen idea kritisch, da viel über Randgruppierungen berichtet und diesen zu viel Platz eingeräumt wird. Andererseits werden nur hier überhaupt evangelikale Nachrichten zum Thema gemacht, so dass man die Arbeit von idea aus diesem Grunde auch nicht missen möchte. Eine öffentliche Distanzierung durch die Evangelische Allianz findet nicht statt, so dass idea weiter als Sprachrohr der Allianz wahrgenommen wird.

Neben der Evangelisation haben sich innerhalb der evangelikalen Bewegung dezidierte politische Einstellungen herausgebildet, die klar und deutlich geäußert werden. Politische und gesellschaftliche Ansichten werden zum überwiegenden Teil an politische Stellen und nicht an kirchliche oder religiöse Akteure gerichtet. Begründet werden sie zumeist mit Hilfe religiöser Argumentationsmuster. Themenfelder, die besondere Aufmerksamkeit erfahren, werden auf unterschiedlichen Begründungsebenen und an verschiedene Akteure gerichtet. Die Konzentration der Forderungen an staatliche Akteure lässt sich anhand der deutschen Religionskultur und der Nähe der Bewegung zur evangelischen Kirche erklären. Eine Nähe zu staatlichem Handeln und zu Kooperationen mit dem Staat hat hier Tradition und prägt das Handeln und Selbstverständnis der evangelikalen Bewegung. Die Durchsetzung ihrer politischen Ansichten ist zu einem entscheidenden Motiv des Handelns geworden, das durch den Begriff des *undogmatischen Pragmatismus* erfasst werden kann. Verschiedene Beispiele zeigen, dass die Bewegung zum Zwecke der Stärkung ihrer Position Allianzen mit unterschiedlichsten Gruppierungen eingeht, die in den betreffenden Themenfeldern gleiche Ansichten vertreten. Gruppierungen werden aufgrund von themenbezogenen Übereinstimmungen in das Agieren, damit aber gleichzeitig auch in die Bewegung, integriert. Eine Kontrolle dieser verschiedenen Strömungen ist kaum möglich. Für die pragmatische Zusammenarbeit muss gewährleistet sein, dass es keine inhaltlich starren Festlegungen gibt, die Kooperationen verhindern – dogmatische Aufladungen werden daher vermieden. Gleichzeitig wird durch diese Vorgehensweise jedoch auch jeglicher demokratischer Diskurs über kritische Fragen verhindert. Diese Taktik der, im Sinne Stephan Holmes, auferlegten *gag rules* bestärkt die Beschreibung der Handlungsmaxime als undogmatisch und pragmatisch. Die netzwerkartige und heterogene Struktur der Bewegung verstärkt die Unübersichtlichkeit der verschiedenen Organisationen und Gruppierungen innerhalb der Bewegung. Es besteht die Gefahr, dass Vielfalt zu Beliebigkeit wird. Der Kampf gegen eine säkularisierte und moderne Gesellschaft, die für die Evangelikalen eine Abwendung von christlichen Handlungsmaximen impliziert, wird als existenzentscheidend für die Gesellschaft wahrgenommen. Im Sinne Harvey Cox' stehen der Bewegung zwei Wege für diesen Kampf zur Verfügung. Der *experientialism*-Weg ermöglicht die Herausbildung religiöser Liberalität, die zur Akzeptanz pluralistischer und demokratischer Gesellschaften führt. Als zivilgesellschaftlicher Akteur wird am gesellschaftlichen und politischen Diskurs partizipiert. Der Weg des *fundamentalism* führt dagegen zu einer Abkehr von zivilgesellschaftlichem Handeln und strebt unmittelbar politische Macht an. Das Agieren wird mit einem absoluten Wahrheitsanspruch aufgeladen, dessen Durchsetzung handlungsentscheidend ist. Eine Unvereinbarkeit mit religiös pluralistischen und politisch säkularen Gesellschaften ist die Folge. Die evangelikale Bewegung geht in jedem Fall einen dieser Wege. Entscheidet sie sich nicht aktiv für die Strecke des *experientialism*, schlägt sie den fundamentalistischen Weg ein.

Die evangelikale Bewegung ist eine religiöse Gruppierung, die ihr Agieren innerhalb einer religiös pluralistischen und politisch säkularen Gesellschaft organisieren muss. Ihren genauen Platz hat sie noch nicht gefunden. Sie ringt mit der für sie angemessenen und gleichzeitig zielführenden Umsetzung der herausgebildeten politischen Ansichten. Aushandlungsprozesse, die die Stoßrichtung ihres Agierens und ihrer Struktur zu bestimmen versuchen, finden innerhalb der Bewegung stetig statt. Eine Absage an die Unmittelbarkeit religiöser Wahrheitsansprüche in Bezug auf politisches Agieren gelingt nicht flächendeckend. Die wahrgenommene Bedrohung durch islamische Strömungen und die zunehmende Pluralisierung der Gesellschaft bestärken das Festhalten an diesen Ansprüchen. Durch mediale Angriffe fühlen sich die Evangelikalen in eine Verteidigungs- und Rechtfertigungsposition hineingedrängt, die einen gelassenen Umgang mit pluralistischen Ansichten erschwert. Prägend ist darüber hinaus die Konkurrenzsituation mit und gleichzeitige Verknüpfung zu den evangelischen Landeskirchen, die die Notwendigkeit der eigenen Behauptung zusätzlich verstärkt. Als übergeordnete Bedrohungslage kommt schließlich die Säkularisierung der westlichen Gesellschaften hinzu, die eine existenzbedrohende Lage für die Bewegung impliziert. Diese Aspekte bilden den Rahmen für das Agieren der Bewegung: Zahlreiche Bedrohungsszenarien führen zu einem Alarmismus innerhalb der Bewegung, der das politische Agieren als zivilgesellschaftlicher Akteur und den

Umgang mit der pluralistischen Gesellschaft erschwert. Wenn es der Bewegung möglich ist, diese Aspekte nicht als Gefährdung ihrer selbst und der Gesellschaft an sich wahrzunehmen, sondern als Chance, als zivilgesellschaftlicher Akteur gerade auch mit Hilfe anderer Religionsgemeinschaften zum friedlichen Zusammenleben in dieser Gesellschaft beizutragen, wird es gelingen, den Alarmismus gegen eine produktive und pluralismusfähige Gelassenheit einzutauschen.

Diese Beobachtung des Agierens religiöser Gruppierungen in pluralistischen demokratischen Gesellschaften ist kein Einzelfall, sondern stellt vielmehr ein Modell dar, das in Zukunft verstärkt in den Mittelpunkt des Interesses rücken wird. Zunehmende Globalisierung und Migration verstärken die Pluralität der Gesellschaften und stellen diese vor weitreichende Herausforderungen. Es wird nicht zuletzt an den verschiedenen Religionsgemeinschaften dieser Gesellschaften liegen, ob eine friedliche Organisation der Gesellschaften möglich ist. Insofern kann die Analyse der evangelikalen Bewegung weitreichende Einsichten in das Agieren religiöser Akteure in religiös pluralistischen und politisch säkularen Gesellschaften liefern.

Evangelikalismus verbindet man mit großen und einflussreichen Gruppierungen in den USA, die eine enorme politische Wirkung entfalten und massiven Einfluss auf politische Entscheidungen ausüben. Diese Arbeit hat gezeigt, dass die deutsche evangelikale Bewegung zwar nicht in diesem Maße Einfluss auf das politische Geschehen ausüben kann, aber dennoch eine zutiefst politische Bewegung ist, die sich immer mehr Wege sucht, auf politische Entscheidungsprozesse einzuwirken. Die Bewegung hat konkrete Forderungen in verschiedenen Politikfeldern entwickelt, sowie strukturelle und institutionelle Anknüpfungspunkte an das deutsche politische System aufgebaut. Ob die Bewegung in der Lage sein wird, ihre politischen Forderungen von der Unbedingtheit religiöser Wahrheitsansprüche zu trennen, Pluralismusfähigkeit zu entwickeln und an der Trennung der politischen und religiösen Sphäre festzuhalten, und damit ein Abdriften in den Fundamentalismus zu vermeiden, wird sich in Zukunft entscheiden müssen. Mit Blick auf die jetzige Erscheinungsform der evangelikalen Bewegung aber kann Wolf Schmidt in seiner Einschätzung dieser und dem damit aufgezeigten gelassenen Umgang mit ihr, nur zugestimmt werden: „Eine pluralistische Gesellschaft hält die Evangelikalen aus – sie sind es, die an ihr verzweifeln."[685]

---

685 Schmidt 2009.

7 Literaturverzeichnis

I. Monografien, Sammelbände, Artikel

Adam, Arnim (2001): Säkularisierung? Anmerkungen zu einer deutschen Debatte, in: Hildebrandt, Mathias; Brocker, Manfred; Behr, Hartmut (Hg.) (2001): Säkularisierung und Resakralisierung in westlichen Gesellschaften. Wiesbaden: Westdeutscher Verlag, 139-150.

Armstrong, Karen (2004): Im Kampf für Gott. München: Siedler.

Bartsch, Hans-Werner (Hrsg.) (1960): Kerygma und Mythos, Band 1, 4. Auflage, Hamburg: Reich.

Bauer, Gisa (2012): Evangelikale Bewegung und evangelische Kirche in der Bundesrepublik Deutschland: Geschichte eines Grundsatzkonflikts (1945 bis 1989). Göttingen: Vandenhoeck & Ruprecht.

Bauman, Zygmunt (1995): Moderne und Ambivalenz. Das Ende der Eindeutigkeit. Ungekürzte Ausg. Frankfurt am Main: Fischer.

Beck, Ulrich (2008): Der eigene Gott. Von der Friedensfähigkeit und dem Gewaltpotential der Religionen. Frankfurt am Main: Verlag der Weltreligionen.

Benrath, Gustav Adolf (1993): Erweckung / Erweckungsbewegungen, in: Theologische Realenzyklopädie, Bd. 10. Berlin: de Gruyter, 205-220.

Berger, Peter L. (1973): Zur Dialektik von Religion und Gesellschaft: Elemente einer soziologischen Theorie. Frankfurt am Main: Fischer.

Berger, Peter L. (1994): Sehnsucht nach Sinn. Glauben in einer Zeit der Leichtgläubigkeit. Frankfurt am Main, New York: Campus-Verlag.

Berger, Peter L. (1999): The Desecularization of the World. Resurgent Religion and World Politics. Washington, D.C, Grand Rapids, Mich: Ethics and Public Policy Center; W.B. Eerdmans Pub. Co.

Berger, Peter L.; Luckmann, Thomas (1995): Modernität, Pluralismus und Sinnkrise. Die Orientierung des modernen Menschen. Gütersloh: Bertelsmann Stiftung.

Berneburg, Erhard (1997): Das Verhältnis von Verkündigung und sozialer Aktion in der evangelikalen Missionstheorie. Unter besonderer Berücksichtigung der Lausanner Bewegung für Weltevangelisation (1974-1989). Wuppertal: R. Brockhaus Verlag.

Berneburg, Erhard (2005): Geschichte und Gegenwart der Lausanner Bewegung, in: Schepper, Arndt; Werner, Roland (Hg.): Eine neue Vision – Die Lausanner Bewegung in Deutschland. Holzgerlingen: Hänssler, 9-22.

Betz, Ulrich (Hrsg.) (1991): Zwischenbilanz. Evangelikale unterwegs zum Jahr 2000. Stuttgart: Geschäftsstelle Deutsche Evangelische Allianz.

Beyreuther, Erich (1969): Der Weg der Evangelischen Allianz in Deutschland. Wuppertal: R. Brockhaus Verlag.
Beyreuther, Erich (1977): Die Erweckungsbewegung. Göttingen: Vandenhoeck & Ruprecht.
Bielefeld, Heiner; Heitmeyer, Wilhelm (1998): Politisierte Religion. Ursachen und Erscheinungsformen des modernen Fundamentalismus. Frankfurt am Main: Suhrkamp.
Birnstein, Uwe (1999): Wenn Gottes Wort zur Waffe wird. Fundamentalismus in christlichen Gruppierungen. Gütersloh: Gütersloher Verlagshaus.
Blumenberg, Hans (1991): Säkularisierung und Selbstbehauptung. 1. Aufl. Frankfurt am Main: Suhrkamp.
Böckenförde, Ernst-Wolfgang (2007): Der säkularisierte Staat. Sein Charakter, seine Rechtfertigung und seine Probleme im 21. Jahrhundert. München und Berlin: Carl Friedrich Siemens Stiftung.
Bodin, Jean (1981): Sechs Bücher über den Staat. München: Beck.
Bogner, Daniel (2001): Säkularisierung als Programmierungswechsel: Der frühneuzeitliche Rollentausch von Religion und Politik, in: Hildebrandt, Mathias; Brocker, Manfred; Behr, Hartmut (Hg.): Säkularisierung und Resakralisierung in westlichen Gesellschaften. Wiesbaden: Westdeutscher Verlag, 43-56.
Brand, Karl-Werner (1991): Kontinuität und Diskontinuität in den neuen sozialen Bewegungen, in: Roth, Roland; Rucht, Dieter: Neue soziale Bewegungen in der Bundesrepublik Deutschland. 2., überarbeitete und erw. Auflage. Bonn: Bundeszentrale für politische Bildung, 40-53.
Braun, Christina von; Gräb, Wilhelm; Zachhuber, Johannes (2007): Säkularisierung. Bilanz und Perspektiven einer umstrittenen These. Berlin: LIT Verlag.
Braun, Stephan; Vogt, Ute (Hg.) (2007): Die Wochenzeitung „Junge Freiheit". Kritische Analysen zu Programmatik, Inhalten, Autoren und Kunden. Wiesbaden: VS Verlag für Sozialwissenschaften.
Brecht, Martin (2000): Pietismus, in: Theologische Realenzyklopädie, Bd. 26. Berlin: de Gruyter, 606–631.
Brecht, Martin; Lehmann, Hartmut; Gäbler, Ulrich (Hg.) (1993; 1995; 2000; 2004): Geschichte des Pietismus. 4 Bände. Göttingen: Vandenhoeck & Ruprecht.
Bruce, Steve (1996): Religion in the Modern World. From Cathedrals to Cults. Oxford, New York: Oxford University Press.
Bultmann, Rudolph (1960): Neues Testament und Mythologie. Das Problem der Entmythologisierung der neutestamentlichen Verkündigung (1941), in: Bartsch, H.-W. (Hrsg.): Kerygma und Mythos, Band 1, 4. Auflage, Hamburg: Reich, 15-48.
Bundesministerium des Innern (Hrsg.) (2008): Theorie und Praxis gesellschaftlichen Zusammenhalts. Aktuelle Aspekte der Präventionsdiskussion um Gewalt und Extremismus. Texte zur inneren Sicherheit.
Camphausen, Axel Freiherr von; Wall, Heinrich de (2006): Staatskirchenrecht. Eine systematische Darstellung des Religionsverfassungsrechts in Deutschland und Europa. Ein Studienbuch. München: Beck.
Casanova, Jose (1994): Public Religions in the Modern World. Chicago, London: The Univ. of Chicago Pr.
Casanova, Jose (2009): Europas Angst vor der Religion. Berlin: Berlin Univ. Press.

Cochlovius, Joachim (1984): Gemeinschaftsbewegung, in: Theologische Realenzyklopädie, Bd. 12. Berlin: de Gruyter, 355–368.
Cox, Harvey (1968): The Secular City. Secularization and Urbanization in Theological Perspective. London: Penguin Books.
Cox, Harvey (1996): Fire from Heaven. The Rise of Pentecostal Spirituality and the Religion in the Twenty-First Century. London: Cassell.
Daiber, Karl-Fritz (1996): Parteien des christlichen Fundamentalismus – Analysen zum Bundestagswahlkampf 1994, in: Lange, Dietz (Hrsg.): Religionen, Fundamentalismus, Politik. Frankfurt am Main [u.a.]: Peter Lang, 105-124.
Degener, Janna (2009): Fabrikhalle statt Kirche. Rafting-Wallfahrten, Jesus-Party und Metal-Festival – für viele junge Christen in Deutschland ist nicht Weihnachten der Höhepunkt des Kirchenjahrs, in: Zeit Online. Online verfügbar unter: http://www.zeit.de/gesellschaft/generationen/2009-12/junge-christen?page=1 [21.02.2011, 16:33].
Der Tagesspiegel (2008): Christen wollen Schwule nicht mehr „heilen". 10.01.2008 Online verfügbar unter: http://www.tagesspiegel.de/politik/deutschland/christen-wollen-schwule-nicht-mehr-heilen/1138782.html [22.02.2011, 11:50].
Dettmar, Volker (1994): Interesse und Information. Vergleich der Presseagenturen „Evangelischer Pressedienst" und „Informationsdienst der Evangelischen Allianz". Frankfurt am Main [u.a.]: Peter Lang.
Diener, Michael (2012): Von Kapstadt nach Gnadau. Impulse der Bewegung für Weltevangelisation für die Gemeinschaftsbewegung, in: Winterhoff, Birgit; Herbst, Michael; Harder, Ulf (Hg.): Von Lausanne nach Kapstadt. Der Dritte Weltkongress für Weltevangelisation. Neukirchen-Vluyn: Neukirchener Aussaat, 168-176.
Duden Fremdwörterbuch (2010), hrsg. von der Dudenredaktion, 10., aktualisierte Auflage Mannheim: Dudenverlag.
Eder, Klaus (2002): Europäische Säkularisierung – ein Sonderweg in die postsäkulare Gesellschaft?, in: *Berliner Journal für Soziologie* (3), 331–343.
Eggers, Ulrich (2005): Fromme Wünsche: Der E-Faktor und die Kirche der Zukunft, in: Eggers, Ulrich; Spieker, Markus (Hg.): Der E-Faktor. Evangelikale und die Kirche der Zukunft. Wuppertal: R. Brockhaus Verlag, 228-247.
Eggers, Ulrich; Spieker, Markus (Hg.) (2005): Der E-Faktor. Evangelikale und die Kirche der Zukunft. Wuppertal: R. Brockhaus Verlag.
Eliade, Mircea (1957): Das Heilige und das Profane. Vom Wesen des Religiösen. Hamburg: Rowohlt.
Elster, Jon; Slagstad, Rune (1988): Constitutionalism and democracy. Cambridge, New York: Cambridge University Press.
Eschmann, Holger; Moltmann, Jürgen; Schuler, Ulrike (Hg.) (2008): Freikirche – Landeskirche. Historische Alternative – gemeinsame Zukunft? Neukirchen-Vluyn: Neukirchener Verlag.
Faix, Tobias; Faix, Wilhelm; Müller, Klaus W.; Schmidt, Klaus (Hg.) (1998): Theologische Ausbildung zu Beginn des 21. Jahrhunderts. Ergebnisse einer Umfrage an evangelikalen Ausbildungsstätten. Bonn: Verlag für Kultur und Wissenschaft.
Fischer, Karsten (2004): Das Projekt des Fundamentalismus. Über Kulturkritik und Identitätspolitik, in: *Merkur* 58, 358–364.

Fischer, Karsten (2005): Das Hydra-Projekt. Fundamentalismus und Terrorismus als Herausforderungen der demokratischen Wohlstandsgesellschaft, in: Ruge, Undine; Morat, Daniel (Hg.): Deutschland denken. Beiträge für die reflektierte Politik. Wiesbaden: VS Verlag für Sozialwissenschaften, 169–179.

Fischer, Karsten (2006): Moralkommunikation der Macht. Politische Konstruktion sozialer Kohäsion im Wohlfahrtsstaat. 1. Aufl. Wiesbaden: VS Verlag für Sozialwissenschaften.

Fischer, Karsten (2009): Die Zukunft einer Provokation: Religion im liberalen Staat. 1. Aufl. Berlin: Berlin Univ. Press.

Frieling, Reinhard (Hrsg.) (1984): Die Kirchen und ihre Konservativen. „Traditionalismus" und „Evangelikalismus" in den Konfessionen. Göttingen: Vandenhoeck & Ruprecht.

Fuchs, Mareike (2009): Einschüchterung – evangelikale Christen attackieren Journalisten, in: *NDR Fernsehen*, 24.06.2009: Online verfügbar unter: http://www.ndr.de/fernsehen/sendungen/zapp/medien_politik_wirtschaft/evangelikale100.html [24.03.2011; 14:46].

Gabriel, Karl; Spieß, Christian; Winkler, Katja (Hg.) (2010): Religionsfreiheit und Pluralismus. Entwicklungslinien eines katholischen Lernprozesses. Paderborn [u.a.]: Verlag Ferdinand Schöningh.

Gäckle, Volker (2012): Die Kapstadt Verpflichtung. Eine kritische Würdigung, in: Winterhoff, Birgit; Herbst, Michael; Harder, Ulf (Hg.): Von Lausanne nach Kapstadt. Der Dritte Weltkongress für Weltevangelisation. Neukirchen-Vluyn: Neukirchener Aussaat, 208-223.

Gailus, Manfred (2008): Kirchenbücher, Ariernachweise und kirchliche Beihilfen zur Judenverfolgung. Zur Einführung, in: Manfred Gailus (Hrsg.): Kirchliche Amtshilfe. Die Kirche und die Judenverfolgung im "Dritten Reich". Göttingen: Vandenhoeck & Ruprecht, 7-26.

Gailus, Manfred (Hrsg.) (2008a): Kirchliche Amtshilfe. Die Kirche und die Judenverfolgung im „Dritten Reich". Göttingen: Vandenhoeck & Ruprecht.

Geldbach, Erich (1984): Evangelikalismus. Versuch einer Typologie, in: Frieling, Reinhard (Hrsg.): Die Kirchen und ihre Konservativen. „Traditionalismus" und „Evangelikalismus" in den Konfessionen. Göttingen: Vandenhoeck & Ruprecht, 52-83.

Gräb, Wilhelm; Weyel, Birgit (2002): Praktische Theologie und protestantische Kultur. [für Peter C. Bloth zum 70. Geburtstag]. Unter Mitarbeit von Peter C. Bloth. Gütersloh: Kaiser, Gütersloher Verlagshaus.

Graf, Friedrich Wilhelm (2004): Die Wiederkehr der Götter. Religion in der modernen Kultur. Bonn: Bundeszentrale für politische Bildung.

Graf, Friedrich Wilhelm; Grosse Kracht, Klaus (2007): Religion und Gesellschaft. Europa im 20. Jahrhundert. Köln: Böhlau.

Habermas, Jürgen (2001): Glauben und Wissen. Rede zur Verleihung des Friedenspreises des Deutschen Buchhandels: Börsenverein des Deutschen Buchhandels.

Habermas, Jürgen (2005): Vorpolitische Grundlagen des demokratischen Rechtsstaates?, in: Habermas, Jürgen; Ratzinger, Joseph (2005): Dialektik der Säkularisierung. Über Vernunft und Religion. Bonn: Bundeszentrale für politische Bildung, 15-37.

Habermas, Jürgen; Raztinger, Joseph (2005): Dialektik der Säkularisierung. Über Vernunft und Religion. Bonn: Bundeszentrale für politische Bildung.
Hahne, Peter (2004): Schluss mit lustig! Das Ende der Spassgesellschaft. Lahr / Schwarzwald: Johannis.
Hausin, Michael (1999): Staat, Verfassung und Politik aus der Sicht der Evangelikalen Bewegung innerhalb des deutschen Protestantismus. unveröffentlichte Dissertation. Rostock.
Hauzenberger, Hans (1986): Einheit auf evangelischer Grundlage. Vom Werden und Wesen der Evangelischen Allianz. Giessen: Brunnen-Verlag.
Heckel, Martin (2007): Vom Religionskonflikt zur Ausgleichsordnung. Der Sonderweg des deutschen Staatskirchenrechts vom Augsburger Religionsfrieden 1555 bis zur Gegenwart. München: Verlag der Bayerischen Akademie der Wissenschaften in Kommission bei C.H. Beck.
Heimbucher, Kurt (1988): Dem Auftrag verpflichtet. Die Gnadauer Gemeinschaftsbewegung: Prägungen, Positionen, Perspektiven. Giessen, Basel, Dillenburg: Brunnen, Gnadauer.
Hempelmann, Reinhard (2003): Umfallen, Zittern, Lachen, Ekstase … Ergriffenheit und Geisterfahrung in pfingstlich-charismatischer Frömmigkeit und in der Bibel. (EZW-Texte, 173/2003).
Hempelmann, Reinhard (2009): Evangelikale Bewegungen. Beiträge zur Resonanz des konservativen Protestantismus (EZW-Texte, 206/2009).
Herbst, Michael (2012): Von Lausanne nach Kapstadt: Der 3. Kongress für Weltevangelisation in Kapstadt 2010 im Kontext der „Lausanner" Geschichte und Theologie, in: Winterhoff, Birgit; Herbst, Michael; Harder, Ulf (Hg.): Von Lausanne nach Kapstadt. Der Dritte Weltkongress für Weltevangelisation. Neukirchen-Vluyn: Neukirchener Aussaat, 16-42.
Herbst, Michael (2012a): Für die Wahrheit Christi in einer pluralistischen und globalisierten Welt überzeugend argumentieren, in: Winterhoff, Birgit; Herbst, Michael; Harder, Ulf (Hg.): Von Lausanne nach Kapstadt. Der Dritte Weltkongress für Weltevangelisation. Neukirchen-Vluyn: Neukirchener Aussaat, 53-58.
Hildebrandt, Mathias; Brocker, Manfred; Behr, Hartmut (2001): Einleitung: Säkularisierung und Resakralisierung in westlichen Gesellschaften. Ideengeschichtliche und theoretische Perspektiven, in: Hildebrandt, Mathias; Brocker, Manfred; Behr, Hartmut (Hg.): Säkularisierung und Resakralisierung in westlichen Gesellschaften. Wiesbaden: Westdeutscher Verlag, 9-28.
Hildebrandt, Mathias; Brocker, Manfred; Behr, Hartmut (Hg.) (2001): Säkularisierung und Resakralisierung in westlichen Gesellschaften. Wiesbaden: Westdeutscher Verlag.
Hobbes, Thomas (1996): Leviathan. Oxford, New York: Oxford University Press.
Hochgeschwender, Michael (2007): Amerikanische Religion. Evangelikalismus, Pfingstlertum und Fundamentalismus. Frankfurt am Main: Verlag der Weltreligionen.
Holmes, Stephen (1988): Gag rules or the politics of omission, in: Elster, Jon; Slagstad, Rune: Constitutionalism and democracy. Cambridge, New York: Cambridge University Press, 19-58.

Holmes, Stephen (1995): Die Anatomie des Antiliberalismus. 1. Aufl. Hamburg: Rotbuch-Verl.

Holthaus, Stephan (1998): Evangelikale Theologenausbildung in Konfrontation mit der (Post-)Moderne: Konkrete Alternativen für die Zukunft, in: Faix, Tobias; Faix, Wilhelm; Müller, Klaus W.; Schmidt, Klaus (Hg.): Theologische Ausbildung zu Beginn des 21. Jahrhunderts. Ergebnisse einer Umfrage an evangelikalen Ausbildungsstätten. Bonn: Verlag für Kultur und Wissenschaft, 94-109.

Holthaus, Stephan (2003): Fundamentalismus in Deutschland. Der Kampf um die Bibel im Protestantismus des 19. und 20. Jahrhunderts. 2. Korr. Bonn: Verlag für Kultur und Wissenschaft.

Holthaus, Stephan (2007): Die Evangelikalen. Fakten und Perspektiven. Lahr / Schwarzwald: Johannis.

Hoyer, Guido (2001): Nichtetablierte christliche Parteien. Deutsche Zentrumspartei, Christliche Mitte, Christliche Partei Deutschlands und Partei Bibeltreuer Christen im Parteiensystem der Bundesrepublik Deutschland. Frankfurt am Main [u.a.]: Peter Lang.

Hradil, Stefan (1985): Sozialstruktur im Umbruch. Karl Martin Bolte zum 60. Geburtstag. Opladen: Leske + Budrich.

Joest, Wilfried (1993): Fundamentalismus, in: Theologische Realenzyklopädie, Bd. 11. Berlin: de Gruyter, 732–738.

Jung, Friedhelm (2001): Die deutsche evangelikale Bewegung. Grundlinien ihrer Geschichte und Theologie. 3., erw. Auflage. Bonn: Verlag für Kultur und Wissenschaft.

Jung, Friedhelm (2007): Was ist „evangelikal"? Dillenburg: Christliche Verl.-Ges.

Junker, Reinhard; Scherer, Siegfried (1998): Evolution: ein kritisches Lehrbuch. 4. völlig neu bearb. Auflage. Gießen: Weyel.

Kaufmann, Franz-Xaver (1989): Religion und Modernität. Sozialwissenschaftliche Perspektiven. Tübingen: J.C.B. Mohr (P. Siebeck).

Keller, Claudia (2010): Engagement bei den Evangelikalen. Christian Wulff: Erzchristlich, in: *Der Tagesspiegel* 25.06.2010. Online verfügbar unter: http://www.tagesspiegel.de/politik/christian-wulff-erzchristlich/1867826.html [12.10.2011, 12:29].

Kienzler, Klaus (1996): Der religiöse Fundamentalismus. Christentum, Judentum, Islam. Orig.-Ausg. München: Beck.

Klassen, John N. (2007): Russlanddeutsche Freikirchen in der Bundesrepublik Deutschland. Grundlinien ihrer Geschichte, ihrer Entwicklung und Theologie. Bonn: Verlag für Kultur und Wissenschaften.

Klenk, Dominique (2005): Aufhorchen, quer denken, rund leben, in: Eggers, Ulrich; Spieker, Markus (Hg.): Der E-Faktor. Evangelikale und die Kirche der Zukunft. Wuppertal: R. Brockhaus Verlag, 153-165.

Krüggeler, Michael; Gabriel, Karl; Gebhardt, Winfried (Hg.) (1999): Institution, Organisation, Bewegung. Sozialformen der Religion im Wandel. Opladen: Leske und Budrich.

Laepple, Ulrich; Roschke, Volker (Hg.) (2007): Die sogenannten Konfessionslosen und die Mission der Kirche. Festgabe für Hartmut Bärend. Neukirchen-Vyln: Neukirchener Verlag.

Lambrecht, Oda; Baars, Christian (2009): Mission Gottesreich: fundamentalistische Christen in Deutschland. Berlin: Links.

Lange, Dieter (1979): Eine Bewegung bricht sich Bahn. Die deutschen Gemeinschaften im ausgehenden 19. und beginnenden 20. Jahrhundert und ihre Stellung zu Kirche, Theologie und Pfingstbewegung. Gießen: Brunnen Verlag.

Lange, Dietz (1996): Evangelikales Glaubensverständnis und theologische Wissenschaft im Kampf um das moderne Wahrheitsbewußtsein, in: Lange, Dietz (Hrsg.): Religionen, Fundamentalismus, Politik. Frankfurt am Main [u.a.]: Peter Lang, 83-104.

Lange, Dietz (Hrsg.) (1996a): Religionen, Fundamentalismus, Politik. Frankfurt am Main [u.a.]: Peter Lang.

Lau, Joerg (2000): Im Land der gerechten Sünder, in: *Die Zeit* 52/2000, 45.

Laubach, Fritz (1972): Aufbruch der Evangelikalen. Wuppertal: R. Brockhaus Verlag.

Lederhilger, Severin J. (Hrsg.) (2002): Gottesstaat oder Staat ohne Gott. Politische Theologie in Judentum, Christentum und Islam. Frankfurt am Main [u.a.]: Peter Lang.

Lehmann, Hartmut (2007): Transformationen der Religion in der Neuzeit. Beispiele aus der Geschichte des Protestantismus. Göttingen: Vandenhoeck & Ruprecht.

Liedhegener, Antonius (2006): Macht, Moral und Mehrheiten. Der politische Katholizismus in der Bundesrepublik Deutschland. Baden-Baden: Nomos.

Liedhegener, Antonius (2010): Toleranz – Akzeptanz – Unterstützung. Das Verhältnis zur Religionsfreiheit als Vorgang politischer Einpassung des Katholizismus in Zivilgesellschaft und repräsentative Demokratie in Deutschland und den USA, in: Gabriel, Karl; Spieß, Christian; Winkler, Katja (Hg.): Religionsfreiheit und Pluralismus. Entwicklungslinien eines katholischen Lernprozesses. Paderborn [u.a.]: Verlag Ferdinand Schöningh, 115-134.

Link, Christoph (2000): Staat und Kirche in der neueren Geschichte. Fünf Abhandlungen. Frankfurt am Main [u.a.]: Peter Lang.

Locke, John (1977): Zwei Abhandlungen über die Regierung. 1. Aufl. Frankfurt am Main: Suhrkamp.

Lübbe, Hermann (1965): Säkularisierung. Geschichte eines Ideenpolitischen Begriffs. Freiburg / München: Verlag Karl Alber.

Lübbe, Hermann (1986): Religion nach der Aufklärung. Darmstadt: Wiss. Buchges.

Luckmann, Thomas (1991): Die unsichtbare Religion. 1. Aufl. Frankfurt am Main: Suhrkamp.

Luhmann, Niklas (1982, c1977): Funktion der Religion. 1. Aufl. Frankfurt am Main: Suhrkamp.

Lutherbibel (1999). Stuttgart: Deutsche Bibelgesellschaft.

Maier, Hans (2010): Die Katholiken und die Demokratie. Wahrnehmung demokratischer Entwicklungen im modernen Katholizismus, in: Gabriel, Karl; Spieß, Christian; Winkler, Katja (Hg.): Religionsfreiheit und Pluralismus. Entwicklungslinien eines katholischen Lernprozesses. Paderborn [u.a.]: Verlag Ferdinand Schöningh, 135-154.

Marquardt, Manfred (1984): Strukturen evangelikal-fundamentalistischer und traditionalistischer Frömmigkeit, in: Frieling, Reinhard (Hrsg.): Die Kirchen und ihre Konservativen. „Traditionalismus" und „Evangelikalismus" in den Konfessionen. Göttingen: Vandenhoeck & Ruprecht, 84-103.

Matthies, Helmut (2005): Evangelikale in der Gesellschaft, in: Eggers, Ulrich; Spieker, Markus (Hg.): Der E-Faktor. Evangelikale und die Kirche der Zukunft. Wuppertal: R. Brockhaus Verlag, 65-77.

Meier, Christian (1983): Die Entstehung des Politischen bei den Griechen. 1. Aufl. Frankfurt am Main: Suhrkamp.

Meier, Kurt (2001): Kreuz und Hakenkreuz: Die evangelische Kirche im Dritten Reich. München: Deutscher Taschenbuch Verlag.

Meier-Walser, Reinhard C. (2001): Editorial: Compassionate Conservatism – ein Modell für Europa?, in: *Politische Studien*, H. 376, 52. Jg, 5-10.

Meyer, Thomas (1995): Fundamentalismus. Der Kampf gegen Aufklärung und Moderne. 1. Aufl. Dortmund: Humanitas-Verl.

Minkenberg, Michael (2003): Staat und Kirche in westlichen Demokratien, in: Minkenberg, Michael; Willems, Ulrich (Hg.): Politik und Religion. 1. Aufl. Wiesbaden: Westdeutscher Verlag, 115-138.

Minkenberg, Michael; Willems, Ulrich (Hg.) (2003): Politik und Religion. 1. Aufl. Wiesbaden: Westdeutscher Verlag.

Montesquieu, Charles Baron de (1950): Vom Geist der Gesetze. Berlin: de Gruyter.

Münkler, Herfried; Fischer, Karsten (2000): "Nothing to kill or die for..." – Überlegungen zu einer politischen Theorie des Opfers, in: *Leviathan* 28, 343–362.

Münkler, Herfried (2002): Einige sozialwissenschaftliche Anmerkungen zum Verhältnis von Staat und Kirche in protestantischer Sicht um 1900, in: Gräb, Wilhelm; Weyel, Birgit: Praktische Theologie und protestantische Kultur. [für Peter C. Bloth zum 70. Geburtstag]. Unter Mitarbeit von Peter C. Bloth. Gütersloh: Kaiser, Gütersloher Verlagshaus, 119-127.

Münkler, Herfried (2006): Verzicht auf Wahrheit als Preis der Demokratie?, in: Schweitzer, Friedrich: Religion, Politik und Gewalt. Kongressband des XII. Europäischen Kongresses für Theologie, 18.-22. September 2005 in Berlin. 1. Aufl. Gütersloh: Gütersloher Verlagshaus, 90-108.

Münkler, Herfried; Wassermann, Felix (2008): Was hält eine Gesellschaft zusammen? Sozialmoralische Ressourcen der Demokratie, in: Bundesministerium des Inneren (Hrsg.): Theorie und Praxis gesellschaftlichen Zusammenhalts. Aktuelle Aspekte der Präventionsdiskussion um Gewalt und Extremismus. Texte zur inneren Sicherheit, 3-22.

Nassehi, Armin (2006): Der soziologische Diskurs der Moderne. 1. Aufl. Frankfurt am Main: Suhrkamp.

Neidhardt, Friedhelm (1985): Einige Ideen zu einer allgemeinen Theorie sozialer Bewegungen, in: Bolte, Karl Martin; Hradil, Stefan: Sozialstruktur im Umbruch. Karl Martin Bolte zum 60. Geburtstag. Opladen: Leske + Budrich, 193-204.

Nieke, Walter; Schaal, Walter (1988): Zum Verhältnis von Kirche und Gemeinschaftsbewegung, in: Heimbucher, Kurt (Hrsg.): Dem Auftrag verpflichtet. Die Gnadauer Gemeinschaftsbewegung: Prägungen, Positionen, Perspektiven. Giessen, Basel, Dillenburg: Brunnen; Gnadauer, 397-413.

Nowak, Kurt (1995): Geschichte des Christentums in Deutschland. Religion, Politik und Gesellschaft vom Ende der Aufklärung bis zur Mitte des 20. Jahrhunderts. München: Beck.

Nüesch, Hanspeter (2005): Evangelikale Kontrastgesellschaft, in: Eggers, Ulrich; Spieker, Markus (Hg.): Der E-Faktor. Evangelikale und die Kirche der Zukunft. Wuppertal: R. Brockhaus Verlag, 126-136.

Olasky, Marvin (2000): Compassionate Conservatism: What it is, What it Does, and How it Can Transform America. New York [u.a.]: The Free Press.

Olasky, Marvin (2000a): What is Compassionate Conservatism and can it Transform Amerika?, in: The Heritage Foundation – Leadership for America. Online verfügbar: http://www.heritage.org/Research/Lecture/What-is-Compassionate-Conservatism?query=What+is+Compassionate+Conservatism+ and+Can+it+Transform+America? [05.05.2011; 14:24].

O'Malley, J. Steven (2000): Pfingstkirchen/Charismatische Bewegung, in: Theologische Realenzyklopädie, Bd. 26. Berlin: de Gruyter, 398–410.

Oppermann, Matthias (2005): Erweckung und Wiedergeburt. In Deutschland gibt es 1,3 Millionen evangelikale Christen – konservative Protestanten, die die Bibel als oberste Autorität betrachten. Ihre Zahl wächst stetig, und sie suchen Einfluss auf die Politik, in: *Die Zeit*, 25.05.2005 (22), 10.

Padilla, René (1987): Christologie und Mission in der Zwei-Drittel-Welt, in: Samuel, Vinay; Sugden, Chris (Hg.): Der ganze Christus für eine geteilte Welt. Evangelikale Christologien im Kontext von Armut, Machtlosigkeit und religiösem Pluralismus. Erlangen: Verlag der Ev.-Luth. Mission, 29-44.

Padilla, René (2012): Die Zukunft der Lausanner Bewegung, in: Winterhoff, Birgit; Herbst, Michael; Harder, Ulf (Hg.): Von Lausanne nach Kapstadt. Der Dritte Weltkongress für Weltevangelisation. Neukirchen-Vluyn: Neukirchener Aussaat, 191-196.

Pally, Marcia (2008): Die hintergründige Religion. Der Einfluss des Evangelikalismus auf Gewissensfreiheit, Pluralismus und die US-amerikanische Politik. Berlin: Berlin Univ. Press.

Pally, Marcia (2010): Die neuen Evangelikalen in den USA. Freiheitsgewinne durch fromme Politik. Berlin: Berlin Univ. Press.

Parzany, Ulrich (2005): Die Öffentlichkeit des Evangeliums, in: Schepper, Arndt; Werner, Roland (Hg.): Eine neue Vision – Die Lausanner Bewegung in Deutschland. Holzgerlingen: Hänssler, 63–72.

Parzany, Ulrich (2007): „So geht's nicht!" – „Wie geht's denn?" Ein Zwischenruf, in: Laepple, Ulrich; Roschke, Volker (Hg.): Die sogenannten Konfessionslosen und die Mission der Kirche. Festgabe für Hartmut Bärend. Neukirchen-Vyln: Neukirchener Verlag, 140-144.

Pollack, Detlef (2007): Religion und Moderne. Zur Gegenwart der Säkularisierung in Europa, in: Graf, Friedrich Wilhelm; Grosse Kracht, Klaus: Religion und Gesellschaft. Europa im 20. Jahrhundert. Köln: Böhlau, 73-103.

Prodi, Paolo (2003): Eine Geschichte der Gerechtigkeit. Vom Recht Gottes zum modernen Rechtssataat. München: C.H. Beck.

Railton, Nicholas (1998): The German Evangelical Allianz and the Third Reich. An Analysis of the "Evangelisches Allianzblatt". Bern: Peter Lang.

Rasche, Uta (2005): Wo Gut und Böse klar getrennt werden. Riesige Parkplätze, aber keine Friedhöfe: Die evangelikale Bewegung hat in Deutschland großen Zulauf – und politischen Einfluß, in: *Frankfurter Allgemeine Zeitung*, 30.10.2005 (43), 6.

Raschke, Joachim (1988): Soziale Bewegungen. Ein historisch-systematischer Grundriss. 2. Aufl. der Studienausg. Frankfurt am Main, New York: Campus Verlag.

Riesebrodt, Martin (2001): Die Rückkehr der Religionen. Fundamentalismus und der „Kampf der Kulturen". München: Beck.

Roth, Roland (1991): Kommunikationsstrukturen und Vernetzungen in neuen sozialen Bewegungen, in: Roth, Roland; Rucht, Dieter: Neue soziale Bewegungen in der Bundesrepublik Deutschland. 2., überarbeitete und erw. Auflage. Bonn: Bundeszentrale für politische Bildung, 261-279.

Roth, Roland; Rucht, Dieter (1991): Neue soziale Bewegungen in der Bundesrepublik Deutschland. 2., überarbeitete und erw. Bonn: Bundeszentrale für politische Bildung.

Rousseau, Jean-Jaques (2000): Der Gesellschaftsvertrag oder Prinzipien des Staatsrechts. Berlin: Akademie-Verlag.

Rüb, Matthias (2008): Gott regiert Amerika. Religion und Politik in den USA. Bonn: Bundeszentrale für politische Bildung.

Rucht, Dieter (1994): Modernisierung und neue soziale Bewegungen. Deutschland, Frankreich und USA im Vergleich. Frankfurt am Main, New York: Campus-Verlag.

Ruge, Undine; Morat, Daniel (Hg.) (2005): Deutschland denken. Beiträge für die reflektierte Politik. Wiesbaden: VS Verlag für Sozialwissenschaften.

Ruhbach, Gerhard (1988): Der Weg der Gemeinschaftsbewegung im Dritten Reich (1933-1945), in: Heimbucher, Kurt: Dem Auftrag verpflichtet. Die Gnadauer Gemeinschaftsbewegung: Prägungen, Positionen, Perspektiven. Giessen, Basel, Dillenburg: Brunnen; Gnadauer, 26-43.

Sackmann, Dieter (1999): Einführung des Herausgebers. in: Tiball, Derek: Reizwort evangelikal. Entwicklung einer Frömmigkeitsbewegung. Stuttgart: Ed. Anker, 11–36.

Salamun, Kurt (2005): Fundamentalismus „interdisziplinär". Wien: LIT.

Samuel, Vinay; Sugden, Chris (Hg.) (1987): Der ganze Christus für eine geteilte Welt. Evangelikale Christologien im Kontext von Armut, Machtlosigkeit und religiösem Pluralismus. Erlangen: Verlag der Ev.-Luth. Mission.

Sauer, Christof (1994): Mission und Martyrium. Studien zu Karl Hartenstein und zur Lausanner Bewegung. Bonn: Verlag für Kultur und Wissenschaft.

Schepper, Arndt; Werner, Roland (Hg.) (2005): Eine neue Vision – Die Lausanner Bewegung in Deutschland. Holzgerlingen: Hänssler.

Schieder, Rolf (2001): Wieviel Religion verträgt Deutschland? Frankfurt am Main: Suhrkamp.
Schieder Rolf (2002): Die Unterscheidung von Politik und Religion als Erbe des Christenums, in: Lederhilger, Severin J. (Hrsg.): Gottesstaat oder Staat ohne Gott. Politische Theologie in Judentum, Christentum und Islam. Frankfurt am Main [u.a.]: Peter Lang, 18-38.
Schieder, Rolf (2008): Sind Religionen gefährlich? Berlin: Berlin Univ. Press.
Schirrmacher, Thomas (2001): Weltmission – Herz des christlichen Glaubens. Beiträge aus ‚Evangelikaler Missiologie'. Bonn: Verlag für Kultur und Wissenschaft.
Schirrmacher, Thomas; et. al. (2005): Christ und Politik. 50 Antworten auf Fragen und kritische Einwände. Bonn: Verlag für Kultur und Wissenschaft.
Schirrmacher, Thomas (2008): Christenverfolgung heute. Die vergessenen Märtyrer. Holzgerlingen: Hänssler – Kurz und Bündig.
Schmidt, Klaus (1998): Wie können wir das Anliegen bibeltreuer Ausbildung besser in der Öffentlichkeit darstellen?, in: Faix, Tobias; Faix, Wilhelm; Müller, Klaus W.; Schmidt, Klaus (Hg.): Theologische Ausbildung zu Beginn des 21. Jahrhunderts. Ergebnisse einer Umfrage an evangelikalen Ausbildungsstätten. Bonn: Verlag für Kultur und Wissenschaft, 153-164.
Schmidt, Susanne (1998): Gott in den Bundestag? Zielsetzung und Programmatik der Parteien Christliche Mitte (CM) und Partei Bibeltreuer Christen (PBC); eine REMID-Untersuchung, Marburg.
Schmidt, Wolf (2009): Um Gottes willen! Sie kämpfen gegen Emanzipation und Evolutionslehre, Pornografie, Homosexualität und den Islam: Evangelikale Christen sind auf einem Kreuzzug gegen den Zeitgeist in Deutschland, in: *die tageszeitung*, 10.09.2009.
Schmitt, Carl (1979): Vier Kapitel zur Lehre von der Souveränität. 3. Aufl. Berlin: Duncker & Humblot.
Schnabel, Eckhard J. (1995): Sind Evangelikale Fundamentalisten? Wuppertal: R. Brockhaus Verlag.
Scholder, Klaus (2001): Die Kirchen und das Dritte Reich. Band 3. Frankfurt am Main [u.a.]: Ullstein
Schweitzer, Friedrich (2006): Religion, Politik und Gewalt. Kongressband des XII. Europäischen Kongresses für Theologie, 18.-22. September 2005 in Berlin. 1. Aufl. Gütersloh: Gütersloher Verlagshaus.
Shklar, Judith N. (1984): Ordinary Vices. Cambridge, Massachusetts und London, England: The Belknap Press of Harvard University Press.
Spieker, Markus (2005): Tiefgang mit Testosteron, in: Eggers, Ulrich; Spieker, Markus (Hg.): Der E-Faktor. Evangelikale und die Kirche der Zukunft. Wuppertal: R. Brockhaus Verlag, 11-26.
Steeb, Hartmut (2010): Die Evangelikalen – wofür stehen sie denn wirklich?, Rede von Hartmut Steeb auf dem GemeindeFestival „Spring" 2010. Online verfügbar http://www.die-evangelikalen.de/images/pdf/die_evangelikalen.pdf [27.93.2011, 12:30].

Steffani, Winfried (1991): Mehrheitsentscheidungen und Minderheiten in der pluralistischen Verfassungsdemokratie, in: Roth, Roland; Rucht, Dieter: Neue soziale Bewegungen in der Bundesrepublik Deutschland. 2., überarbeitete und erw. Auflage. Bonn: Bundeszentrale für politische Bildung, 506-523.

Stolz, Jörg (1999): Rekrutierungsproblem und Rekrutierungsdilemma des Evangelikalismus, in: Krüggeler, Michael; Gabriel, Karl; Gebhardt, Winfried (Hg.): Institution, Organisation, Bewegung. Sozialformen der Religion im Wandel. Opladen: Leske und Budrich, 197-218.

Taylor, Charles (2009): Ein säkulares Zeitalter. Frankfurt am Main: Suhrkamp.

The Oxford Dictionary of the Christian Church (2005). 3rd ed. rev. Oxford, New York: Oxford University Press.

Tibi, Bassam (2003): Die fundamentalistische Herausforderung. Der Islam und die Weltpolitik. 4., durchges. und erw. Auflage. München: Beck.

Tidball, Derek (1999): Reizwort evangelikal. Entwicklung einer Frömmigkeitsbewegung. Stuttgart: Ed. Anker.

Titz, Christoph (2010): Gottes Werk und Bayerns Beitrag. In: *Spiegel Online*, 01.07.2010. Online verfügbar unter: http://www.spiegel.de/schulspiegel/wissen/0,1518,703688,00.html [21.02.2011, 15:53].

Troeltsch, Ernst (1925): Die Bedeutung des Protestantismus für die Entstehung der modernen Welt. München und Berlin: Oldenbourg (Beiheft 2 der Historischen Zeitschrift).

Uertz, Rudolf (2005): Katholizismus und Demokratie, in: *Aus Politik und Zeitgeschichte*, 7/2005, 15-22.

Vereinigung Evangelischer Freikirchen (Hrsg.) (2004): Freikirchenhandbuch. Informationen – Anschriften – Texte – Berichte (Ausgabe 2004). Neue, aktualisierte Ausg. Wuppertal: R. Brockhaus Verlag.

Verlautbarungen des Apostolischen Stuhls Nr. 158, hrsg. vom Sekretariat der Deutschen Bischofskonferenz (2002): Kongregation für Glaubenslehre. Lehrmäßige Note zu einigen Fragen über den Einsatz und das Verhalten der Katholiken im politischen Leben. Bonn: Sekretariat der Deutschen Bischofskonferenz.

Verlautbarungen des Apostolischen Stuhls. Nr. 186, hrsg.vom Sekretariat der Deutschen Bischofskonferenz (2009): Enzyklika CARITAS IN VERITATE von Papst Benedikt XVI. an die Bischöfe, an die Priester und Diakone, an die Personen gottgeweihten Lebens, an die christgläubigen Laien und an alle Menschen guten Willens über die ganzheitliche Entwicklung des Menschen in der Liebe und in der Wahrheit. Bonn: Libreria Editrice Vaticana.

Voegelin, Erich (1938): Die Politischen Religionen. Wien: Bergmann-Fischer Verlag.

Voigt, Karl Heinz (2005): Schuld und Versagen der Freikirchen im „Dritten Reich". Aufarbeitungsprozesse seit 1945. Frankfurt am Main: Lembeck.

Walldorf, Friedemann (2002): Die Neuevangelisierung Europas. Missionstheologien im europäischen Kontext. Giessen: Brunnen.

Wallmann, Johannes (2005): Der Pietismus. Göttingen: Vandenhoeck & Ruprecht.

Walzer, Michael (1965): The Revolution of the Saints. A Study in the Origins of Radical Politics. London: Weidenfeld and Nicolson.

Wamper, Regina (2007): Das christliche Bild von Juden und Judentum in der „Jungen Freiheit", in: Braun, Stephan; Vogt, Ute (Hg.): Die Wochenzeitung „Junge Freiheit". Kritische Analysen zu Programmatik, Inhalten, Autoren und Kunden. Wiesbaden: VS Verlag für Sozialwissenschaften.

Weber, Max (1991): Politik als Beruf. 9. Auflage, Berlin [u.a.]: Duncker & Humblot.

Wenz, Peter (2005): Identität in Jesus, in: Eggers, Ulrich; Spieker, Markus (Hg.): Der E-Faktor. Evangelikale und die Kirche der Zukunft. Wuppertal: R. Brockhaus Verlag, 174-183.

Werner, Roland (2005): Zielgerichtet evangelisch, in: Eggers, Ulrich; Spieker, Markus (Hg.): Der E-Faktor. Evangelikale und die Kirche der Zukunft. Wuppertal: R. Brockhaus Verlag, 27-40.

Westerheide, Rudolf (2004): Eins. Wie wir als Christen glaubwürdig werden [Impulstour 2004]. Wuppertal: R. Brockhaus Verlag.

Willems, Ulrich (1998): Entwicklung, Interesse und Moral. Die Entwicklungspolitik der Evangelischen Kirche in Deutschland. Opladen: Leske und Budrich.

Willems, Ulrich (2001): Säkularisierung des Politischen oder politikwissenschaftlicher Säkularismus? Anmerkungen zum disziplinären Perzeptionsmuster des Verhältnisses von Religion und Poltik in gegenwärtigen Gesellschaften, in: Hildebrandt, Mathias; Brocker, Manfred; Behr, Hartmut (Hg.): Säkularisierung und Resakralisierung in westlichen Gesellschaften. Wiesbaden: Westdeutscher Verlag, 215-240.

Winterhoff, Birgit; Herbst, Michael; Harder, Ulf (Hg.) (2012): Von Lausanne nach Kapstadt. Der Dritte Weltkongress für Weltevangelisation. Neukirchen-Vluyn: Neukirchener Aussaat.

Wirtschaftswoche (2001): Die Armen wie Tiere behandelt – Interview mit Marvin Olasky, Nr. 4, 18.01.2001, 40.

Winkler, Heinrich August (1979): Liberalismus und Antiliberalismus. Studien zur politischen Sozialgeschichte des 19. und 20. Jahrhunderts. Göttingen: Vandenhoeck & Ruprecht.

Zachhuber, Johannes (2007): Die Diskussion über Säkularisierung am Beginn des 21. Jahrhunderts, in: Braun, Christina von; Gräb, Wilhelm; Zachhuber, Johannes: Säkularisierung. Bilanz und Perspektiven einer umstrittenen These. Berlin: LIT, 11-42.

Zehrer, Karl (1986): Evangelische Freikirchen und das „Dritte Reich". Berlin: Evangelische Verlagsanstalt.

Zippelius, Reinhold (2009): Staat und Kirche. Eine Geschichte von der Antike bis zur Gegenwart. Tübingen: Mohr Siebeck.

II. Handzettel und Flugblätter der evangelikalen Bewegung

Handzettel der Evangelischen Allianz und Lausanner Bewegung sind unter der Homepage www.ead.de zu finden oder werden auf Veranstaltungen der Evangelikalen verteilt.

Arbeitskreis für evangelikale Theologie (Hrsg.) (2003): Die offizielle römisch-katholische Ablehnung einer rechtlichen Anerkennung homosexueller Lebensgemeinschaften in evangelischer Sicht. Eine Stellungnahme zur Kongregation für die Glaubenslehre vom 3. Juni 2003. Online verfügbar unter: http://www.ead.de/fileadmin/daten/ dokumente/Homosexualitaet_-_eine_Stellungnahme_des_Arbeitskreis_fuer_evange likale_Theologie.pdf [23.03.2011, 13:58].

Bekenntnisbewegung „Kein anderes Evangelium" (1970): Die Frankfurter Erklärung zur Grundlagenkrise der Mission. Online Verfügbar unter: http://www.efg-hohenstaufenstr.de/downloads/mission/frankfurter_erklaerung.html [12.10.2010, 13:09].

Berliner Erklärung der Gemeinschaftsbewegung 1909 (Hrsg.): Online verfügbar unter: http://www.bibubek-baden.de/pdf/Berliner%20Erklaerung%20von%201909.Pfingst bewg.pdf [12.10.2011, 12:21].

Deutsche Evangelische Allianz (Hrsg.) (a): Suchet der Stadt Bestes. Zur Verantwortung der Christen in Staat und Gesellschaft. Eine Stellungnahme der Deutschen Evangelischen Allianz.

Deutsche Evangelische Allianz (Hrsg.) (b): Die Würde des Menschen ist die Perle des Rechtsstaates. Die Evangelische Allianz nimmt Stellung.

Deutsche Evangelische Allianz (Hrsg.) (c): Arbeitslosigkeit. Eine Herausforderung für Christen und Gemeinden. Die Evangelische Allianz nimmt Stellung.

Deutsche Evangelische Allianz (Hrsg.) (1994): Gebt der Demokratie, was der Demokratie zusteht. Stellungnahme der Deutschen Evangelischen Allianz 1994.

Deutsche Evangelische Allianz (Hrsg.) (1998): Was ist dran – auf was kommt's an? Mit der Evangelischen Allianz ins neue Jahrtausend.

Deutsche Evangelische Allianz (Hrsg.) (2003): Christliches und muslimisches Gebet. Ein Vergleich.

Deutsche Evangelische Allianz (Hrsg.) (2005): Christen wählen Werte. Wahlprüfsteine der Deutschen Evangelischen Allianz für die Wahl zum 16. Deutschen Bundestag.

Deutsche Evangelische Allianz (Hrsg.) (2005a): Können Muslime und Christen Freunde sein?

Deutsche Evangelische Allianz (Hrsg.) (2005b): Zum Verhältnis von Christen und Juden. Eine Handreichung der Deutschen Evangelischen Allianz. 3. Aufl.

Deutsche Evangelische Allianz (Hrsg.) (2005c): Die Ahmadiyya-Bewegung.

Deutsche Evangelische Allianz (Hrsg.) (2005d): Könnten Christen und Muslime gemeinsam beten?

Deutsche Evangelische Allianz (Hrsg.) (2005e): Kindererziehung im Islam.

Deutsche Evangelische Allianz (Hrsg.) (2005f): Islamische „Mission" (Da'wa).

Deutsche Evangelische Allianz (Hrsg.) (2005g): Menschenrechte – Wie der Islam sie versteht.

Deutsche Evangelische Allianz (Hrsg.) (2005h): Was kommt nach dem Tod? Die Heils-UNgewissheit im Islam.

Deutsche Evangelische Allianz (Hrsg.) (2006): Schiiten und Sunniten. Unterschiede islamischer „Konfessionen".

Deutsche Evangelische Allianz (Hrsg.) (2007a): Christen und Muslime leben zusammen. Einige Leitgedanken.

Deutsche Evangelische Allianz (Hrsg.) (2007b): Christlicher Glaube und Islam. Erklärung der Lausanner Bewegung Deutschland. 3. Aufl.

Deutsche Evangelische Allianz (Hrsg.) (2007c): Abfall vom Islam nach Koran und Sharia.
Deutsche Evangelische Allianz (Hrsg.) (2007d): Braucht der Mensch Erlösung? Warum Muslime den Opfertod Jesu so schwer verstehen.
Deutsche Evangelische Allianz (Hrsg.) (2007e): Frauen in der islamischen Gesellschaft.
Deutsche Evangelische Allianz (Hrsg.) (2007f): Christen in islamischen Gesellschaften.
Deutsche Evangelische Allianz (Hrsg.) (2007g): Gemeinsames Zeugnis für Gott durch die abrahamitischen Religionen?
Deutsche Evangelische Allianz (Hrsg.) (2007h): Muslimischer Gebetsruf per Lautsprecher?
Deutsche Evangelische Allianz (Hrsg.) (2007i): Wenn Muslime Christen werden – Verfolgung und Strafe für Konvertiten.
Deutsche Evangelische Allianz (Hrsg.) (2007j): Wenn Muslime zu Allah betten...
Deutsche Evangelische Allianz (Hrsg.) (2008): Die Evangelische Allianz stellt sich vor. gemeinsam glauben – miteinander handeln. 6. Aufl.
Deutsche Evangelische Allianz (Hrsg.) (2008a): Moscheen in Europa. Wie verhalten sich Christen?
Deutsche Evangelische Allianz (Hrsg.) (2009): Die Familie braucht Zukunft. Familienpolitisches Thesenpapier der Deutschen Evangelischen Allianz.
Deutsche Evangelische Allianz (Hrsg.) (2009a): Das Recht des Menschen auf Leben. Die Evangelische Allianz nimmt Stellung. 5. Aufl.
Institut für Ethik und Werte (Hrsg.) (2010): Infobrief Nr. 13. Online verfügbar unter http://www.ethikinstitut.de/fileadmin/ethikinstitut/redaktionell/Texte_fuer_Unterseiten/Rundbriefe/13-April_2010.pdf [24.03.2011, 14:38].
Institut für Ethik und Werte (Hrsg.) (2010a): Infobrief Nr. 14. Online verfügbar unter http://www.ethikinstitut.de/fileadmin/ethikinstitut/redaktionell/Texte_fuer_Unterseiten/Rundbriefe/14-Juli_2010.pdf [24.03.2011, 14:54].
Lausanne Movement (1989): Manifest von Manila. Autorisierte deutsche Fassung. Online verfügbar unter: http://www.lausanne.org/de/de/1580-das-manifest-von-manila.html [12.10.2011, 13:37].
Lausanne Movement (Hrsg.) (2011): Cape Town Commitment. In deutscher Fassung online verfügbar unter: http://www.lausanne.org/de/de/1581-die-kapstadt-verpflichtung.html [12.10.2011, 13:44].
Lausanner Bewegung Deutschland (Hrsg.) (1990): 25 Jahre Lausanner Bewegung. Horst Marquardt zieht Bilanz.
Lausanner Bewegung Deutschland (Hrsg.) (2000): Die Lausanner Verpflichtung. 5. Aufl.

III. Internetquellen

Alle Internetseiten wurden für dieses Verzeichnis am 12.03.2012 nochmals überprüft.

Allianzkonferenz Bad Blankenburg 2010:
http://www.allianzhaus.de/allianzkonferenz/konferenz-2010.html.

Alpha Kurse: http://www.alphakurs.de.
Bundeszentrale für politische Bildung: Die soziale Situation in Deutschland, Evangelische und Katholische Kirche: http://www1.bpb.de/wissen/ZYDSC2,0,0,Evangelische_und_Katholische_Kirche.html.
Christlicher Medienverbund KEP: Startseite: https://www.kep.de
    Ziele: https://www.kep.de/home/ueber-uns/ziele.
Christival e. V.: http://www.christival.de.
Deutsche Evangelische Allianz:
    Die Evangelische Allianz und ihre Werke: http://www.ead.de/die-allianz/werke-und-einrichtungen/die-evangelische-allianz-und-ihre-werke.html
    Gemeinsam glauben – miteinander verbinden: http://www.ead.de/die-allianz/netzwerk/die-evangelische-allianz-als-netzwerk.html
    Glaubensbasis der Evangelischen Allianz: http://www.ead.de/die-allianz/basis-des-glaubens.html?PHPSESSID=ca12166858891b1373dd9ada77c83a65
    Nahestehende Werke: http://www.ead.de/die-allianz/werke-und-einrichtungen/nahestehende-werke.html
    Startseite: www.ead.de.
Deutscher Bundestag: Das Endergebnis der Bundestagswahl 2009: http://www.bundestag.de/btg_wahl/wahlinfos/startseite/index.jsp
    Drucksache 16/8022: http://dip21.bundestag.de/dip21/btd/16/080/1608022.pdf
ERF Medien: http://erf.de/4210-Ueber_den_ERF.html?reset=1.
Freie Theologische Hochschule Gießen: http://www.fthgiessen.de/Studium-M-A-/443.
Idea e.V.: Startseite: www.idea.de
    Selbstverständnis: http://www.idea.de/ueber-uns.html.
Institut für Islamfragen: http://www.islaminstitut.de.
Internationale Lausanner Bewegung:
    Zusammenkünfte: http://www.lausanne.org/en/gatherings/past.html
    Kapstadt-Verpflichtung:http://www.lausanne.org/de/de/1581-die-kapstadt-verpflichtung.html
    Manifest von Manila. autorisierte deutsche Fassung: http://www.lausanne.org/de/de/1580-das-manifest-von-manila.html.
Junge Freiheit: Autorenverzeichnis: http://www.jungefreiheit.de/Autoren.52.0.html Leitbild: http://www.jungefreiheit.de/fileadmin/user_upload/dokumente/Leitbild_JF.pdf.
Jugend mit einer Mission Herrnhut Startseite: http://www.jmem.de/jmem09/
Das 10/40 Fenster. Mission wo die Not am größten ist: http://www.mission-live.de/1040_fenster.html.
Koalition für Evangelisation – Lausanner Bewegung deutscher Zweig:
    Startseite: http://www.lausannerbewegung.de/
    Geschichte der Lausanner Bewegung: http://lausannerbewegung.de/index.php?node=69
    Was uns verbindet – Die Basis der Lausanner Bewegung: http://lausannerbewegung.de/index.php?node=62.
Kongress christlicher Führungskräfte e. V.: http://www.fuehrungskraeftekongress.de.
Liste „unerreichter Völker": http://finishthetask.com.
Micha-Initiative: http://www.micha-initiative.de.

Partei Bibeltreuer Christen: Grundsatzprogramm: http://ww.pbc.de/fileadmin/pbc-de/editors/print/pbc-gp.pdf.
Pressemitteilung 144 der Evangelischen Kirche in Mitteldeutschland (28.12.2009): http://www.ekmd.de/aktuellpresse/pm/tlk/2009/5069.html.
Pro Christ e. V.: http://www.prochrist.org/Main/Aktuelle_Projekte.aspx.
REMID: Grafiken und Daten zur Mitgliedschaft der Religionen in Deutschland: http://remid.de/info_zahlen_grafik.html.
Salon in Mitte: http://www.salon-in-mitte.de.
Stiftung Christliche Medien: www.stiftung-christliche-medien.de.
Verband Evangelischer Bekenntnisschulen: Bekenntnisschulbewegung: http://www.vebs-online.de/ziele_bekenntnisschulbewegung.html Profil der Christlichen Schulen: http://www.vebs-online.de/ziele_profil.html.
Vereinte Nationen: Milleniums-Entwicklungsziele: http://www.un.org/millenniumgoals.
Wahre Liebe wartet: Startseite: http://wahreliebewartet.de Anti-Kondom-Kampagne: http://wahreliebewartet.de/103/wohin-springt-wer-zur-seite-springt.
World Evangelical Alliance: Alliances Full Members: http://www.worldevangelicals.org/members/alliances.htm.
Wort und Wissen e. V.: Die wichtigsten Argumente gegen Makroevolution: http://www.wort-und-wissen.de/flyer/f01/f01.pdf
Evolution – Schöpfungsmethode Gottes?: http://www.wort-und-wissen.de/flyer/f02/f02.pdf.

IV. Reportagen und Filme

Ginzel, Arndt; Kraushaar, Martin; Stoll, Ulrich (2009): Sterben für Jesus. Ausgestrahlt am 04.08.2009 in der ARD-Sendung *Frontal 21*.
Jens, Tilmann (2007): Hardliner des Herrn – Christliche Fundamentalisten in Deutschland, Hessischer Rundfunk.
Knigge; Jobst; Mischer, Britta (2006): Jesus junge Garde – die christliche Rechte in Deutschland, Kobalt Productions.
Knobel-Ulrich, Rita (2011): Mathe bei Mutti. Von Freilernern und Schulverweigerern. Ausgestrahlt am 12.12.2011 in der ARD-Sendereihe *ARD-exklusiv*, hr-fernsehen.
Mayr, Sonia; Orth, Anna; Ockenfels, Iris (2009): Christliche Missionare: Sterben für Gott? Ausgestrahlt am 08.10.2009 in der ARD-Sendung *Panorama* (Nr. 718).
Moers, Peter; Papenbroock, Frank (2009): Mit der Bibel zum Abitur – Neue Privatschulen in NRW. Ausgestrahlt am 20.06.2009 in der WDR-Sendung *tag 7.*

8 Anhang

A Leitfaden der durchgeführten Interviews mit evangelikalen Führungspersonen

Wann und wie sind Sie zu den Evangelikalen gekommen? Warum und wie engagieren Sie sich in dieser?

Die Evangelische Allianz arbeitet eng mit der Lausanner Bewegung Deutschlands zusammen, die sich in diesem Jahr auf ein wichtiges Ereignis vorbereitet: der dritte Lausanner Kongress zur Weltevangelisation in Kapstadt. Sind Sie in diesen Prozess involviert und werden Sie nach Kapstadt reisen?

Wie schätzen Sie die Arbeit der Lausanner Bewegung ein und was sind die wichtigsten Ziele dieser Arbeit? Was ist das Alleinstellungsmerkmal der Lausanner Bewegung?

Arbeiten Sie in Ihrem Amt eng mit anderen evangelikalen Vereinen und Gemeinschaften zusammen?

Kommt es innerhalb der evangelikalen Bewegung mit einigen Gruppen zu Spannungen?

Wie schätzen Sie das Verhältnis der evangelikalen Bewegung zu anderen religiösen und säkularen Gruppierungen in Deutschland ein? Arbeiten Sie mit welchen zusammen?

Bestehen Kooperationen mit evangelikalen Gruppierungen aus den USA oder anderen Teilen der Welt?

Bestehen (neben der Arbeit der Lausanner Bewegung) internationale Netzwerke und werden diese intensiv gepflegt?

Unterstützen Sie die Einschätzung, dass es eine Aufgabe der Christen ist, aktiv an politischen Entscheidungsprozessen teilzunehmen? Wenn ja, welche Wege sind für Sie dabei am effektivsten?

Ist es Ihnen persönlich wichtig, politisch aktiv zu sein? Wenn ja, welche Schwerpunkte sehen Sie in Ihrer politischen Arbeit? Was ist Ihnen besonders wichtig?

Wie gut funktioniert Ihrer Meinung nach das politische System der Bundesrepublik Deutschland?

Würden Sie an einigen Stellen Differenzierungen vornehmen wollen?

Ich würde Ihnen nun gerne einige kurze Fragen zu konkreten Politikfeldern stellen:

Wie schätzen Sie die Außenpolitik der Bundesregierung ein und dabei insbesondere den Afghanistaneinsatz? Welche Schwerpunkte sind Ihnen im außenpolitischen Bereich wichtig?

Wie wichtig ist das Verhältnis zu Israel?

Wie stehen Sie zur Europäischen Integration und insbesondere in diesen Tagen zur Unterstützung Griechenlands durch die Europäische Union?

Wie ist Ihre Einstellung zur deutschen Wirtschaftspolitik? Sollte der Staat mehr oder weniger regeln?

Sehen Sie Umweltpolitik als einen wichtigen Bereich der Politik an?

Welche Probleme und Stärken erkennen Sie in der deutschen Sozialpolitik?

Wie ist dies mit der Familienpolitik? Wo sehen Sie Defizite?

Welche Positionen vertreten Sie im Bereich der Bildungspolitik? Sollte „homeschooling" in Deutschland erlaubt werden? Wie ist Ihre Meinung zur Lehre der Evolutionstheorie und Kreationismus an Schulen??

Wie schätzen Sie die Regelung des Religionsunterrichts ein?

Wie stehen Sie zu der Gleichstellung gleichgeschlechtlicher Partnerschaften?

Wie ist Ihre Meinung zur Abtreibungspolitik in Deutschland?

Würden Sie sagen, dass sich die politischen Einstellungen der evangelikalen Bewegung in den letzten Jahren verändert haben?

Gibt es einen Konsens über politische Einstellungen in der Evangelikalen Bewegung?

Bestehen Kontakte zu politischen Parteien, parteinahen Stiftungen oder einzelnen Politikern? Gibt es beispielsweise regelmäßige Treffen oder Gespräche?

Wie stehen Sie zu christlichen Kleinstparteien wie der PBC?

Wie sollte Ihrer Meinung nach mit dem stetig wachsenden Islam in Deutschland umgegangen werden?

Würden Sie für das Erreichen von Zielen auch mit muslimischen Verbänden zusammenarbeiten?

Wie ist Ihre Meinung zum deutschen Staatskirchenrecht? Würden Sie eine stärkere Trennung oder eine stärkere Zusammenarbeit von Kirche und Staat befürworten, oder keine Veränderungen vornehmen wollen?

Nimmt Evangelisation und Mission einen wichtigen Platz in Ihrer und der Arbeit der evangelikalen Bewegung ein? Wie sieht dies konkret aus – im In- und Ausland? Gibt es Schwerpunkte auf bestimmte Regionen weltweit?

Haben Sie den Eindruck, dass Sie bzw. die evangelikale Bewegung einen Einfluss auf politische Aktivitäten ausüben konnten und können? Haben sich in Ihren Einflussmöglichkeiten signifikante Veränderungen in den letzten Jahren ergeben?

Wie nehmen Sie die öffentliche Meinung in Deutschland im Blick auf die Evangelikalen wahr? Fühlen Sie sich als Religionsgemeinschaft akzeptiert?

Nehmen Sie Fraktionierungen und Ausdifferenzierungen innerhalb der evangelikalen Bewegung wahr und wenn ja, verlaufen diese entlang von theologischen, politischen, generationalen oder milieuspezifischen Grenzen?

Abschließend: Wie gehen Sie mit massiver Kritik an Ihrer Bewegung um? Wie begegnen Sie dem immer wieder auftretenden Fundamentalismusvorwurf?

B Autorisierte Auszüge aus den geführten Interviews
(in alphabetischer Reihenfolge der Nachnamen der Befragten)

Autorisierte Auszüge des Interviews mit Wolfgang Baake am 20.08.2010

Wolfgang Baake ist Beauftragter der Evangelischen Allianz am Sitz der Bundesregierung, Mitglied des Hauptvorstandes der Evangelischen Allianz und Geschäftsführer der ‚Konferenz evangelikaler Publizisten' (KEP). Ab 2014 wird Baake seine Anstellung bei der KEP aufgeben und hauptamtlich seine Aufgaben als Beauftragter der Evangelischen Allianz am Sitz der Bundesregierung ausüben.

Frage: Hat sich das Verhältnis zwischen Evangelikalen und Landeskirchen entschärft, hat es sich gebessert?

„[…] Also die EKD, ist aus unserer Sicht sehr intensiv bemüht, diese früheren Barrieren von ihrer Seite auch mit einzureißen. […]"

Frage: Wie stehen Sie zum politischen System der Bundesrepublik Deutschland?

„Ich halte es oft mir Winston Churchill, die Demokratie ist die schlechteste Staatsform, die es gibt, aber ich kenne keine bessere."

Frage: Wie ist das Verhältnis der evangelikalen Bewegung zu Israel?

„Also es gibt, das ist interessant, gerade in evangelikalen Kreisen gerade zu landschaftliche, landsmannschaftliche Sympathien. [...]"

Frage: Wie stehen Sie zum Begriff ‚evangelikal'?

„[...] Es ist erschreckend, mit welchem Tempo der Begriff in den Medien zum Stigma verkommt. [...] Fakt aber ist, der Begriff Evangelikale fällt eigentlich nur noch in negativem Zusammenhang in den säkularen Medien. [...]"

Frage: Was haben Sie für eine Haltung zu Kreationismus?

„Also, für mich ist der biblische Schöpfungsbericht biblischer Schöpfungsbericht und für mich ist die Bibel Wort für Wort Gottes Wort und Wort für Wort Menschenwort. Ob nun die Schöpfung, der Schöpfungsbericht von einem Tag, in einem Tag, in 1000 Jahren oder in 10.000 Jahren passiert ist, ist nicht heilsentscheidend für mich, da verkämpfe ich mich nicht dran. [...] Es gibt viele extreme Gruppierungen, die ganz klein sind und die nichts mit uns zu tun haben."

Frage: Was halten Sie von christlichen Kleinstparteien, wie der PBC?

„Aus meiner Sicht und ich glaube, da stehe ich nicht alleine, ist alles das, was in diesen Kleinstparteien zu sehen ist, sektiererisch. Also ich kann nicht Wahlkampf machen mit einem Plakat, auf dem Bibelsprüche stehen. Das hilft nicht dem christlichen Glauben, das schadet dem christlichen Glauben.][...]"

Frage: Kann man sagen, dass es eine größere Nähe der Evangelikalen zur CDU gibt, als zu anderen Parteien?

„[...] Ich würde sagen, prozentual eine größere Affinität zur CDU, aber man kann nicht sagen, die Evangelikalen wählen alle geschlossen CDU oder CSU."

Frage: Wie sehen Sie den wachsenden Islam in Deutschland?

„Da sind wir sehr, sehr eindeutig glaub ich als Evangelikale. [...] Das heißt aber nicht, dass wir den Islam bekämpfen, sondern dass wir versuchen, die Menschen auf den christlichen Glauben hinzuweisen und wo es möglich ist, sie für den christlichen Glauben zu gewinnen. [...] Ich bin nicht gegen den Minarettbau. Wenn ich in Deutschland ein Gesetz habe, das heißt, dass alle Religionsgemeinschaften gleich gestellt sind, dann kann ich nicht dagegen sein, dass ein Minarett gebaut wird. Die Frage ist nur, in welcher Art und Weise wird dieses Minarett dem Gesamtbauwesen angeglichen. [...] Ich bin dafür, dass auch in den Schulen Religionsunterricht für die islamzugehörigen Kinder gegeben wird. Und ich bin dafür, dass er in deutscher Sprache gehalten wird, damit wir wissen, was dort gelehrt. Aber ich verlange dann auch, dass in muslimischen Ländern Kirchen und christliche Gemeindehäuser gebaut werden können und dass man seinen Glauben frei und ohne jede Einschränkung leben kann. [...]"

Autorisierte Auszüge des Interviews mit Erhard Berneburg am 06.07.2010
Erhard Berneburg ist Generalsekretär der Arbeitsgemeinschaft Missionarischer Dienste, Mitglied im Hauptvorstand der Evangelischen Allianz und seit November 2011 im Vorstand der Koalition für Evangelisation – Lausanner Bewegung deutscher Zweig.

Frage: Wie schätzen Sie die Rolle ideas innerhalb der evangelikalen Bewegung ein?

„idea berichtet über kirchliche und gesellschaftliche Entwicklungen aus evangelikaler Perspektive – so ausführlich wie es in Deutschland durch keine andere Publikation geschieht. Dabei handelt idea selbständig und versteht sich nicht als offizielles Organ der einen oder anderen Bewegung. Auch Debatten innerhalb der evangelikalen Bewegung werden aufgenommen. Ohne Rücksicht auf gesellschaftlichen Konsens werden Herausforderungen thematisiert, wie z.B. die Verfolgung von Christen (auch schon lange bevor das Thema von Kirche und Politik erkannt wurde) und die Lebensrechtsfragen (einschließlich Abtreibung)."

Frage: Wie schätzen Sie die Haltung der Evangelikalen zu Politikfeldern wie Außenpolitik und Umweltpolitik ein?

„Die Herausforderungen von Armut und Ungerechtigkeit in globalem Maßstab rücken immer deutlicher ins Blickfeld evangelikaler Theologie und evangelikalen Engagements. Im Blick auf die Umweltfragen verhält sich m.E. die evangelikale Bewegung ähnlich wie die Gesamtgesellschaft. Außenpolitisch – denke ich – ist Europa ein ganz wichtiges Thema – allerdings in evangelikalen Kreisen nicht mit großer Leidenschaft verfolgt."

Frage: Ist in bildungspolitischen Fragen Homeschooling wichtig für die evangelikale Bewegung?

„Homeschooling ist für Evangelikale in Deutschland kein Thema. Seit den 70er Jahren wurden eine ganze Reihe Bekenntnisschulen mit evangelikaler Prägung gegründet. In den östlichen Bundesländern engagieren sich – seit der Wende – Evangelikale auch bei dem Aufbau Evangelischer Schulen in kirchlicher Trägerschaft."

Autorisierte Auszüge des Interviews mit Frank Heinrich am 22.07.2010
Frank Heinrich ist Bundestagsabgeordneter der CDU, Mitglied des Hauptvorstandes der Evangelischen Allianz und Mitglied des Leitungskreises der Koalition für Evangelisation – Lausanner Bewegung deutscher Zweig.

Frage: Wie stehen Sie zu christlichen Kleinstparteien, wie der PBC?

„[…] Allerdings, wo die Politik der Partei dahin kommt, dass man eigentlich nur Bibelsprüche plakatieren will – ich mach das jetzt auch etwas plakativ, habe es aber fast wörtlich so von einzelnen Vertretern gehört – da werden Politik und diese Gelder missbraucht, es geht ja um Programme, nicht um Bekenntnisse. […]"

Frage: Wie stehen Sie zum Begriff ‚evangelikal'?

„[…] Ich kann unter Christen evangelikal sagen und Verschiedenes meinen. Denn auch unter manchen Christen sind Evangelikale gleich die abgedrehten Spinner, auf die sie nur warten, dass sie wieder einen Stein schmeißen, wenn eine Klinik abtreibt. […]"

Frage: Wie sehen Sie den wachsenden Islam in Deutschland?

„[…] Es gibt auch in der evangelikalen Bewegung glaube ich immer noch ein gewisses Schutzbedürfnis vor dem Islam. Das kann ich überhaupt nicht nachvollziehen. […]"

Frage: Wie schätzen Sie die deutsche Wirtschaftspolitik ein?

„[…] Wirtschaftspolitik ist glaube ich einer der Hauptgründe, warum Christen CDU wählen, auch im evangelikalen Bereich, weil man vorn das Pferd führt und nicht von hinten. […]"

Frage: Wie schätzen Sie die deutsche Familienpolitik ein?

„[…] Die Genderfrage wird polemisiert von Einzelnen im Evangelikalen Bereich und manche haben keine Ahnung von was sie reden. Die Sorgen sind, dass die Geschlechter an sich abgeschafft werden. […]"

Frage: Kommen wir zu Bildungspolitik, die medial gerne mit Kreationismus und Evangelikalen in Bezug gesetzt wird.

„[…] Kreationismus – ich finde richtig, dass es unterrichtet wird, aber eben als eine Theorie, denn die Evolutionstheorie ist auch nur eine Theorie. Sobald nur das eine eingeführt wird finde ich es nicht richtig. Und dafür dürfen wir Christen auch kämpfen, das Nebeneinander dieser Lehren. [...]"

Frage: Wie wichtig ist Umweltpolitik in der evangelikalen Bewegung?

„Es ist noch manchmal ein Stiefkind, aber es ist wenigstens schon ein Teil der Familie."

Frage: Würden Sie sagen, dass es einen Konsens über politische Einstellungen innerhalb der evangelikalen Bewegung gibt?

„[...] Deshalb halte ich ja auch Politik für „nicht"-christlich. Es gibt keine christliche Politik. Christen in der Politik haben verschiedene Meinungen. [...]"

Frage: Wie schätzen Sie in Zukunft die Möglichkeit des Christentums als zivilreligiöse Kraft ein?

„[...] Seit den 1970er Jahren sehe ich Entwicklungen unter Evangelikalen, die in die thematische Breite führen, und die die Extreme nicht mehr in den Mittelpunkt rücken. Wenn das so weiter geht, dann sehe ich gute Hoffnung. Aber bei manchen scheint „Evangelikal" immer gleichbedeutend mit Reduzierung auf fünf Themen zu sein: Gender, Homosexualität, Familie, Abtreibung und – was nehmen wir mal als Fünftes – Islam. Wenn man die evangelikalen Themen darauf reduziert, werden wir verlieren. [...]"

Autorisierte Auszüge des Interviews mit Axel Nehlsen am 17.08.2010

Axel Nehlsen ist Geschäftsführer der evangelikalen Initiative ‚Gemeinsam für Berlin' und Mitglied im Hauptvorstand der Evangelischen Allianz.

Frage: Wie ist das eigentlich mit den Muslimen, haben Sie da Kontakte?

„[...] Es geht uns in unserem Forum Islam um einen Dialog, der das Profil des eigenen Glaubens mit einbringt. Unser Verständnis von Mission hat daher sehr viel mit interkulturellem Dialog zu tun und baut nicht auf das Konfrontative. [...]"

Frage: Wie ist Ihre Einschätzung der Europäischen Union?

„[...] Ich hätte es besser gefunden, die EU hätte in ihren Grundstatuten auch die Beziehung auf die christliche Tradition aufgenommen, was ja lange diskutiert wurde. Ich finde es schade, dass das nicht der Fall ist, aber es war offenbar nicht zu erreichen. Ich gehöre allerdings nicht zu den Untergangspropheten, die sagen, weil das da nicht drinsteht, wird es mit der EU abwärts gehen. [...]"

Frage: Wie schätzen Sie die Rolle von idea ein?

„[...] Hier bin ich in einem gewissen Dilemma: Wenn es idea nicht gäbe, müsste man es erfinden, weil es über den ganzen Bereich evangelikalen Christentums in Deutschland sonst keine Medienöffentlichkeit geben würde. [...] Was ich an Idea kritisiere ist, dass es eine oft konfrontative und journalistisch aufbauschende Tendenz hat. Ich weiß, dass auch die Deutsche Evangelische Allianz sich immer wieder schwer tut mit dieser Tendenz von Idea. [...] Ich schätze das Polarisierende und Konfrontative nicht, sage manchmal, das ist ein bisschen wie die evangelikale Bildzeitung. Was ich aber schätze, ist die die solide Berichterstattung über Bereiche, die sonst nicht in die Medienöffentlichkeit kämen. [...]"

Autorisierte Auszüge des Interview mit Ulrich Parzany am 24.08.2010

Ulrich Parzany war bis März 2013 Leiter von ProChrist, von 1987 bis 2005 Mitglied des Hauptvorstandes der Evangelischen Allianz, von 2002 bis 2005 Leiter der Lausanner Bewegung Deutschland und hatte diverse Ämter innerhalb der evangelikalen Bewegung inne.

Frage: Wie ist ihre Position gegenüber des Islams, wie sollte diesem in Deutschland begegnet werden?

„[...] Um Respekt eines Muslims zu gewinnen, muss man seinen Glauben überzeugend leben. Das heißt, wenn sie zu einem Moslem gehen und sagen, also ich gehe natürlich auch nicht jeden Sonntag in die Kirche und meine Bibel lese ich eigentlich auch nicht dauernd, nicht dass sie denken ich wäre fanatisch – dann haben sie schon den Respekt verloren. Wenn er aber sieht, dass sie ihren Glauben ernsthaft und mit Überzeugung leben, wird er ihnen Respekt entgegenbringen. [...] Im Islam hat die Umma, die Gemeinschaft der Gläubigen, das Vorrecht. Alle islamischen Staaten haben die UN-Menschenrechtserklärung unterschrieben – aber immer mit dem Vorbehalt, dass die Menschenrechte zuerst der Umma gehören und erst nachgeordnet abgeleitet gegebenenfalls dem Einzelnen. Und das ist der Konflikt, der strukturell meines Erachtens nicht zu lösen ist. Der Traum von einem Euroislam, der auf seine Kernaussagen verzichtet, ist wohl unrealistisch. Der Islam ist nicht primär eine private Religion. [...] Muslime wollen zumindest Teile der Scharia in Staatsgesetze umsetzen. [...] Ich möchte selbst in der Öffentlichkeit meine dezidierte Position als Christ darstellen und dafür werben, nicht nur im privaten Winkel, sondern in der Öffentlichkeit. Weil ich glaube, dass diese Gesellschaft den öffentlichen Diskurs braucht. Aber ich bin auch bereit, dafür zu kämpfen, dass Leute mit ganz anderen Positionen, also

Atheisten, Agnostiker oder Andersgläubige, in gleicher Freiheit das tun können. [...] Zur Toleranz gehört, klare Positionen zu zeigen, aber auch das Versprechen abzugeben, wir werden immer die Freiheit des Andersdenkenden respektieren und nicht über Zwang und Gewalt versuchen, unsere Meinung durchzusetzen."

Frage: Wenn Sie noch einmal die Entwicklung zwischen 1970 oder Mitte der 70er Jahre bis heute vergleichen, würden Sie sagen, dass sich das Verhältnis zwischen Evangelikalen und Protestantismus, Landeskirchen verbessert hat, oder gibt es auch heute noch Konfliktlinien, oder würden Sie sagen, es hat sich nicht wirklich fundamental etwas verändert?

„[...] Wenn es keine kritische Diskussion und Auseinandersetzung gibt, sondern einfach nur Schweigen, dann weiß ich nicht, ob ich das als einen Fortschritt an Einheit begrüßen soll. Da wäre ein bisschen mehr Kontroverse – glaube ich – fruchtbarer. [...]"

Frage: Wie ist Ihre Einschätzung der deutschen Außenpolitik – speziell des Afghanistan-Einsatzes?

„[...] Ob unsere Freiheit wirklich am Hindukusch verteidigt wird, da hab ich mehr Zweifel, als dass mir das einleuchtet. Rauszukommen aus diesem Elend ist glaub ich schwerer als reinzurutschen. Ja, ich – ich sehe heute, dass eigentlich jeder irgendwie raus will, aber irgendeine Lösung finden will, wie das so geht, dass die Katastrophe nachher nicht schlimmer ist als vorher. Nur eins glaube ich nicht, dass man mit Hilfe militärischer Mittel in solchen Ländern wie Afghanistan oder Irak – dafür kenne ich zu gut auch die arabische Welt – Demokratien herstellen kann. [...]"

Frage: Wie ist Ihre Einschätzung der europäischen Integration?

„Ein wunderbares Geschenk. Glaube ich, unglaublich. Am Anfang des 20.Jahrhunderts hätte sich das noch keiner vorstellen können. – Damals redete man noch von Erbfeinden. [...] Ich glaube nicht an das christliche Abendland, aber ich glaube, dass wir als Christen durchaus helfen können, Europa eine Seele zu geben Wenn es nicht mehr gibt als den Euro, werden die Menschen auf die Dauer bitter enttäuscht sein, dass es nicht gelingt, Europa wirklich hoffnungsvoll zu entwickeln. [...]"

Frage: Wie ist Ihre Einschätzung zur Bildungspolitik? Gerade Evangelikale werden ja in den Medien immer mit so Schlagworten wie Homeschooling oder Kreationismus in Verbindung gebracht?

„[…] Homeschooling? Man ist erstaunt, wenn man in den USA ist, dass das dort Gang und Gäbe ist. Ich glaube, das brauchen wir in Europa nicht. In Deutschland jedenfalls ist die Forderung von Homeschooling nicht repräsentativ für Evangelikale. Erstaunlich finde ich, dass private Schulen so nachgefragt sind. Auch die Schulen die aus dem evangelikalen Bereich erfreuen sich jedenfalls großer Nachfrage. […]"

Frage: Wie ist Ihre Meinung zur deutschen Abtreibungspolitik?

„[…] Abtreibung ist nur in einem ganz engen Maße für mich als Christen vertretbar, nämlich da, wo es wirklich um die Gewissensfrage Tod oder Leben der Mutter geht. Alles andere kann ich als Christ nicht vertreten und deshalb sage ich auch offen und kritisch, wenn das Abtreibungsrecht als Bestandteil der Frauenrechte gefordert wird, nein! […] Wenn ich das jetzige Strafrecht sehe, dann muss ich sagen, es sollte wenigstens so umgesetzt werden, das möglichst wenig Abtreibungen geschehen. Es muss natürlich so gestaltet werden, dass es justiziabel ist. Das ist ein sehr kompliziertes Thema. Und dann ist es so, dass über sowas in einer Demokratie mehrheitlich entschieden wird. Da kann es passieren, dass die Mehrheiten anders denken als ich. Und dann gilt für mich, Christen werden trotzdem nicht abtreiben, auch wenn alles freigegeben ist. […]"

Frage: Wie stehen sie zur Gleichstellung gleichgeschlechtlicher Partnerschaften?

„Bin ich dagegen, ganz schlicht. Bin ich schlicht dagegen. Auch da gilt die Freiheit: In unserem Land ist alles möglich. Ich finde es okay, dass homosexuell empfindende Menschen nicht diskriminiert werden. […] In der Bibel ist das ganz eindeutig, dass homosexuelle Praxis nie irgendwo positiv gewürdigt wird, sondern nur kritisch gesehen wird- Darum das sage ich in aller Offenheit: Praktizierte Homosexualität ist nach der Bibel Sünde. Und ich werde deshalb nie zustimmen, dass man homosexuelle Partnerschaften segnet und der Ehe gleichstellt. Dass der Staat die gleichgeschlechtlichen Partnerschaften anerkennt, bekümmert mich nur begrenzt, weil Demokratien eben nach Mehrheiten entscheiden. Dass Kirchen das legitimieren, das bekümmert mich sehr, weil das die Verabschiedung von der Bibel ist. Für die reformatorischen Kirchen ist das die Verabschiedung von der Bibel als der „norma normans", wie man das nannte, als dem Maßstab, der die Normen des ethischen Verhaltens normiert, also bestimmt. […]"

Frage: Wie stehen Sie zu christlichen Kleinstparteien, wie der PBC?

„[...] Wir haben eine 5%-Klausel und ich würde nicht empfehlen Stimmen Parteien zu geben Parteien, die keine Chance haben, darüber zu kommen. Politik gestalten heißt, dass man irgendwie mitmischen muss. [...] In der Politik geht es grundsätzlich nicht um Glaubenskämpfe. Also deshalb lieb ich es nicht, wenn Bibelworte im Wahlkampf verwandt werden, sondern da müssen Sachargumente her. 98% oder 99% der politischen Fragen sind Ermessensfragen, wo es scharfe, treffende Analysen und überzeugende Lösungsvorschläge geben muss. Ich glaube nicht an christliche Politik, ich glaube nicht, dass es christliche Politik gibt, ich hoffe aber, dass es Christen in der Politik gibt. Und die gibt es in allen Parteien. [...]"

Autorisierte Auszüge des Interviews mit Jürgen Werth am 14.06.2010
Jürgen Werth ist Leiter von ERF-Medien und war bis 2011 Vorsitzender der Evangelischen Allianz.
Frage: Wie stehen Sie zu dem Begriff ‚evangelikal'?
„Also ich persönlich, wenn ich denn könnte, würde ich diesen ganzen Begriff wieder abschaffen. Wir haben da im Hauptvorstand der Allianz jetzt ein paar Mal drüber diskutiert, aber erstens, wir können ja beschließen was wir wollen, der Begriff ist da. Zweitens fällt keinem eine wirkliche Alternative ein. [...]"
Frage: Wie ist das Verhältnis der Evangelikalen zu Israel?
„Ja es gibt in unseren Reihen viele, die sehr begeistert und energisch und manchmal auch fanatisch Israel unterstützen. [...]"
Frage: Wie schätzen Sie die deutsche Familienpolitik ein?
„[...] Insgesamt steht die Familienpolitik finde ich vor einem Scherbenhaufen. [...]"
Frage: Wie stehen Sie zur Gleichstellung gleichgeschlechtlicher Partnerschaften?
„[...] Aber alles was so in diesem Ganzen, unter diesem ganzen Stichwort Gender Mainstreaming und so passiert, das find ich schon ein kleines bisschen bedenklich. Also natürlich sind Frauen und Männer nach meiner Auffassung vollkommen gleichwertig und gleichberechtigt, aber sie haben möglicherweise unterschiedliche Aufgaben in dieser Gesellschaft zu erledigen. [...]"
Frage: Wie stehen Sie zur deutschen Abtreibungsregelung?
„Ja, wir finden natürlich Abtreibung nicht richtig, genauso wenig wie wir, wie wir Euthanasie nicht richtig finden. [...]"

Frage: Wie stehen Sie zum Islam in Deutschland?

„[...] Umgekehrt muss man mal schauen, der Islam ist schon eine Religion, die in Teilen zumindest, durchaus es abgesehen hat auf die Vorherrschaft der Welt, das ist einfach ein, ein Grundbestandteil des Islam, da darf man auch keine falschen romantischen Gefühle haben. [...]"

Autorisierte Auszüge des Interviews mit Birgit Winterhoff am 18.08.2010

Birgit Winterhoff ist landeskirchliche Pfarrerin, Leiterin des Amtes für Missionarische Dienste, Mitglied im Hauptvorstand der Evangelischen Allianz und bis November 2011 Vorsitzende der Koalition für Evangelisation – Lausanner Bewegung deutscher Zweig.

Frage: Wie ist das mit der deutschen Familienpolitik, sehen Sie da große Defizite?

„ [...]Ich denke, dass wir massiv in den Ausbau von Kindertagesstätten investieren müssen. Ich verstehe nicht, dass Eltern ihre Kinder nicht in Kindergärten schicken. Kinder müssen früh Sozialverhalten lernen. Auch sollen Kinder früh lernen, dass es in der deutschen Gesellschaft vielleicht anders zugeht als bei ihnen zu Hause. Immer wieder habe ich erlebt, dass ein libanesisches oder türkisches Kind keinen Respekt vor seiner Erzieherin hat, eben weil sie eine Frau ist. Wir können zwar die familiären Verhältnisse nicht beeinflussen, aber in Kindertagesstätten deutlich machen, dass Frauen und Männer gleichwertig sind und dass sie denselben Respekt verdienen. [...}"

Frage: Wie stehen Sie zur Debatte über Kinderkrippen?

„ [...] Familienpolitik ist einer der wichtigsten Bereiche der Politik. Wir haben inzwischen sehr gut ausgebildete Frauen. Unsere Gesellschaft kann es sich nicht leisten, gut ausgebildete Frauen jahrelang aus dem Berufsleben ausscheiden zulassen. Sie wird dadurch auch ärmer. [...]"

Frage: Wie stehen Sie zu Homeschooling?

„In Deutschland ist Homeschooling ja kein wirkliches Thema. Das möchte ich gerne so lassen. [...] Ich habe jahrelang zusammen mit Mitarbeiterinnen und Mitarbeitern aus Kirche, Werken, Verbänden und Freikirchen den Kongress „Christival" verantwortet. Solch ein Projekt gelingt nur, wenn die Gemeinsamkeiten der Mitwirkenden sehr deutlich sind. Daher haben wir kontroverse Punkte wie beispielsweise das Abendmahls- und Taufverständnis außen vor gelassen. Wir haben entdeckt, wie breit die gemeinsame Basis ist. [...]"

Frage: Gibt es Konsens über politische Einstellungen innerhalb der evangelikalen Bewegung?

„[...] Ich finde es gut, dass Christen sich in unterschiedlichen demokratischen Parteien engagieren. Wir haben gute Kontakte und Gesprächsebenen zu unterschiedlichen Personen in unterschiedlichen Parteien. [...]"

Frage: Wie stehen Sie zu christlichen Kleinstparteien, wie der PBC?

„[...]Für mich sind Parteien wie die PBC nicht wählbar. Splittergruppen können nichts bewirken. [...]"

Frage: Wie stehen Sie zu dem Begriff ‚evangelikal'?

„Ich mag den Begriff ‚evangelikal' nicht so gern. Er wird leider vielfach gleichgesetzt mit fundamentalistisch. Wenn wir ihn allerdings im ursprünglichen Sinne von „dem Evangelium gemäß" oder ‚evangelisch' gebrauchen, dann finde ich ihn gut. [...]"

Frage: Wie ist Ihre Einschätzung der deutschen Wirtschaftspolitik?

„ [...] Ich denke, dass wir einen starken Sozialstaat brauchen. Gleichzeitig müssen wir aber schauen, wie wir die Menschen animieren können, eigene Verantwortung wahrzunehmen. Fordern und fördern finde ich richtig. Ich beobachte mit Sorge, wie die Schere zwischen Arm und Reich immer weiter auseinandergeht. [...]"

Autorisierte Auszüge des Interviews mit Rolf Zwick am 30.08.2010

Rolf Zwick leitet die Micha-Initiative Deutschland und ist Mitglied im Leitungskreis der Evangelischen Allianz.

Frage: Könnten Sie uns etwas über die Micha-Initiative erzählen?

„[...] Die Milleniumsziele spiegeln die biblische Botschaft wieder. So wie wir Gottes Willen verstehen, ist es notwendig mitzuhelfen, dass diese Ziele umgesetzt werden, um mehr Gerechtigkeit in der Welt zu schaffen. [...]"

Frage: Was schätzen Sie die deutsche Außenpolitik, beispielsweise den Afghanistan-Einsatz, ein?

„[...] Ich war damals ein wenig stolz auf unsere Bundesregierung, da sie sich beim Irak-Krieg rausgehalten hat. Afghanistan ist dann in die andere Richtung gegangen und das halte ich für keinen guten Weg."

Frage: Wie schätzen Sie die Haltung zu Kreationismus innerhalb der evangelikalen Bewegung ein?

„[…] Ich kenne nur wenige Evangelikale, die Kreationisten sind. Es gibt welche, aber das ist, nicht die Mehrheit der Evangelikalen. Die Mehrheit der Evangelikalen ist im Mittelschichtsbereich angesiedelt, hat eine Schulausbildung und hat gelernt, dass man Kreationismus nicht einfach eins zu eins mit der Wissenschaft übereinbringen kann. […]"

Frage: Wie stehen Sie zur Gleichstellung gleichgeschlechtlicher Partnerschaften?

„[…]Die Gleichstellung gleichgeschlechtlicher Partnerschaften ist schwierig, da dies einhergeht mit einer Minderbewertung von Familie. Daher habe ich ein Problem damit, dass das propagiert wird. […]"

Frage: wie nehmen Sie den wachsenden Islam in Deutschland wahr?

„[…] Christliche Liebe drückt sich für mich nicht in Abgrenzung aus, sondern im Dialog und ich erlebe das auch bei Muslimen so. Muslime können mit einem deutlichen christlichen Bekenntnis besser umgehen, als mit einer Wischi-Waschi-Formulierung, wie ‚Wir haben alle einen Gott'. […]"

Frage: Wie stehen Sie zu christlichen Kleinstparteien, wie der PBC?

„Ich glaube nicht, dass wir christliche Parteien brauchen, sondern wir brauchen Christen in Parteien. Da Christen eben ganz unterschiedliche politische Einstellungen haben, werden sie auch in unterschiedlichen Parteien zu finden sein müssen. Ich glaube nicht, dass es eine christliche Politik oder die christliche Politik gibt. […]"

C Glaubensbasis der Deutschen Evangelischen Allianz

Die gemeinsame Basis des Glaubens

Als Evangelische Allianz bekennen wir uns zur Offenbarung Gottes in den Schriften des Alten und Neuen Testaments. Wir heben folgende biblische Leitsätze hervor, die wir als grundlegend für den christlichen Glauben ansehen und uns als Christen eine Hilfe sein sollen zu gegenseitiger Liebe, zu diakonischem Dienst und evangelistischem Einsatz.

Wir bekennen uns zur Allmacht und Gnade Gottes, des Vaters, des Sohnes und des Heiligen Geistes in Schöpfung, Offenbarung, Erlösung, Endgericht und Vollendung; zur göttlichen Inspiration der Heiligen Schrift, ihrer völligen Zuverlässigkeit und höchsten Autorität in allen Fragen des Glaubens und der Lebensführung; zur völligen Sündhaftigkeit und Schuld des gefallenen Menschen, die ihn Gottes Zorn und Verdammnis aussetzen; zum stellvertretenden Opfer des menschgewordenen Gottessohnes als einziger und allgenugsamer Grundlage der Erlösung von der Schuld und Macht der Sünde und ihren Folgen; zur Rechtfertigung des Sünders allein durch die Gnade Gottes aufgrund des Glaubens an Jesus Christus, der gekreuzigt wurde und von den Toten auferstanden ist; zum Werk des Heiligen Geistes, welcher Bekehrung und Wiedergeburt des Menschen bewirkt, im Gläubigen wohnt und ihn zur Heiligung befähigt; zum Priestertum aller Gläubigen, die die weltweite Gemeinde bilden, den Leib, dessen Haupt Christus ist, und die durch seinen Befehl zur Verkündigung des Evangeliums in aller Welt verpflichtet ist; zur Erwartung der persönlichen, sichtbaren Wiederkunft des Herrn Jesus Christus in Macht und Herrlichkeit; zum Fortleben der von Gott gegebenen Personalität des Menschen; zur Auferstehung des Leibes zum Gericht und zum ewigen Leben der Erlösten in Herrlichkeit.

Glaubensbasis der Evangelischen Allianz vom 2. September 1846, sprachlich überarbeitet 1972.
Online verfügbar unter: http://www.ead.de/die-allianz/basis-des-glaubens.html?PHPSESSID=ca12166858891b1373dd9ada77c83a65 [12.10.2011, 13:46].

Printed by Books on Demand, Germany